Doris Baumann

Kaltblutpferde

Doris Baumann

Kaltblutpferde

108 Farbfotos

Ulmer

Oben: Süddeutsche Kaltblutpferde werden auf die Weide getrieben.
Seite 1: Clydesdale.
Seite 2: Sächsisch-Thüringisches Kaltblut.

Impressum

Bibliografische Information der Deutschen Bibliothek
Die Deutsche Bibliothek verzeichnet diese Publikation in der Deutschen Nationalbibliografie; detaillierte bibliografische Daten sind im Internet über http://dnb.ddb.de abrufbar.

Wollgrasweg 41
70599 Stuttgart (Hohenheim)
Internet: www.ulmer.de
Lektorat: Dr. Eva-Maria Götz
Herstellung, L & DTP: Ulla Stammel
Reproduktionen: BRK Repro, Stuttgart-Plieningen
Druck und Bindung: aprinta, Wemding
Printed in Germany

ISBN-13: 978-3-8001-3598-1
ISBN-10: 3-8001-3598-1

Vorwort

Die Entstehung dieses Buches über Kaltblutpferderassen könnte auf meinen Hang zum Gegensätzlichen zurückzuführen sein. Während vieler Jahre habe ich gemeinsam mit meinem Mann Deutsche Doggen gehalten, erzogen und gezüchtet und parallel dazu leben Zwergschnauzer in unserem Haus. Als Pferdenarren besaßen und besitzen wir „edle" Pferde – derzeit ist es die Rasse Vollblutaraber; andererseits gehörte meine Liebe aber stets den „sanften Dicken". Dazu mag wiederum die Nähe zum Land- und Hauptgestüt Marbach beigetragen haben, wo unter anderem Schwarzwälder Kaltblutpferde zu Hause sind. So zieht es mich immer wieder auf die Schwäbische Alb, um die liebenswerten Riesen zu besuchen und die wunderschönen Araberpferde zu bestaunen.

Dieses Buch soll zeigen, dass Kaltblutpferde wieder mehr als Arbeits- oder Zugpferde in Wald und Forst eingesetzt werden, nicht zuletzt deshalb, weil man erkannt hat, dass die Flurschäden an Boden und Bäumen mit Maschinen weitaus größer sind, als die mit eingesetzten Kaltblutpferden. Für die Rückearbeit im Wald sind natürlich die ganz starken Rassen geeignet.

Doch neben dem althergebrachten Verwendungszweck gibt es auch oder besonders für die leichteren Schläge neue Aufgabengebiete. Dass ein Kaltblut ein vorzügliches Wanderreitpferd abgibt, haben zahlreiche Freizeitreiter inzwischen erkannt und schwören auf die Zuverlässigkeit ihrer schweren Partner. Das gut vorbereitete und trainierte Pferd kann durchaus große Strecken zurücklegen, wenn auch nicht im forcierten Tempo. Schritt ist des Kaltblüters liebste Gangart.

Die leichteren Rassen, wie etwa der Freiberger, haben sich als Reitpferde bis hin zum Absolvieren großer Dressuraufgaben hervorgetan. Doch auch das riesige Shire Horse oder der Clydesdale machen unter dem Sattel duchaus eine gute Figur – und all die vielen Rassen zwischen Freiberger, Schwarzwälder Fuchs und Shire Horse sowieso.

Dank der von dem Kaltblutpferd ausgestrahlten Ruhe wird es auch gerne beim Therapeutischen Reiten verwendet. Körperbehinderte Kinder und Jugendliche fühlen sich vertrauensvoll zu den gemütlichen Dicken hingezogen und blühen während der Therapie sichtlich auf.

Auch wenn die Kaltblutrassen mit der zunehmenden Technisierung und dem Einsatz von modernen Maschinen in der Landwirtschaft in den Beständen starke Einbußen erlitten haben, sind die XXL-Pferde wieder „in" und haben gerade unter den Freizeitreitern eine große Anhängerschaft gefunden – aber auch wieder in der Landwirtschaft besonders im biologischen Anbau.

Alle Kaltblutpferde sind tolle Kutschpferde und ernten im Mehrspänner allenthalben Bewunderung. Ganz große Züge werden nur noch von wenigen Brauereien gefahren, beim Vorüberfahren eines Zehnerzugs mit Belgischen Kaltblütern bebt schon der Boden. Vielerorts trägt man dem Naherholungstourismus Rechnung, indem mehrtägige Planwagenfahrten auf Routen mit besonders interessanten Besichtigungsstätten angeboten werden. Die Entwicklung der Kaltblutrassen im allgemeinen und der deutschen im besonderen lässt hoffen, dass ihre Zukunft gesichert ist.

Doris Baumann

Bad Urach, im Herbst 2005

Inhalt

Licher Bier

Entwicklungsgeschichte

Bei der Vielzahl der Pferderassen ist es kaum vorstellbar, dass sie alle von dem winzig kleinen Urpferdchen *Eohippus* abstammen. Und doch muss es so gewesen sein. Die Entwicklung hat sich allerdings in vielen Millionen Jahren abgespielt und auch das gewaltige Kaltblutpferd geht auf *Eohippus* zurück. Nach der Evolutions- oder Deszendenztheorie hat sich das Leben im Laufe der Erdgeschichte aus niederen Formen, die vielleicht sogar eine gemeinsame Wurzel hatten, zu höheren entwickelt. Nach Darwin haben sprunghafte Erbänderungen (Mutationen) und anschließende Auslese (Selektion) die geeignetsten Formen geschaffen.

Den Evolutionsforschern steht eine Fossilienkette zur Verfügung, die bis ins Eozän – also in das Erdzeitalter vor etwa 50 bis 35 Millionen Jahren – zurückreicht. Die Blütezeit der Reptilien war zu Ende gegangen und die Säugetiere konnten sich entfalten. Als der englische Zoologe Richard Owen 1839 einen in Suffolk gefundenen Zahn erhielt und einen fast vollständigen Tierschädel, den ein Amateurforscher in Kent entdeckt hatte, ordnete er diese Funde einem bis dahin unbekannten Tier zu. Er nannte es *Hyracotherium* – „schlieferähnliches Tier". Die murmeltierähnlichen, afrikanischen Schliefer sind seltsamerweise mit den Elefanten am nächsten verwandt. Man glaubte damals aber, Schliefer seien Nagetiere und Owen beschrieb sein *Hyracotherium* als ein „dem Hasen oder einem anderen furchtsamen Nagetier ähnliches Wesen".

20 Jahre später veröffentlichte der britische Naturforscher Charles Robert Darwin seine Evolutionstheorie, die damals zwar das Weltbild erschütterte, dann aber allgemein Anerkennung fand. Von der Entwicklung der Pferde wusste Darwin damals noch nichts.

Der Amerikaner Othniel Charles March (1831 bis 1899) hatte Funde von Urpferdeformen aus verschiedenen Erdzeitaltern zusammengestellt und konnte damit alle wichtigeren Stufen in der Entwicklungsgeschiche des Pferdes belegen. Bis heute konnte dieser Zusammenstellung nur wenig hinzugefügt werden. 1876 erhielt March erstmals die Überreste einer besonders kleinen Urform, die er an den Anfang seiner „Ahnenreihe" stellte und die er *Eohippus* nannte.

Marchs großer Rivale Edward Dringer Coppe (1840 bis 1897) entdeckte einige Jahre später, dass der *Eohippus* identisch war mit dem 40 Jahre zuvor von Owen in England beschriebenen *Hyracotherium*. Korrekterweise heißt das älteste bekannte Urpferd somit *Hyracotherium*, doch im allgemeinen Sprachgebrauch wird weiterhin *Eohippus* – Pferd des Eozäns benutzt. Für uns beginnt die Ahnenreihe der Pferde also mit dem *Eohippus*, der sich natürlich auch aus einer riesigen Reihe von Ahnen entwickelt hat.

Der *Eohippus* war ein etwa fuchsgroßer Blätterfresser. Er hatte bereits die Zehenzahl reduziert und besaß hinten je drei, vorn je vier Zehen. Je nach Art war er gerade einmal 25 bis 50 cm groß. Wenngleich das Urpferdchen noch mit allen Zehen auf dem Boden auftrat, so war die bevorzugte Ausbildung der mittleren Zehe unübersehbar. In der nachfolgenden Periode – dem Oligozän – hatte der *Mesohippus* noch drei Zehen, wovon nur die mittlere eine Hornkappe besaß. Im Miozän, vor 25 bis 10 Millionen Jahren, waren die Seitenzehen des *Merychippus* nur noch kleine, funktionsunfähige Anhängsel und beim *Pliohippus* im Pliozän vor 10 bis 7 Millionen Jahren fanden sich keine Seitenzehen mehr.

Rechte Seite: Die meisten Kaltblutpferderassen sind äußerst winterfest und können das ganze Jahr über draußen gehalten werden, so auch dieser Ardenner.

Das kleine, mehrzehige Tier konnte sich dank der großen Auflagefläche seiner Hufe gut auf den sumpfigen Böden der Landschaften seiner Zeit bewegen. Nach und nach hatte sich dann der Einhufer entwickelt, der dem festen, trockenen Boden angepasst war. Die geringe Auflagefläche des harten Hufes und längere Beine ließen ihn hohe Geschwindigkeiten erreichen und ermöglichten ein Entkommen vor zahlreichen Feinden.

Nicht nur die Hufe, auch das Gebiss der Tiere unterlag Veränderungen. Die kleinen, höckrigen Zähne des *Eohippus* waren dazu geschaffen, hauptsächlich weiche Blätter und wohl auch Früchte und Beeren zu fressen. Gräser gab es zu dieser Zeit eher selten; die Pflanzen breiteten sich erst später aus. Mit der Versteppung großer Gebiete entstand eine reiche Nahrungsquelle. Offenes Grasland bot größeren Pflanzenfressern allerdings kaum Schutz vor Raubtieren. Das Überleben erforderte Spezialisten, die wehrhaft sein konnten wie Büffel, Elefanten oder Nashörner. Scharfe Sinne und wache Instinkte zeichneten zum Beispiel die Antilopen aus und auch die Pferde.

Für die an Zellulosefasern reichen Gräser war ein Gebiss mit großen, rauen Kauflächen erforderlich, womit die Gräser zerrieben werden konnten. Zudem musste das Gebiss auf eine extrem große Abnützung eingerichtet sein. Diesen Anforderungen konnten die Pferde im Laufe ihrer Entwicklung aufs Beste nachkommen. Man stelle sich nur vor, dass der weitaus größte Teil des heutigen Pferdekopfes vom Kauapparat mit seinen mächtigen Kiefern eingenommen wird. Neben einigen anatomischen Veränderungen mussten die Pferde auch ihr Verhalten neuen Gegebenheiten anpassen. Ein Einzeltier hatte wenig Überlebenschancen in der Steppe. Deshalb schlossen sich die Pferde zu Herden zusammen, was die Entwicklung eines ausgeprägten Sozialverhaltens voraussetzte. Darüber hinaus mussten die Pferde schnell und ausdauernd sein. Da die Nahrungs- und Wasserangebote jahreszeitlich bedingt unterschiedlich waren, erforderte dies, dass sie große Wanderstrecken bewältigen mussten. Den Fluchttrieb bei Gefahren haben die Pferde bis heute beibehalten.

Dass man sowohl in Nordamerika als auch in Europa zahlreiche Säugetierarten und auch den *Eohippus* fand, lag daran, dass Nordamerika und Europa ursprünglich ein fest verbundener Kontinent waren; sehr viel später erfolgte die Abtrennung. Hoch im Norden zwischen Alaska und Sibirien bestand aber noch bis in die Eiszeit eine schmale, feste Landverbindung, die so genannte Beringbrücke, die von allergrößter Bedeutung für die Pferdewanderung war.

Außer von Australien, wo sich infolge der erdgeschichtlich sehr frühen Isolierung nie pferdeartige Tiere ansiedeln konnten, gibt es Überreste fossiler Pferde aus allen Kontinenten. Diese Funde geben wertvolle Hinweise über die Wanderungen und Verbreitung der Pferde. Sicher ist, dass die Wiege dieser Tiere Nordamerika war. Zwei der wanderfreudigen Urwildpferdearten gelangten von Nord- nach Südamerika, wo sie später wieder ausstarben. Über die Beringbrücke kamen Mitglieder mehrerer Gattungen nach Europa und Asien, sogar bis nach Afrika. Aber auch diese Tiere starben im Laufe von Jahrmillionen wieder aus.

Der modernsten Gattung der Pferde, dem *Equus*, gehören alle noch heute lebenden Einhufer an: Pferde, Esel und Zebras. Der *Equus* dürfte vor ungefähr 5 Millionen Jahren, wahrscheinlich im späten Pliozän entstanden sein. Auch diese Equiden waren sehr wanderfreudig und auf die beschriebene Weise gelangten verschiedene Arten dieser Gattung nach Europa, Asien und Afrika.

Die Blütezeit der Ein- oder Unpaarhufer in diesen vier Erdteilen währte über mehrere Millionen Jahre. Es entwickelte sich eine Vielfalt von Arten, wovon nur sechs bis in die jüngere Zeit überlebten. Noch bevor der Mensch sie ausrotten konnte, sind nahezu alle Arten verschwunden.

Wildpferde zählt man nur noch ungefähr 200 Exemplare, die wohl ausnahmslos in Zoologischen Gärten leben. In den 50er Jahren des v.J. haben russische Forscher in mongolischen Wüstengebieten Einhufer aus großer Entfernung beobachtet, die aber nicht eindeutig als reine Przewalskipferde identifiziert werden konnten. Von den Wildpferden, die die Eiszeit überlebt haben, ist das Przewalskipferd das letzte Wildpferd. Aus dem Przewalskipferd mögen sich durch lange na-

Die Stammform der Hauspferde – das Przewalski-Wildpferd – lebt heute nur noch in Zoologischen Gärten.

türliche Auslese auch die edlen Pferderassen entwickelt haben. Der Tarpan hingegen, der nur noch als Rückkreuzung vorkommt, wird neuerdings nicht mehr als Wildpferdeart angesehen, weil typische Schädelmerkmale eher dafür sprechen, dass er eine verwilderte Hausform des Pferdes darstellt.

Von der zweiten Einhuferart, dem Asiatischen Wildesel, der den Przewalskipferden sehr ähnelt, kommen – wenn überhaupt – nur noch geringe Restbestände vor. Afrikanische Wildesel gibt es dank größter Schutzbemühungen nur noch wenige hundert Tiere. Auch das Bergzebra ist bis auf wenige kleine Herden nahezu ausgerottet. Das große, sehr fein gestreifte Grevyzebra im nördlichen Afrika ist noch nicht unmittelbar bedroht. Außer dem Hauspferd ist der einzige, noch häufig vorkommende Einhufer das Steppenzebra. Einige hunderttausend dieser Tiere dürften noch in den Savannen Ost- und Südafrikas leben.

Während sich verschiedene Arten der in Amerika entstandenen Gattung *Equus* über die Beringbrücke gelangend in Europa, Asien und Afrika verbreiteten, starben sie in ihrer Urheimat aus. Die Mustangs des amerikanischen Westens sind verwilderte Hauspferde hauptsächlich spanischen Ursprungs. Es ist nicht überliefert, warum die mit Bisons auf den amerikanischen Prärien weidenden Pferde verschwunden sind.

Vom Urpferd zum Kaltblutpferd

Während manche Wissenschaftler den Tarpan (*Equus gmelini*), das Przewalskipferd (*Equus przewalski*) und die beiden Formen des europäischen Waldwildpferdes (*Equus caballus robustus* und *Equus caballus germanicus*) als Stammformen des heutigen Pferdes ansehen, unterscheiden andere Wissenschaftler als Stammformen das Keltenpferd (*Equus caballus celticus*), das Fjord- oder Vestlandpferd (*Equus caballus typicus*) und eben das Przewalskipferd. Will man aber der These folgen, dass es drei verschiedene Urpferdetypen, nämlich Wald-, Steppen- und Wüstentyp, gab, dann sind die Kaltblutpferde dem Waldpferd zuzuordnen.

Die beginnende Eiszeit machte eine Anpassung auch der Pferde an die klimatischen Bedingungen erforderlich. In nicht ständig vereisten Randgebieten breitete sich Tundra aus, in der unter anderem Mammut, Moschusochse, Wollnas-

Für die langen, kalten Winter mussten sich die Pferde im Sommer tüchtig Fettreserven anfressen.

horn und Ren lebten. Dort, wo die Tundra in Steppe überging, in der auch Birken, Wacholder und Zwergkiefern wuchsen, fanden Antilopen, Bison, Elch, Höhlenbär und auch das Urpferd neue Lebensbedingungen. In der eisigen Kälte der Tundra hatte sich auf dem Körper des Pferdes ein dichtes Langhaar entwickelt, welches auch in den kurzen, heißen Sommermonaten Schutz vor Insekten bot und zudem Wasser abweisend war. Der Schweif, die Mähne und der Fesselbehang wurden ebenfalls sehr üppig und dicht und sind bei der Mehrzahl der Kaltblutrassen noch heute sehr ausgeprägt.

Die Unsitte der „Neuzeit", Kaltblutpferden den Schweif zu kupieren, ist glücklicherweise europaweit abgeschafft! Das Laufen auf weichem Waldboden und in Morast schuf für eine bessere Auftrittmöglichkeit einen breiten und flacheren Huf. Die Bewegung in unwegsamem Gelände ging kaum über den Schritt hinaus, eine Gangart, die auch heute noch das Kaltblutpferd bevorzugt. In den Sommermonaten war es für die Tiere wichtig, tüchtig Speck auf die Rippen zu bekommen. Dies war mit dem zur Verfügung stehenden Futter in Form von Schilf und Zweigen gar nicht so leicht. So entwickelte sich das Pferd dieser Zeit zum genügsamen Futterverwerter. Da von Raubtieren kaum Gefahr ausging, hatte es wenig Grund, mehr als es die Futterversorgung verlangte, zu laufen. Auch hier finden wir eine Eigenschaft, die dem Kaltblut der „Neuzeit" eigen ist. Das dunkle Fell, das oft gefleckt oder gestreift war, bot eine hervorragende Tarnung. Die Pferde maßen am Ende ihrer Entwicklung etwa 1,50 m, sie waren von massivem Körperbau, hatten kurze, kräftige Beine und einen relativ kurzen gedrungenen Hals.

Entwicklung zum Hauspferd

Zuerst hat das Pferd existiert, dann kam der Mensch und damit der schlimmste Feind des Pferdes. Der Mensch jener Zeit war nicht zimperlich

Am Meer holen Belgische Kaltblüter die ausgelegten Netze der Krabbenfischer ein.

in der Handhabung seiner Jagdmethoden. Das jagdbare Wild – auch das Pferd – wurde über Felsklippen getrieben oder in die Sümpfe gejagt, von wo es kein Entkommen gab. Der Jäger hatte dann leichtes Spiel. Aber auch Fallen in Form von Gruben dienten der Bejagung des Pferdes. Bald entwickelte der Mensch Jagdwaffen, die es ihm ermöglichten, einzelne Tiere auch aus größerer Entfernung zu erlegen. Das Massenmorden von Wildtieren durch die vorherige Jagdtechnik fand damit ein Ende.

Zu diesem Zeitpunkt könnte die Domestikation eingesetzt haben. Während der etwa 4000 v. Chr. beginnenden Haustierwerdung war das Pferd zunächst immer noch der Fleischlieferant des Menschen schlechthin, der natürlich auch das Fell zur Verarbeitung nutzte. Doch dann kam die Zeit, da der Mensch nicht mehr als nomadisierender Jäger umherzog. Er wurde zum sesshaften Bauern, und die bisherige Rolle des Pferdes übernahmen Wiederkäuer. Der Mensch erkannte später, wie das Pferd ihm noch nützlich sein konnte. Und er sah, dass es sich als Pack- und Tragtier eignete und später wurde es auch vor den Pflug und Wagen gespannt. Sicherlich saß der Mensch auch damals schon einmal auf dem Rücken eines Pferdes.

Entstehung von Rassen

Andere Länder – andere Pferderassen. Der Mensch ist imstande, ein Pferd nach seinen Wünschen und Bedürfnissen zu züchten. Dabei spielt nicht nur die durch ihn betriebene Selektion eine Rolle, auch Umfeld, Nahrungsressourcen und Klimaverhältnisse haben Einfluss darauf. Im Laufe vieler Jahre veränderte sich auch jeweils die Vorstellung nach dem im Moment idealen Pferd.

Gezielte Pferdezucht ist nicht etwa eine Angelegenheit der Neuzeit. Im 1. Jh. v. Chr. wurde beispielsweise die Pferdezucht in allen Provinzen Persiens mit Stammbaumführung sorgfältig betrieben. Jedoch nach Siegen mit schweren Pferden über mit leichten Orientalen bestückte

Shire-Horse-Stute mit Fohlen, das auch schon eine beachtliche Größe hat.

Heere, war das der Zucht großer, massiger Pferde förderlich. Man veredelte dann mit orientalischem Blut und die Kampfrösser wurden wendiger. Überhaupt wurden in der Zeit des Übergangs von den Naturrassen hin zu den Kulturrassen die vorhandenen schweren Schläge durch Einkreuzungen leichter Rassen veredelt.

Während bis zum 12. Jh. Ochsen als Zugtiere verwendet wurden, kamen später Zugpferde – die Vorläufer des späteren Kaltblutpferdes – zum Einsatz. Diese Zeit dürfte als eigentliche Geburtsstunde der Kaltblutrassen angesehen werden. Besonders drei belgische Landrassen sind bei der Rassebildung des Kaltblutpferdes hervorzuheben: das Flamländer Pferd, das Ardenner Pferd und das Brabanter Pferd.

Aus ihnen entwickelte sich der einheitliche Typ des heutigen belgischen Lastpferdes. Aber auch den Noriker (Pinzgauer) und den Dänen (Jütländer) darf man bei der Aufzählung nicht vergessen. Aus Frankreich und England kamen unter anderem die schweren Zugpferderassen Boulogner, Percheron, Clydesdale und Shire.

Das tiefe, breite und schwere Pferd der Römer als Pferd der gepanzerten Reiter fand vorwiegend in den Provinzen Noricum und Raetien Verwendung; aus ihm entstand die bodenständige Rasse des Norikers.

Was ist ein Kaltblutpferd?

Das Kaltblut ist ein schweres Pferd mit einem massiven Körper. Die Vorfahren der Kaltblutpferde konnten über viele Generationen viel energiereiches Futter fressen und mussten nicht schwer arbeiten. Aus der Tatsache, dass es anstrengend ist, sich mit einem Gewicht von bis zu 800 kg zu bewegen, entwickelte sich die Ruhe und Gelassenheit des Kaltbluts. Das gemäßigte Tempo liegt diesen Pferden mehr als etwa große Sprünge oder Kapriolen zu vollführen.

Durch die Adern des Kaltblutpferdes fließt im Gegensatz zum Warmblüter nicht etwa kälteres Blut; seine Namensgebung ist einzig und allein auf sein stoisches Naturell zurückzuführen. Dabei darf man sich aber nicht täuschen lassen, denn auch Kaltblüter können ein ganz schönes Tempo vorlegen, wenn auch nicht auf langen Strecken und sie können auch einmal gehörig „aus der Haut“ fahren.

Kaltblutzucht in Deutschland

Bis zum Zweiten Weltkrieg hatte die Verteilung der Pferderassen in Deutschland eine große Umstellung erfahren. Um 1890 betrug der Anteil des Warmbluts über 70 % und der des Kaltbluts unter 30 %. Bis zum Zweiten Weltkrieg veränderte sich dieses Verhältnis völlig; der Anteil des Kaltbluts war auf etwa 60 % gestiegen. Infolge der Intensivierung der Landwirtschaft verbunden mit der Steigerung des Hackfruchtbaues war der Weg für das schwere und ruhige Wirtschaftspferd bereitet und eine ganz erhebliche Ausdehnung der Kaltblutzucht war die Folge. Etwa 59 % der belegten Stuten wurden bis unmittelbar vor dem Zweiten Weltkrieg von Kaltbluthengsten gedeckt. Diese Zahl stieg kurz nach Beendigung des Krieges im Jahre 1948 noch auf 65 %.

Doch dann führte die schnell verlaufende Technisierung der Landwirtschaft in den 50er-Jahren des 20. Jh. zu einem empfindlichen Rückschlag der gesamten Pferdezucht.

Der allgemeine Wohlstand und das Interesse am Reitsport ließ das Warmblutpferd aus dieser Krise gestärkt hervorgehen. Das Wirtschafts- und Kaltblutpferd war nur noch wenig gefragt. So gab es 1976 in der Bundesrepublik Deutschland insgesamt 1172 eingetragene Kaltblutstuten und 78 gekörte Hengste. In der Großpferdezucht nutzte man nur noch für 2,9 % der Stuten Kaltblutpferde. Das Ende der „Dicken“ schien eingeläutet.

Einsatz von Kaltblutpferden

Die Erkenntnis, dass der Einsatz von Pferden gegenüber dem von Maschinen in Wald und Flur viele Vorteile wie die schonendere Bearbeitung der Scholle und weniger Schaden im Wald mit sich bringt, verschaffte dem Kaltblut eine ungeahnte Renaissance.

Die boomende Freizeitreiterei entdeckte das Kaltblutpferd als idealen Partner. Neben den angestammten Arbeitsbereichen als Feld- und Waldarbeiter wird das ruhige, nervenstarke Pferd ebenfalls beim Therapeutischen Reiten erfolgreich eingesetzt. Sogar die Westernreiter bedienen sich leichterer Kaltblutschläge wie Freiberger und Schwarzwälder Fuchs. Auch wenn sich beim Kaltblut vom Arbeitspferd eine Tendenz hin zum Allroundpferd abzeichnet, so stehen bedauerlicherweise trotzdem einige Rassen auf der Roten Liste der Gesellschaft zur Erhaltung alter und gefährdeter Haustierrassen.

Seite 16/17: Diese drei Dicken demonstrieren echte Pferdestärken! Schwarzwälder, Freiberger und Ardenner auf der Koppel.

Die Rassen im Porträt

Deutsche Kaltblutpferde

Altmärkisches Kaltblut

Die Geschichte des Altmärkischen Kaltblutpferdes ist bis weit in das vorletzte Jahrhundert zurück verfolgbar. Es wurden damals Arbeitspferde für den Einsatz in der Landwirtschaft, speziell im Zuckerrübenanbau benötigt. Anfänglich kamen für die Zucht englische Kaltblüter (Suffolks) und auch der Percheron zum Einsatz. Ab 1875 kreuzte man Clydesdale Hengste und Shire Horses ein. Später nahm der Einfluss belgischer Kaltblüter zu, die leichtfuttriger waren und weniger Pflegeaufwand erforderten.

Beginn der Reinzucht

Nach der Gründung der altmärkischen Pferdezuchtgenossenschaft kamen nur noch Hengste belgischer Herkunft zum Einsatz. Dabei war das Rheinland mit seinem großen Bestand an Rheinisch-Westfälischen Kaltblutpferden Hauptlieferant für die benötigten Zuchthengste. Die Provinz Sachsen wurde zu einem der drei großen Kaltblut-Zuchtgebiete. Dabei dürfen das 1891 gegründete Landgestüt Kreuz, Halle/Saale und dessen verdienstvolle Landstallmeister für sich in Anspruch nehmen, an der Entwicklung der Kaltblutzucht großen Anteil zu haben. Ebenso trugen natürlich begeisterungsfähige Züchter zum Aufstieg der provinzialsächsischen Kaltblutzucht bei. Hier sei besonders Werner Thiele, Ringfurt an der Elbe, genannt, ein Vertreter der Zucht auf belgischer Grundlage und Begründer der Hengsthaltergenossenschaft Mahlwinkel. Auch nach dem Zweiten Weltkrieg konnte dank der Bemühungen großartiger Pferdeleute das Kulturgut Kaltblutpferd in Sachsen-Anhalt erhalten werden. Mit der

Das Altmärkische Kaltblut ist in seinem Bestand eigentlich nicht gefährdet.

fortschreitenden Motorisierung in den 70er-Jahren schrumpfte der Bestand beträchtlich.

Hauptzuchtgebiete

Hauptzuchtgebiet ist Sachsen-Anhalt geblieben, aber auch in Berlin-Brandenburg und Mecklenburg-Vorpommern züchtet man die Rasse auf rheinisch-belgischer Grundlage. Das Landgestüt Sachsen-Anhalt wurde 1993 im damaligen Hauptgestüt Radegast eingerichtet. Im Jahr 1997 verlegte man den Sitz des Landgestütes auf den Betriebsteil Prussendorf. Ziel war damals, das traditionsreiche Gestüt Radegast als staatliches Gestüt zu erhalten und der sachsen-anhaltischen Pferdezucht ein eigenes Landgestüt zu geben. Das Gestüt hat einen Bestand von vier Kaltbluthengsten:

Berti II, geb. 1999, braun, Stockmaß 168, letzter Vertreter der Linie des großen Vererbers *Birkhahn von Estedt* in Sachsen Anhalt; *Echo von Dönitz*, geb. 2001, Fuchs, Stockmaß 163;

Elan von Dönitz, geb. 2000, Braunschimmel, Stockmaß 165. Der unumstrittene Körungssieger der Körung 2002 in Krumke verkörpert in nahezu vollendeter Form das Zuchtziel dieser Rasse.

Mit *Adrian*, geb. 1999, braun, Stockmaß 168, kam ein weiterer Körungssieger in die Zucht des Altmärkischen Kaltbluts. *Adrian* steht in großem Rahmen und hat allerbeste Grundgangarten. Adrian hat in 2002 eine sehr gute Leistungsprüfung abgelegt mit überdurchschnittlichen Noten für Zugleistung und Grundgangarten. Der Vater *Aramis* brachte das Blut des *Matador de Bubrinnes* zurück nach Sachsen-Anhalt. *Aramis* war nicht nur genealogisch, sondern auch in der Vererbung von Kaliber, Rumpfigkeit und Tritt eine Bereicherung.

Zuchtziel

Das Zuchtziel ist es, durch gesteuerte Inzucht, Zuchttieraustausch und Import belgischer Hengste den charakteristischen leistungsfähigen Phänotyp zu erhalten.

Bedeutende Blutlinien und Hengste

Jupiter-, *Gerfaut* II-, *Jean I-*, *Brin d'Or de Thiributt*-Linien.
Bedeutende Hengste: *Albion II d'Haubrouge* 1100, *Gaulois du Moneceau* 888 unter anderen.

STECKBRIEF **Altmärkisches Kaltblut**

Herkunft: Sachsen-Anhalt, Berlin-Brandenburg, auf rheinisch-belgischer Grundlage.
Größe: 158 bis 165 cm.
Farben: Braune, Füchse, Rapp-, Braun- und Fuchsschimmel. Mäßiger Behang.
Gebäude:
Kopf: Markantes Gesicht; großes Auge; gerades Profil.
Hals: Kräftig, gut aufgesetzt.
Körper: Mittlerer Rahmen; gut bemuskelt; gute Brust- und Flankentiefe; schräge Schulter; lange Kruppe.
Fundament: Trocken, korrekt; harte Hufe.
Bewegungsablauf: Raumgreifende Gänge.
Einsatzmöglichkeiten: Vielseitig verwendbar für Zugleistungen im land- und forstwirtschaftlichen sowie im Freizeitbereich; geeignet für Repräsentationsgespanne.
Besondere Merkmale: Leistungswillig; ruhiges Temperament; gutmütig; harte Konstitution.

Kontaktadressen

Pferdezuchtverband Sachsen-Anhalt e.V.
Uenglinger Straße 54
39576 Stendal
Telefon: 03931/215490
Fax: 03931/215494
e-Mail: PZV-SA@t-online.de
http://www.pferde-sachsen-anhalt.de

Pferdezuchtverband Berlin-Brandenburg e.V.
Hauptgestüt 10
16845 Neustadt-Dosse
Telefon: 033970/13201
Fax: 033970/13949
e-Mail: pzvbb@yahoo.de
http://www.pferd-aktuell.de/lpzv-bb

Verband der Pferdezüchter
Mecklenburg-Vorpommern e.V.
Speicherstraße 11
18273 Güstrow
Telefon: 038436/86033
Fax: 038436/85239

Landgestüt Redefin
Betriebsgelände 01
19230 Redefin
Telefon: 038854/205 und 206
Fax: 038854/220

Mecklenburger Kaltblut

Als Mitte des 19. Jh. ein starkes Wirtschaftspferd für die Rübenanbaugebiete gefragt war, verwendete man lange Zeit in der mecklenburgischen Landwirtschaft Kaltblüter unterschiedlicher Herkunft. *Young Hercules*, ein Clydesdale, war der erste Hengst, der 1845 eingestellt wurde. Die Kreuzung von Suffolk- und Clydesdale-Hengsten zeitigte nicht den erhofften Erfolg und dänische und Schleswiger Pferde führten auch nicht zum Zuchtziel eines idealen Wirtschaftspferdetyps.

19 Suffolks und 8 Clydesdales wurden in den 80er Jahren wieder ausgemustert. Nach einer Erhebung der DLG 1898 waren 20 % aller Pferde Kaltblüter, hauptsächlich Dänen und Schleswiger, während der Anteil etwa von Ardenner und Belgischen Kaltblutpferden eher gering war. Erst der spätere Einsatz von Rheinisch-Deutschem Kaltblut verhalf zum erwünschten Zuchtergebnis.

Beginn der Reinzucht

Im Jahr 1910 schlossen sich alle Kaltblutzüchter zu einem Verband zusammen. Fortan machte die Zucht auf Rheinisch-Deutscher Grundlage gute Fortschritte. Die Schwerpunkte der mecklenburgischen Kaltblutzucht befanden sich um Güstrow und Rostock, mehr als Nachzucht denn als Zuchtgebiete des Rheinisch-Deutschen Kaltblutes.

Hengstlinien

Vor allem die Hengste der *Albion d'Hor*-Linie waren sehr erfolgreich bei der Verwirklichung des angestrebten Zuchtziels.

Verbreitung

Wie stark die Verbreitung im ersten Drittel des 20. Jh. war, veranschaulichen folgende Zahlen:

Von 391 in Mecklenburg aufgestellten Hengsten im Jahre 1937 waren 160 Hengste Kaltblüter. Wie überall nach dem Einsatz moderner technischer Landbearbeitungsmaschinen und der zusätzlichen Auflösung der Bauernwirtschaften und deren Umwandlung in Genossenschaften in Ostdeutschland zu Beginn der 60er-Jahre reduzierte sich auch in Mecklenburg Vorpommern der Bestand an Kaltblutpferden beträchtlich. Der Zuchtverband konnte 1993 nur noch auf die bescheidene Zahl von 25 aktiven Züchtern bauen, wobei sich zum Ende der 90er-Jahre deren Zahl bei 60 festmachen ließ. 1996 wurden noch 91 eingetragene Kaltblutstuten und 33 registrierte Fohlen ezählt, 1997 hingegen nur noch 42 Zuchtstuten und 34 Fohlen.

Landgestüt Redefin

Das Landgestüts Redefin wurde 1812 durch Herzog Friedrich Franz I. von Mecklenburg-Schwerin zum Zwecke der Verbesserung der Pferdezucht gegründet. Der starke Kaltbluteinsatz, der im Landgestüt 1867 mit 39 Hengsten – das waren immerhin 30,2 % des Hengstbestandes – war der Warmblutzucht nicht förderlich. Mit der Vereinigung von Mecklenburg-Schwerin und Mecklenburg-Strelitz im Jahre 1934 kam der Pferdebestand des 1825 gegründeten und dann aufgelösten Landgestüts Neustrelitz nach Redefin. Bis 1945 war das Gestüt vorrangig mit der Remontezuführung der Wehrmacht betraut.

Die Nachkriegszeit stellte naturgemäß andere Anforderungen. Es galt, den Bedarf an Arbeitspferden zu decken. Unter den 221 Redefiner

STECKBRIEF Mecklenburger Kaltblut

Herkunft: Mecklenburg-Vorpommern, Grundlage in Sachsen-Anhalt.
Größe: 156 bis 165 cm.
Farben: Rappen, Braune, Füchse, Schimmel. Kaum Behang.
Gebäude:
Kopf: Trockenes Gesicht mit freundlichem Auge.
Hals: Kräftig, gut aufgesetzt.
Körper: Mittelschwer; schräge, muskulöse Schulter; gut bemuskelte Kruppe.
Fundament: Trocken, korrekt; harte Hufe.
Bewegungsablauf: Raumgreifende Gänge.
Einsatzmöglichkeiten: Land- und forstwirtschaftliches Arbeitspferd; Kutschpferd; Repräsentationsgespanne; Freizeitpferd.
Besondere Merkmale: Leichtfutterig; guter Charakter; gutes Temperament; arbeitswillig.

Landbeschälern befanden sich 1949 auf 51 Deckstationen 39 Kaltbluthengste im Einsatz. Nach Aufllösung der alten Strukturen im Zuge der politischen und wirtschaftlichen Veränderung 1990 wurde 1993 das Landgestüt Redefin durch das Land Mecklenburg-Vorpommern in Zuständigkeit des Ministeriums für Ernährung, Landwirtschaft, Fischerei und Forsten in Schwerin übernommen. Heute sind von den 62 Landbeschälern lediglich noch drei Kaltbluthengste.

Kontaktadressen

Verband der Pferdezüchter
Mecklenburg-Vorpommern e.V.
Speicherstraße 11
18273 Güstrow
Telefon: 03843-72470
Fax: 038436/85239

Landgestüt Redefin
Betriebsgelände 01
19230 Redefin
Telefon: 038854/205 und 206
Fax: 038854/220

Pfalz-Ardenner Kaltblut

Aus der politischen Situation nach 1945 begründete sich das Bundesland Rheinland-Pfalz. Der Regierungsbezirk Rheinhessen-Pfalz entstand durch das früher zu Bayern gehörende Gebiet der Pfalz und die einst hessische Provinz Rheinhessen. Diese neuen Landesstrukturen beeinflussten auch die Entwicklung in der Pferdezucht. Das Saarland kam mit seiner Pferdezucht nach einer wechselvollen Geschichte 1957 zurück zur Bundesrepublik.

Kaltblutzucht in der Pfalz und Rheinland-Nassau

Die erste Kaltblutgenossenschaft in der Südpfalz mit belgischer und rheinischer Abstammung der Hengste gründete sich 1896. Privathengsthaltungen in der Pfalz waren mit Ardennern, Percherons, Belgiern und Luxemburgern besetzt. Ein Stutbuch für den rheinisch-deutschen Kaltblüter entstand 1906 beim Pferdezuchtverein der Pfalz. Nachdem

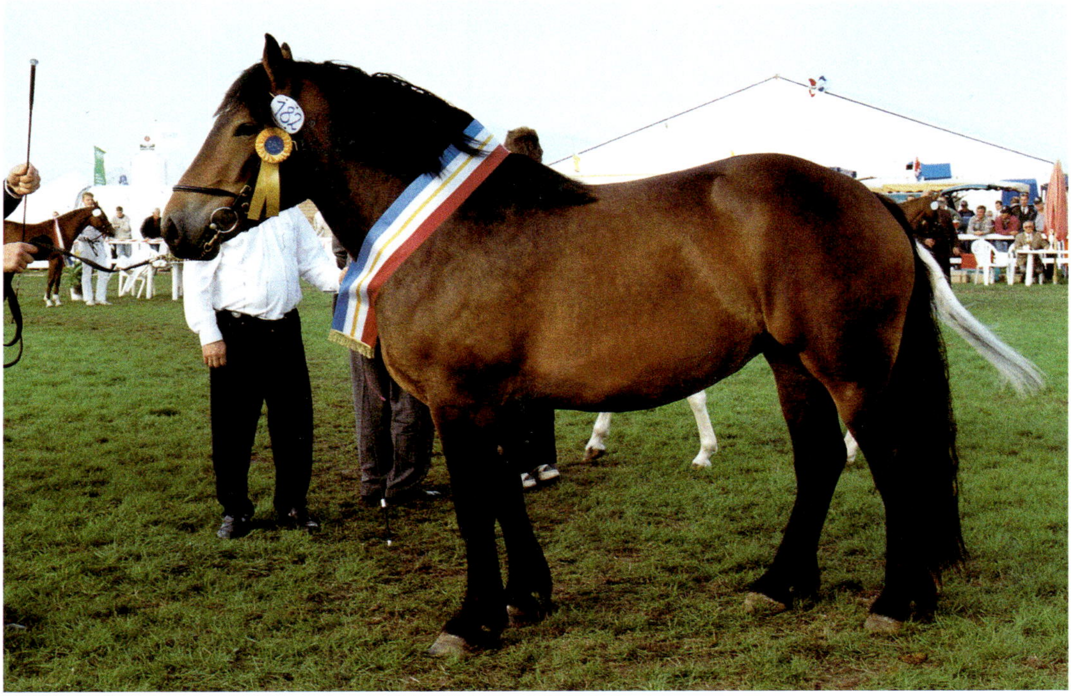

Das Mecklenburger Kaltblut war immer als starkes Wirtschaftspferd gefragt.

der Erste Weltkrieg große Verluste brachte, stellte der Bayerische Staat im Landgestüt Zweibrücken so genannte Oberländer aus der Noriker-Zucht zur Verfügung. Während des Zweiten Weltkrieges kamen dann Ardennerstuten in die Zucht der Pfalz.

Im Landgestüt Zweibrücken waren 12 bis 15 Kaltbluthengste in den Boxen, deren Nachzucht sich als sehr erfolgreich erwies.

Organisierte Zucht

1945 stand Rheinland-Pfalz nahezu mittellos da und die erheblichen Kriegsschäden forderten einen völligen Neuanfang. Zunächst übernahmen im Einvenehmen mit der französischen Militärverwaltung und dem Tierzuchtgesetz die Tierzuchtbeamten der einzelnen Landwirtschaftskammern die Geschäftsführung der drei neuen Zuchtverbände. 1977 konnte endlich der neue Pferdezuchtverband Rheinland-Pfalz-Saar seine Arbeit aufnehmen.

Bekannte Vererber

In den 50er- und 60er-Jahren des 20. Jh. sind die Hengste *Helder I v. Successeur d'Horse, Gabardin v. Gallus, Artist v. Gambin de Forest* erwähnenswert. Auf Zuchtversanstaltungen stand der Pfalz-Ardenner in diesen Jahren im Mittelpunkt des Interesses. 1955 und 1962 wurden auf den DLG-Schauen die Hengste *Marius* und *Gabardin* mit dem DLG-Siegertitel ausgezeichnet.

Totgesagt....

Ende der 80er-Jahre ist der aktive Zuchtbestand in der Population des Pfalz-Ardenner Kaltbluts stark zusammengeschrumpft. Erfreulicherweise besteht in den letzten Jahren eine sehr große Nachfrage nach dieser Kaltblutpferderasse und somit auch wieder ein gesteigertes züchterisches Interesse. Die Entwicklungschancen des Pfalz-Ardenners als Freizeit- und auch als Fahrpferd sollten neben seinen anderen Qualitäten genutzt werden.

Nach dem Pfalz-Ardenner Kaltblut besteht in den letzten Jahren eine rege Nachfrage.

STECKBRIEF Pfalz-Ardenner Kaltblut

Herkunft: Deutschland; Pfälzer Zuchtgebiet im Süden des heutigen Rheinland-Pfalz.
Größe: 152 bis 162 cm.
Farben: Füchse, Braune, Rappen, Schimmel (Rapp-, Braun- und Fuchsschimmel). Schönes Langhaar, wenig Behang.
Gebäude:
Kopf: Ausdrucksvoll mit breiter Stirn; freundliches Auge.
Hals: Geschwungen, gut aufgesetzt; genügend Ganaschenfreiheit.
Körper: Mittelrahmig, muskulös; Brust mit guter Breite; gute Gurtentiefe; gut gelagerte Schultern; gut bemuskelte Kruppe.
Fundament: Trocken; korrekt; harte Hufe bei guter Form.
Bewegungsablauf: Schritt: Fleißig, im klaren Takt und gutem Raumgriff; Trab: lockere Bergaufbewegung mit guter Schulterfreiheit und schwingendem Rücken bei guter Hinterhandtätigkeit; Galopp: fleißig, im klaren Takt.
Einsatzmöglichkeiten: Land- und Forstwirtschaft, Freizeitpferd, das neben seiner Eignung zum Ziehen und Fahren auch eine für den Kaltblüter besondere Eignung zum Freizeitreiten besitzt.
Besondere Merkmale: Gutes Temperament; Umgänglichkeit; Fleiß und Leistungsbereitschaft; Freizeitreiteignung.

Zuchtprogramm

Der Pfalz-Ardenner repräsentiert ein attraktives, vielseitig verwendbares Kaltblutpferd mittleren Rahmens und gehobener Gangqualität. Als Zuchtmethode wird die Rein- und Veredlungszucht vorgeschrieben. Zugelassene Veredlerrassen, die „dem Erhalt der rassespezifischen Merkmale des Pfalz-Ardenners in besonderem Maße Rechnung tragen", sind: Ardenner, Bretone, Comtois, Süddeutsches Kaltblut, Rheinisch-Deutsches Kaltblut, Schwedischer Ardenner und Sächsisch-Thüringisches Kaltblut. Der Antrag auf Führung des Ursprungszuchtbuches wurde seitens des zuständigen Ministeriums positiv beschieden. Damit ist die rechtliche Grundlage für die Zucht des Pfalz-Ardenners, dessen Ursprungszuchtgebiet Rheinland-Pfalz-Saar ist, gegeben.

Kontaktadresse

Pferdezuchtverband Rheinland-Pfalz-Saar e.V.
Pferdezentrum,
67816 Standenbühl
Tel.: 06357/97500
Fax: 06357/975025

Rheinisch Deutsches Kaltblut

Anlässlich der römischen Besetzung des heutigen Rheinlands stellt Cäsar fest, dass dort nur selbstgezogene Pferde benutzt würden. Diese haben einen so großen Eindruck bei dem römischen Herrscher hinterlassen, dass er seine Leibwache damit beritten machte. Aufzeichnungen besagen, dass für den Heeresdienst „ein höchstens mittelgroßes, von genügend Blut beseeltes, hart aufgezogenes Pferd", das allerdings zu den Warmblütern zu rechnen war, eingesetzt wurde.

Ausführliche Vorschriften über die Pferdezucht, die auch den rheinischen Raum mit beeinflusst haben dürften, gab es zur Zeit Karls des Großen. Die Zucht der Rheinprovinz im Mittelalter ist in einem Werk von *Fugger* beschrieben. Es gab demnach drei Zuchtrichtungen, ein Bergisches, ein Gelderländer und ein Eifeler Pferd. Fugger nennt das Gelderländer Pferd als das beste in Deutschland vorhandene Ritterpferd; aber auch das Eifeler Pferd hatte als Streitross Bedeutung.

Im 19. Jahrhundert

Nicht nur die Auswirkungen der Napoleanischen Kriege und der Russlandfeldzug hatten negative Auswirkungen auf die einst hochstehende rheinische Pferdezucht, vielmehr waren es die mehr oder weniger sinnlosen Bemühungen „zur Hebung der Zucht". Durch die Einkreuzung von Araber- und Berberblut und die Vermischung mit Clydesdales und Shires und verschiedener Warmblutrassen hatte zu Beginn des 19. Jh. die rheinische Pferdezucht keine geordnete Zuchtrichtung. Es galt dringend Abhilfe zu schaffen und die verschiedenen Bedürfnisse in der Pferdezucht zu befriedigen.

Gestüt Wickrath

Mit der Errichtung eines staatlichen Hengstdepots im Jahre 1835 unternahm der Landwirtschaftliche Verein für Rheinpreußen erste Schritte. Die Anfänge eines Landgestüts in Wickrath gingen auf Napoleon I. zurück. Bereits 1808 richtete man dort ein „Kaiserlich-Französisches Hengstdepot und Gestüt" ein – ein Vorhaben, das schon 1814 sein Ende fand. Die eigentliche Gründung des Landgestüts Wickrath datiert in das Jahr 1839. Unter den 31 Hengsten fanden sich zu dieser Zeit auch französische und englische Kaltblüter. Doch die Landwirte waren unzufrieden. Sie wollten bei der Staatsregierung und dem Gestüt bewirken, dass die Zucht eines starken Arbeitspferdes mehr gefördert werden sollte. In einer Eingabe aus dem Jahr 1849 ist das erwünschte Zuchtziel definiert: mit „dem einheimischen Schlage homogene Hengste" oder 1853 wird die Einstellung von „schweren Wagenpferden gefordert". Der damalige Vorsitzende der Sektion für Pferdezucht, J. Wolters, Düsseldorf, wies 1870 darauf hin, „dass für die Bedürfnisse der immer mehr aufblühenden Industrie sowohl wie der durch Ausdehnung der Zuckerrübenanbaues immer eingehender zu gestaltenden Bodenkultur nur ein kräftiges, kaltblütiges Arbeitspferd nach Art des belgischen von Nutzen sein könnte".

Grünes Licht

Es sollten aber noch 40 Jahre angestrengten Bemühens vergehen, ehe man den damaligen Oberlandstallmeister von Lüderitz und damit die Landesregierung überzeugen konnte, „dass für die Rheinprovinz das Zuchtziel zu einem kaltblütigen Arbeitspferd gegeben und auf die Zucht einer Warmblutremonte endgültig zu verzichten sei". Nach der „amtlichen" Zustimmung standen im Jahre 1876, fünf Jahre später, 67 Belgierhengste im Gestüt Wickrath, eine Zahl, die dem eigentlichen Bedarf aber bei Weitem noch nicht entsprach.

Rheinisches Pferdestammbuch

Auf Initiative des Landwirtschaftlichen Vereins für Rheinpreußen wurde 1892 das Rheinische

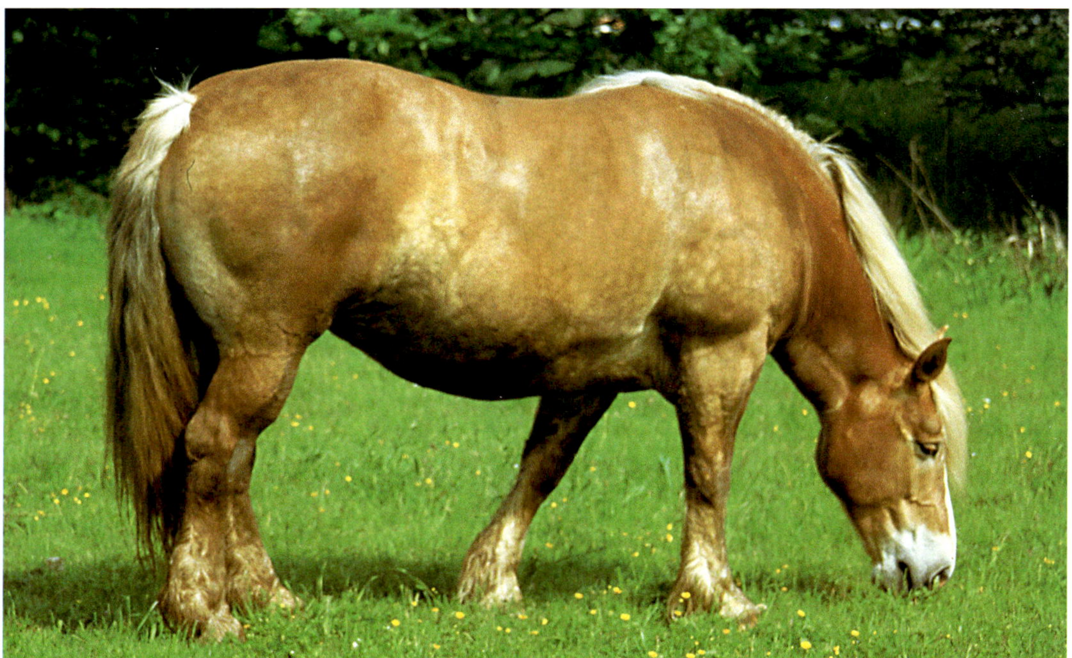

Rheinisch Deutsche Kaltblutpferde zeigen ihr Können bei den Zugleistungsprüfungen.

Pferdestammbuch begründet mit der einheitlichen Festlegung des Zuchtziels für die gesamte Provinz Rheinland: Ein kräftiges, gut gebautes, tiefes Pferd kaltblütigen Schlages mit starken Knochen und freien Bewegungen. Das Rheinische Pferd!

Da weite rheinische Gebiete ähnliche Aufzuchtbedingungen wie das Stammland des Belgischen Kaltbluts aufwiesen, entschloss man sich, auf der Basis des Belgiers die Kaltblutzucht voranzutreiben. In einer Dissertation mit dem Thema „Stutenstämme des Rheinischen Kaltbluts" wird resümiert: „Das Belgische Kaltblutpferd fand im rheinischen Zuchtgebiet seine zweite Heimat". Die Rasse erhielt den Namen „Rheinisch-Deutsches Kaltblutpferd". Erreicht wurde das Zuchtziel durch das vorhandene Stutenmaterial der drei Hauptschläge des Bergischen, des Gelderländer und des Eifeler Pferdes und die Verpaarung mit eingeführten belgischen Hengsten.

Auflösung von Wickrath

Über viele Jahre wurde debattiert, ob eine private Hengsthaltung das Landesgestüt gänzlich entbehrlich machen könne. Es konnten zunächst immer wieder triftige Gründe zugunsten der Weiterbetreibung einer staatlichen Institution aufgeführt werden. Nach dem Zweiten Weltkrieg wurde das Drängen nach privaten Hengsthaltern intensiver, was schließlich 1957 zur Auflösung des Landgestüts Wickrath führte, mit der Maßgabe, dass das Gestüt mit dem Westfälischen Landgestüt Warendorf zum Nordrhein-Westfälischen Landgestüt zusammengefasst würde.

Bedeutende Hengste

Prince de Condé – Remontehengst 1894 – Beschäler in Wickrath); *Lothar III* hatte 57 Nachkommen, die eine Beschälerbox des Gestüts Wickrath bezogen; *Espoir de Quaregnon* – Sohn des *Gamin du Onze* – hat dem *Albion*-Typ nachhaltige Geltung verschafft. Weitere berühmte Linien: *Indien-, Protektor-, Nervus*-Linie. Alle diese Pferde wurden hoch gelobt: „Unvergleichlich waren die Bewegungen dieser gewaltigen Hengste, achtungsgebietend ihre Energie – so errangen sie sich Zuneigung und Bewunderung bei Tausenden, die sie sahen".

STECKBRIEF Rheinisch Deutsches Kaltblut

Herkunft: Deutschland, vorw. Rheinland.
Größe: 158 bis 165 cm.
Farben: Braune, Füchse, Rapp-, Braun- und Fuchsschimmel. Kräftiges Langhaar, dichter Fesselbehang; oft Doppelmähne.
Gebäude:
Kopf: Schönes Gesicht.
Hals: Gut aufgesetzt.
Körper: Mittelschwer; schräge, muskulöse Schultern; gut bemuskelte Kruppe.
Fundament: Trocken, korrekt; harte Hufe.
Bewegungsablauf: Raumgreifend.
Einsatzmöglichkeiten: Land- und Forstwirtschaft; Gewerbe; Brauereien.
Besondere Merkmale: Zugfest; umgängliches Arbeitspferd.

Ausblick

Bei den Zugleistungsprüfungen bewiesen die schweren Pferde, was wirklich in ihnen steckt. Nach dem Niedergang auch des Rheinisch-Deutschen Kaltblutpferdes ist die Zahl der Kaltblutzüchter wieder angestiegen und es ist zu hoffen, dass das Rheinisch-Deutsche Kaltblutpferd modernen Typs eine Zukunft hat.

Kontaktadresse

Rheinisches Pferdestammbuch e.V.
Endenicher Allee 60
63115 Bonn
Tel.: 0228/703364 oder 703419

Rheinisch Westfälisches Kaltblut

Für die Pferdezucht in Westfalen sind die unterschiedlichen natürlichen Gegebenheiten auch in nutzungstechnischer Hinsicht von großer Bedeutung. 62 % macht das Ackerland aus; auf Flüsse und Gewässer entfallen etwa 5 %. Wichtigstes Kriterium für eine leistungsfähige Viehzucht, innerhalb derer sich die Pferdezucht an der Spitze positionieren kann, ist der hohe Reichtum an Grünland von ungefähr 33 % der Bodenfläche.

Entwicklung

1826 wurde das Landgestüt Warendorf gegründet. Ein einheitliches Zuchtziel sowohl für Warm- als auch Kaltblüter war aber noch lange nicht in Sicht. Nicht zuletzt die uneinheitliche Stutengrundlage ließ das Vorhaben, Westfalen zu einer Remonteprovinz zu machen, scheitern. Das Landgestüt konnte nicht verhindern, dass in einem Zustand „ziemlichen Zuchtdurcheinanders" die Züchter zur Selbsthilfe griffen und Pferdezuchtvereine gründeten, mit eigenen Zuchtzielen. Mitte des 19. Jh. begann man mit der Zucht eines Kaltblutpferdes. Dazu wurden zunächst Clydesdales und Suffolks eingesetzt. 1881 kamen dann die ersten Belgischen Kaltblüter ins Land. Eine vom Landwirtschaftlichen Provinzialverein gebildete Kommission hatte zur „Hebung der Pferdezucht" beschlossen, dass im Norden die Warmblutzucht auf Oldenburger Grundlage und im Süden des Landes die Kaltblutzucht belgischer Rasse betrieben werden solle. Die Züchter verwahrten sich energisch gegen diesen Beschluss und konnten eine Änderung erreichen, die die Pferdezucht endlich in geordnete Bahnen bringen sollte. Nun hieß es: „Westfalen züchtet Pferde nach Oldenburger und Belgier Art". Der ab 1896 bestehenden Sektion Pferdezucht schlossen sich alle im Lande bestehenden Pferdezuchtvereine mit insgesamt 7211 Mitgliedern an. 1889 wurde eine neue Körordnung erlassen und 1893 ergänzt. Damit schienen alle Weichen für die künftige Pferdezucht gestellt.

Westfälisches Pferdestammbuch

Auf Betreiben der Landwirtschaftskammer übernahm 1904 das gegründete Westfälische Pferdestammbuch e.V. die Aufgaben des Provinzialstutbuchs. Mit der Umwandlung des Pferdezuchtverbandes in eine Stutbuchgesellschaft und dem nunmehr existenten Westfälischen Pferdestammbuch gab man sich eine Satzung, deren §3 lautet: „Zuchtrichtung ist ein warmblütiger und ein kaltblütiger Pferdeschlag. Zuchtziel ist im Warmblut ein kräftiges, gut gebautes, gängiges Reit-, Wagen- und Arbeitspferd; im Kaltblut ein kräftiges,

Die Klasse des Rheinisch-Westfälischen Kaltbluts ist unumstritten.

STECKBRIEF Rheinisch Westfälisches Kaltblut

Herkunft: Deutschland, Hauptzuchtgebiet Westfalen.
Größe: 158 bis 165 cm.
Farben: Braune, Füchse, Rapp-, Braun- und Fuchsschimmel. Kräftiges Langhaar, Doppelmähne und Behang.
Gebäude:
Kopf: Schönes Gesicht; ausdrucksvolles Auge.
Hals: Kräftig, gut aufgesetzt.
Körper: Mittelschwer; schräge, muskulöse Schultern; runde, leicht gespaltene, gut bemuskelte Kruppe.
Fundament: Korrekt, trocken; harte Hufe.
Bewegungsablauf: Raumgreifende Gänge.
Einsatzmöglichkeit: Land- und Forstwirtschaft; Gewerbe.
Besondere Merkmale: Guter Charakter, gutes Temperament; arbeitswillig; leichtfuttrig.

breites, gut gebautes und gängiges Arbeitspferd. Zulässig sind für Warmblut: englisches Vollblut, Hannoveraner, Oldenburger und diesen nahe verwandte gleichartige Rassen; für Kaltblut: Ardenner, Belgier und diesen nahe verwandte gleichartige Rassen“.

Landgestüt Warendorf heute

1976 konnte das Landgestüt auf 150 Jahre Zuchtgeschichte zurückblicken. Es standen neben zwei Araberhengsten 12 Vollblütern, 102 Warmblütern auch 10 Kaltbluthengste in den Stallungen. Seit 1987 arbeiten das Rheinische Pferdestammbuch e.V. in Bonn und das Westfälische Pferdestammbuch e.V. in Münster auf mehreren Gebieten eng zusammen.

Zuchtlinien

Bis zum zweiten Weltkrieg erlangten die Kaltblutpferde im „westfälischen Typ“ und das Rheinische Kaltblut immer mehr an Bedeutung. Wichtige Linienbegründer waren: der tiefrumpfige, mittelgroße Braunschimmel *Albion d'Hor* geb. 1916 und der mittelschwere helle Schimmel mit großen weißen Flecken *Christal de Baele*, geb. 1921. Gegen Ende des 20. Jh. war der trockene, wendige braune Hengst *Tonus*, geb. 1972 von Bedeutung. Sein Großvater *Torol* führte das Blut der nach 1945 aufgestellten Schwedenardenner.

Aussichten

Obwohl die Zahl der Kaltblutstuten und -hengste wie in anderen Ländern auch erheblich zurückgegangen ist, muss man sich um den Bestand und die Klasse des Westfälischen Kaltbluts nicht sorgen.

Kontaktadresse

Westfälisches Pferdestammbuch e.V.
Sudmühlenstraße 33
48157 Münster
Tel.: 0251/3280981

Sächsisch-Thüringisches Kaltblut

Ehemals kurfürstliche Gestüte wie Merseburg, Torgau und Moritzburg erinnern an eine lange Tradition der Pferdezucht in Sachsen und Thüringen. Die Wurzeln des fürstlichen Hofgestüts Allstedt in Thüringen reichen bis in das 12. Jh.

Sachsen

In der zweiten Hälfte des 19. Jh. entstanden im Königreich Sachsen Bemühungen, in den Gebieten mit Ackerbau auf schweren Böden ein Pferd zu züchten, welches den Arbeitsbedingungen entsprechen konnte. Um 1850 sollen Noriker-Hengste und in den 60er-Jahren Percherons aus Nordfrankreich importiert worden sein. Man vermutet, dass in den letzten beiden Jahrzehnten des 19. Jh. Kaltbluthengste aus Brabant und Westflandern als Privatbeschäler in Sachsen Einsatz fanden.

Beginn der Kaltblutzucht

Das Landgestüt verschloss sich schließlich nicht länger dem Züchterwunsch nach belgischen Kaltblütern, sodass 14 Beschäler im Jahr 1911 Vertreter des belgischen Kaltbluts waren. Später kamen die benötigten Kaltbluthengste für das Landgestüt, aber auch für die Privathengsthaltung nicht mehr aus Belgien. Man bediente sich hauptsächlich der inzwischen selbständig gewordenen Zuchten des Rheinlands und Westfalens. 1919 wurde die „Sächsische Zuchtgenossenschaft für das rheinisch-deutsche Kaltblutpferd“ gegründet und ab 1937 waren die sächsischen Kaltblutzüchter in der entsprechenden Abteilung des Sächsischen Pferdestammbuches Dresden organisiert. Es waren 1938 etwa 2600 Kaltblutstuten eingetragen. Nach dem Zweiten Weltkrieg dezimierte sich diese Zahl beträchtlich.

Stempelhengste

Vererber, die der Zucht ihren ganz besonderen Stempel aufgedrückt haben, wie der belgische Superhengst *Albion d'Hor* sind bis heute in den Abstammungsnachweisen sowohl im Hengst- als auch dem Stutenbestand weit verbreitet. Hervorzuheben ist der *Albion d'Hor*-Stamm *Avenir d'Herse B 25/412* über *Advokat, Espoir, Carlo* und *Reve*. In jüngster Zeit hat die Birkahn-Linie über *Smaragd* und dessen Söhne *Smart I* und *II* sowie *Säumer* in Sachsen Bedeutung gewonnen.

Neue Ziele

Mit 253 Herdbuchstuten war der Bestand bis 1989 weitgehend konstant. Nach der Wende erlitt infolge der Umstrukturierungen in der Land- und Forstwirtschaft die Kaltblutzucht einen gravierenden Einbruch. Veränderte Einsatz- und Qualitätsanforderungen fanden ihren Niederschlag in neu interpretierten Zuchtzielen. Die Beschreibung von 1992, mit der Erweiterung „für Eignung als land- und nicht nur forstwirtschaftliches Arbeitspferd“ benennt fortan die Rasse als Sächsisch-Thüringisches Kaltblut mit Herkunft Belgien.

Thüringen

Den Thüringer Kreishengsthaltungsgenossenschaften ist es zu verdanken, dass durch den Einkauf von besten Hengsten bis 1949 eine erfolgreiche Kaltblutzucht gewährleistet war. Insgesamt kann die Zeit zwischen 1940 und 1955 als Blütezeit der Thüringer Kaltblutzucht angesehen werden, denn der Bedarf nach schweren Arbeitspferden stieg nach dem Zweiten Weltkrieg rapide an. Rheinisch-Deutsches und -Belgisches Blut bilde-

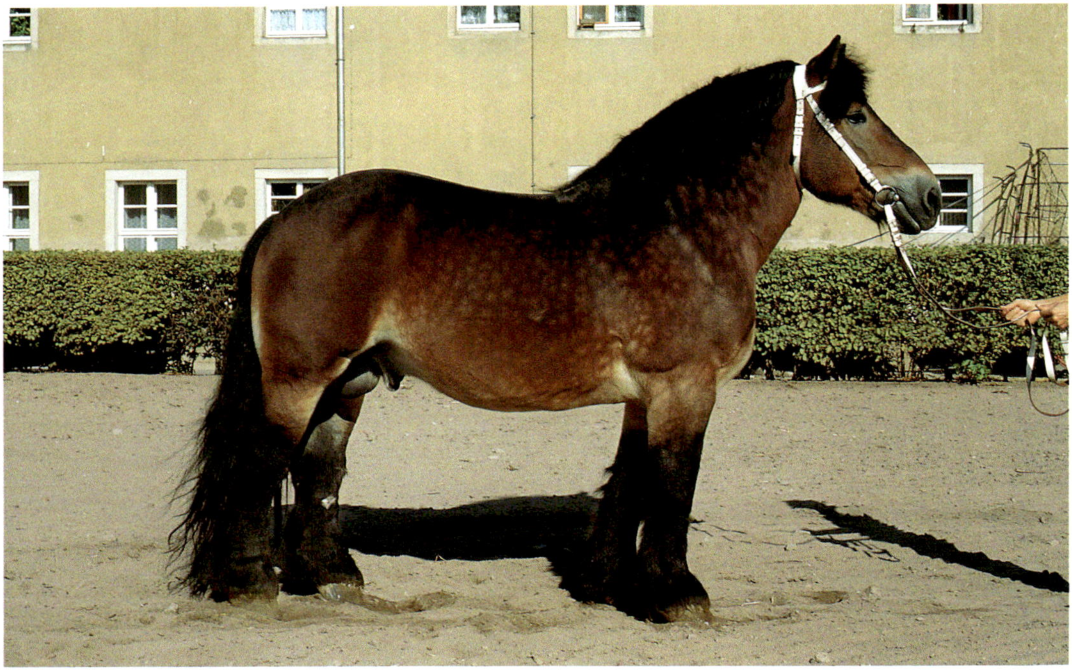

Die Sächsisch-Thüringische Kaltblutzucht hatte Mitte des vorigen Jahrhunderts ihre Blütezeit.

STECKBRIEF Sächsisch-Thüringisches Kaltblut

Herkunft: Sachsen und Thüringen.
Größe: 158 bis 165 cm.
Farben: Rappen, Braune, Füchse, Rapp-, Braun- und Fuchsschimmel. Kräftiges Langhaar und Fesselbehang.
Gebäude:
Kopf: Trockenes, ansprechendes Gesicht.
Hals: Kräftig, gut aufgesetzt.
Körper: Schräge, muskulöse Schultern; gut bemuskelte Kruppe.
Fundament: Trocken, korrekt; harte Hufe. Kräftiges Langhaar und Fesselbehang.
Bewegungsablauf: Raumgreifende Gänge.
Einsatzmöglichkeiten: Land- und Forstwirtschaft; Zugpferd für gewerbliche Gespanne.
Besondere Merkmale: Guter Charakter, gutes Temperament; leichtfuttrig; arbeitswillig.

ten die Zuchtgrundlage, wobei besonders in den Jahren um 1950 den kleineren, leichtfuttrigen Typen der Vorzug gegeben wurde.Wenige Jahre später mussten auch die Thüringer Züchter erleben, wie ihre Pferderasse vom Aussterben bedroht war. Kaltblutzuchtbetriebe, Staatliche Forstwirtschaftsbetriebe und Zuchtleitung erreichten nicht nur die Erhaltung einer Kaltblutzucht in bescheidenem Umfang, es konnte entgegen dem Abbau in anderen Ländern sogar ein stabiler, hochwertiger Stutenbestand aufgebaut werden. Die Bindung an die Pferdezuchtdirektion Süd oder an das Hengstdepot Moritzburg und Sachsen machte einen ständigen Hengstaustausch möglich.

Blutlinien

In den Pedigrees finden sich Namen wie *Gaulois du Monceau, Advokat, Espoir de Lorette, Birkahn.*

Kontaktadressen

Pferdezuchtverband Sachsen e.V.
Winterbergstraße 98
01237 Dresden
Tel.: 0351/2361001

Verband Thüringer Pferdezüchter e.V.
Lisztstraße 4
99423 Weimar
Tel.: 03643/24880

Schleswiger Kaltblut

Der organisierten Schleswiger Kaltblutzucht ging eine Aufbauphase über mehrere Jahrhunderte voraus. Die Abstammung des Schleswiger Kaltbluts ist auf das jütische Pferd in Dänemark zurückzuführen. Bereits 1622 existierten in Jütland Bestimmungen über die Haltung von Hengsten, wiewohl es zu dieser Zeit noch keine einheitliche Pferdezucht gab. Über das jütisch-schleswiger Pferd schreibt Graf Wrangel: „Was zunächst den Ursprung der auch in Deutschland geschätzten und vielfach benützten jütländischen Rasse betrifft, ist es bekannt, dass die tiefgelegenen, fruchtbaren Nordseegestade schon seit unendlichen Zeiten die Heimat eines schweren Pferdeschlages gewesen... Größere Verbreitung fand dieser Schlag während der Völkerwanderung; zum höchsten Ansehen gelangte es in der Ritterzeit, als vom Pferd gefordert wurde, von einem schweren Panzerreiter getummelt zu werden.“ Die erste Verordnung in Schleswig-Holstein über eine einheitliche Ausrichtung der Zucht, die sich damit befasste, wie Deckhengste beschaffen sein müssen, datiert ins Jahr 1779. In den Jahren um 1820 wurden in Jütland und Schleswig wie auch in anderen Ländern verschiedene Einkreuzungsversuche vorgenommen. *Bay Beckingham*, ein Yorkshire-Hengst, soll in dieser Zeit rund 500 Nachkommen gezeugt haben.

Beginn der Reinzucht

In den folgenden Jahren lag der Trend in der Kaltblutzucht wieder auf einem Pferd mit mehr Masse. Der von dem Pferdehändler Louis Oppenheim 1862 importierte Hengst *Oppenheim*, hinterließ in der jütisch-schleswiger Zucht bemerkenswerte Spuren. Man vermutet, dass es sich bei *Oppenheim* um einen Suffolk Punch handelte. Der Erlass einer Körordnung für Hengste (1875) und die Anerkennung der Zuchtrichtung Schleswiger (1888) schlug sich 1891 in der Gründung des Verbandes

Schleswiger Pferdezuchtvereine (zunächst Schleswiger Pferdezuchtverein für den Gesamtumfang der Zucht des kaltblütigen Pferdes im Herzogtum Schleswig) mit 20 angeschlossenen Vereinen nieder. Noch im gleichen Jahr geschah die Umbenennung in Verband Schleswiger Pferdezuchtvereine. Im Jahr 1901 herausgegebenen 1. Stutbuch konnten 1860 Stuten und im 1. Hengstregister 1117 Hengste aufgenommen werden. Bis 1910 hatten sich 40 Pferdezuchtvereine mit 3349 Mitgliedern, 1657 Hengsten und 10313 Stuten angeschlossen. Die Pferdezuchtvereine umfassten den gesamten Raum des ehemaligen Herzogtums Schleswig von Rendsburg bis zur Königsau. Um 1916 stammten von 19 lebenden Schleswiger Stammvätern 10 Hengste aus Jütland.

Der erste Geschäftsführer des Verbandes Dreesen schreibt 1916: „In dem Zuchtgebiet des Schleswiger Pferdes, dem früheren Herzogtum Schleswig, liegt die Aufzucht hauptsächlich in Händen von kleinen und mittleren Besitzern. Durch den Weidegang ist das Pferd früh entwickelt und abgehärtet, so dass es schon in der Jugend ein wertvolles Verkaufsobjekt bietet. Im volljährigen Alter findet es besonders in der Landwirtschaft, aber auch in der Industrie und der Armee, ausgebreitetste Verwendung." Graf Wrangel beschreibt die Charakteristik des Schleswiger Pferdes: „Der Schleswiger ist genügsam, von großer Härte und sehr guter Lungenkraft, die ihn auch befähigt, längere Strecken im Trab zu gehen, was für die Landwirtschaft nicht zu unterschätzen ist." Die Beschickung von DLG-Ausstellungen und auch der Weltausstellung in Paris in den ersten Jahren nach der Gründung hatte in Schleswig-Holstein eine alte Tradition und ging hauptsächlich auf die Initiative des Herzogs Christian August von Sonderburg-Augustenburg zurück. Die Präsenz auch auf überregionalen Tierschauen verschaffte dem Schleswiger Pferd bald einen großen Bekanntheitsgrad in ganz Deutschland.

Das Schleswiger Kaltblut ist ein vielseitig einsetzbares Arbeitspferd.

Rückschläge

1920 fiel aufgrund einer Volksabstimmung ein großer Teil Schleswigs an Dänemark. Damit ging bedeutendes Zuchtpotenzial verloren. Zwangsläufig dehnte sich die Schleswiger Pferdezucht weiter nach Süden aus und es gesellten sich im holsteinischen Landesteil immer mehr Vereine hinzu. Bis 1949 gab es 56 Vereine mit 15000 Mitgliedern, 25000 eingetragenen Zuchtstuten und 450 eingetragenen Zuchthengsten.

Blutaufbau und Hengstlinien

In der jütischen und Schleswiger Kaltblutzucht dominierten im Blutaufbau die Söhne des Stammvaters *Altrup Munkedal 839 – Prins af Jylland und Hövding*. In den 30er-Jahren setzte sich aus der *Prins af Jylland-Linie* die Nachkommenschaft der Hengste *Massa* und seines Sohnes *Fjandbo* besonders durch. Selbständige Blutlinien entwickelten sich über die Hengste *Isegrim, Leuthold, Odysseus, Präsident, Preußer, Regent* und *Achilles*. Daneben bewährten sich die temperamentvollen Vertreter der *Markgraf-Taucher-* und *Sperber*-Linie. Aus der *Hövding*-Linie war der Hengst *Dux 1489* der überragende Vererber, der über seine Nachkommen *Ibikus, Sattler, Resultat, Waldemar* und *Zöllner* ein wichtiger Blutlinienbegründer wurde.

1960 fanden die französischen Hengste *Hasta Breton* (Breton Postier) sowie *Faust* (Boulonnais) Eingang in die Schleswiger Kaltblutzucht.

Erneuter Einbruch

Der Einsatz von Landbearbeitungsmaschinen versetzte auch der Kaltblutzucht in Schleswig-Holstein einen empfindlichen Rückschlag. Der Rückgang der Kaltblutzucht (1975 betrug die Zahl der eingetragenen Zuchtstuten nur noch 60) führte zur Auflösung des Verbandes Schleswiger Pferdezuchtvereine e.V. und zum Zusammenschluss mit dem Landesverband der Ponyzüchter zum Pferdestammbuch SH/HH e.V.

Ausblick

Seit 1980 ist eine Renaissance der Schleswiger Kaltblutzucht zu vermelden. In den letzten Jahren konnte sich die Population auf 148 Stuten und 15 Hengste erweitern. In Schleswig-Holstein, aber auch in anderen deutschen Zuchtgebieten, hat sich das Schleswiger Kaltblut viele Freunde erworben.

Seine vielseitigen Einsatzmöglichkeiten in der Forstwirtschaft als Umwelt schonende Alternative zu den Zugmaschinen, im Freizeitbereich als geschirrfromme Zugpferde vor Planwagen oder Kutschen, als werbewirksame Reklamegespanne bei Brauereien und im Gewerbe sorgen dafür, dass dieses Kulturerbe nicht ausstirbt.

STECKBRIEF Schleswiger Kaltblut

Herkunft: Schleswig und Jütland.
Größe: 156 bis 162 cm.
Farben: Vorherrschend Füchse, Schimmel, Rappen, Braune. Auffallender Beinbehang.
Gebäude:
Kopf: Trocken, markant, nicht zu lang; lebhaftes Auge.
Hals: Kräftig, nicht zu kurz, gut aufgesetzt.
Körper: Rundrippig, viel Brusttiefe; nicht zu kurze Beine; mittlerer Rahmen.
Fundament: Trocken, starke Gelenke, stabil, korrekt; runde Hufe mit genügend hohen Trachten; seidiger, nicht zu üppiger Behang.
Bewegungsablauf: Geräumiger Schritt, raumgreifende, energische Trabaktionen; mit viel Schub.
Einsatzmöglichkeiten: Vielseitig verwendbares Arbeitspferd für Land- und Forstwirtschaft; Brauereipferd; Hobby- und Planwagenpferd mit großer Ausdauer.
Besondere Merkmake: Lebhaftes, energisches Temperament, leistungsfähig, futterdankbar.

Kontaktadressen

Pferdestammbuch Schleswig-Holstein/Hamburg e.V.
Steenbeker Weg 151
24106 Kiel
Telefon: 0431/331776

Verein Schleswiger Pferdezüchter e.V.
Rosacker 6
24887 Silberstedt
Telefon: 04626/1019
Fax: 04626/1347

Schwarzwälder Kaltblut

Extreme Gelände- und Vegetationsformen, ein raues Klima und mineralstoffarme Böden haben im Hochschwarzwald ein bestens an diese Verhältnisse angepasstes Kaltblut geschaffen, dessen Existenz weit in die vergangenen Jahrhunderte zurück reicht. Die Forstwirtschaft und die abgelegenen Waldbauernhöfe verlangten ein leistungsfähiges, zugsicheres und zudem anspruchsloses Pferd. Auf das äußere Erscheinungsbild legten die Bauern wenig Wert. Was zählte, war ausschließlich die Leistung. Härte, Langlebigkeit und Fruchtbarkeit haben die Schwarzwälder Füchse geprägt – Eigenschaften, die der Rasse noch immer eigen sind.

Zuchtgebiet

Der südliche Schwarzwald und die angrenzenden Bezirke mit Höhenlagen, die teilweise die 1000-Meter-Grenze überschreiten, sind das eigentliche Zuchtgebiet der Schwarzwälder Kaltblutrasse. Die Klöster St. Märgen, St. Peter und St. Blasien waren lange Zeit mit der Zucht des Schwarzwälders befasst. Die Bezeichnungen Schwarzwälder Fuchs oder nach dem Hauptort seiner Zuchtgeschichte St. Märgener Fuchs oder auch nur Schwarzwälder umschreiben alle den gleichen Kaltblüter.

Verbandsgründung

Der allgemeine Trend nach schwereren Pferden setzte sich auch nach dem Körgesetz vom 9. April 1880 und der Aufstellung von belgischen Hengsten nicht so recht durch. Die Züchter bevorzugten bodenständige Hengste und die Stutenstämme waren durch Inzucht so gefestigt, dass sie den Anforderungen, die an ein Wälderpferd gestellt wurden, vollauf genügten. Es wird sogar berichtet, dass die Bauern heimlich mit Hengsten weiter züchteten, die wegen mangelnden Kalibers nicht anerkannt waren. Der Bauer, Wirt und Bürgermeister Anton Straub (1865 bis 1955) Langenordnach im Hochschwarzwald sprach rückblickend sehr abfällig über die beabsichtigte Umstellung auf schwere Kaltblüter: „Diese schweren Pferde gediehen ohne Hafer oder sonst gutes Futter und Pflege nicht. Sie waren recht als Zugtiere auf ebenen Landstraßen; aber auf einem Hof mit weichen Matten und steilen Wegen eignet sich ein solch schweres Pferd so wenig wie ein 250 Pfund schwerer Mann als Landbriefträger im Schwarzwald." Bereits 1896 schlossen sich die Züchter im „Verband der Schwarzwälder Pferdezuchtgenossenschaften" zusammen. Im ersten Stutbuch waren zahlreiche Stuten unbekannter Abstammung als „Ardenner" oder „Elsässer" benannt. Ein früherer Vorsitzender des Verbandes beschrieb die Lage so: „Sie (Anm. die Stuten) sind so alt wie die Höfe der Schwarzwaldbauern."

STECKBRIEF Schwarzwälder Kaltblut

Herkunft: Schwarzwald.
Größe: 148 bis 156 cm.
Farben: Fuchs bis Dunkelfuchs.
Helles Langhaar, wenig Behang.
Gebäude:
Kopf: Kurz, trocken, markant; ausdrucksvolles Auge.
Hals: Kräftig, gut aufgesetzt.
Körper: Leicht- bis mittelrahmig, schräge Schulter; breite, stark bemuskelte Kruppe.
Fundament: Korrekt, trocken; kräftige, klare Gelenke; harte Hufe.
Bewegungsablauf: Raumgreifende Gänge.
Einsatzmöglichkeiten: Forst- und Landwirtschaft; Fahren und Reiten in der Freizeit.
Besondere Merkmale: Gutmütig; zugstark; robust; langlebig.

Zuchtplanungen

Nach der Wende vom 19. zum 20. Jahrhundert versuchte der Verband, durch Zucht und Aufzucht von Hengsten aus dem eigenen Gebiet weiter zu kommen, was sich auf Grund der geringen Zuchtbasis als schwierig herausstellte. So brachten die Hengste *Milan* und *Deutschritter* neue Blutlinien in die Zucht. *Milan*, ein leichtkalibriger Noriker kam aus Osttirol, 1929 kaufte man *Deutschritter* in Aachen. Zwei bedeutende Söhne nach *Deutschritter* waren *Deutobert B 60*, geboren

1930 und *Deutmar B 40,* ebenfalls 1930 geboren. Mütterlicherseits gingen diese Hengste auf Stuten der alten Wälderzucht zurück. Die Hengste der D-Linie beherrschten über viele Jahre das Zuchtgeschehen. Seit etwa 1960 wurde die M-Linie systematisch aufgebaut. *Mittler B 65,* geboren 1936, war ursprünglich als zu leicht aus der Zucht genommen worden, wegen seiner von den Züchtern geschätzten Nachkommenschaft fand er 15jährig wieder Einsatz in der Zucht. Seine Söhne *Militär 162,* geboren 1958, *Müller 116,* geboren 1953, waren wohl die erfolgreichsten Vererber.

Haupt- und Landgestüt Marbach

Das Haupt- und Landgestüt Marbach stellt seit 40 Jahren die Deckhengste; auch die als Hengstanwärter geeigneten Fohlen werden dort aufgezogen. Inzucht aufgrund geringer Populationsbreite zwang zum Einsatz anderer Linien. Die Noriker *Reith-Nero* und *Wirts-Diamant* schienen geeignet und passend zur Einkreuzung.

Die Situation heute

Auch wenn mit der Technisierung bei den Schwarzwälder Füchsen Entwicklungseinbußen einhergingen, so hat durch die Treue der Schwarzwaldbauern zu ihren Kaltblütern die Rasse vergleichsweise wenig gelitten. Im Zeichen des aufstrebenden Fremdenverkehrs war der hübsche Wälderfuchs wieder stark gefragt. 1997 waren im Zuchtbuch 616 Zuchtstuten mit 247 Fohlen eingetragen. 21 Hengste verteilten sich auf verschiedene Zuchtverbände. 1996 standen im baden-württembergischen Landgestüt Marbach 16 Landbeschäler. Die Zuchtleitung Württembergischer Pferdezuchtverbände sagt: „Der edle Fuchs ist ein einmaliges züchterisches Kleinod, ein kulturelles Erbe, das es zu bewahren und zu erhalten gilt."

Kontaktadresse

Pferdezuchtverband Baden-Württemberg e.V.
Heinrich-Baumann-Straße 1-3
70910 Stuttgart
Telefon: 0711/1665501
Fax: 0711/1665520
e-Mail: verband@pferdezucht-bawue.de
http://www.pferd-aktuell.de/pzv-bw

Schwarzwälder Kaltblutpferde eignen sich auch als Reitpferde für Freizeitreiter.

Süddeutsches Kaltblut

Diese Rasse kann auf die gleiche Zuchtgeschichte wie der Noriker zurückblicken. In Bayern wurden zwei Kaltblutschläge gezüchtet: der leichtere Oberländer sowie der schwere Pinzgauer.

Beginn der Reinzucht

Nach Einkreuzung von englischem und arabischem Vollblut und Norfolk- und Holsteinerblut, Belgiern und Clydesdales setzte dann im 19.Jh. die Reinzucht ein. Der 1879 im Pinzgau geborene Hengst *Weißfuß* v. *Albion*, der 1884 nach Bayern kam, begründete über seine Söhne *Jung Weißfuß* und *Herkules* eine Blutlinie. 1906 erfolgte die Einrichtung des Stutbuches, und 1920 wurde das Brandzeichen Edelweiß eingeführt. Seit dieser Zeit standen im staatlichen Gestüt Schwaiganger für die angestrebte Reinzucht des Norikers entsprechende Hengste. Der Oberländer wurde 1934 zum bodenständigen Kaltblutpferd erklärt. 1939 musste die Bezeichnung Oberländer für das bayerische Kaltblutpferd unter Einbeziehung des österreichischen Pinzgauers der einheitlichen Benennung Noriker weichen. Nach dem Zweiten Weltkrieg geschah in Absprache aller süddeutschen Pferdezuchtverbände die Umwandlung in die Bezeichnung Süddeutsches Kaltblut.

Zuchtziel

Das Süddeutsche Kaltblut verkörpert das schwere Zugpferd. Gezüchtet wird ein großrahmiges, gut bemuskeltes und tiefrumpfiges Wirtschaftspferd mit langer, breiter und gespaltener Kruppe bei korrekt gestelltem und trockenem Fundament mit harten Hufen und raumgreifenden Gängen. Ein ausgeglichenes Temperament soll eine vielseitige Verwendbarkeit gewährleisten. Eignungsprüfungen in der Zugleistung der Zuchthengste und -stuten sowie die Bewertung der Hengstnachzuchten bilden im Wesentlichen die Selektionskriterien.

Nach dem Zweiten Weltkrieg

Nach dem Zweiten Weltkrieg setzte zunächst, wohl bedingt durch die Flüchtlingsströme und deren Nahrungsversorgung eine Intensivierung der Landwirtschaft ein, was eine enorme Aufsto-

Das großrahmige Süddeutsche Kaltblut verkörpert das schwere Zugpferd.

ckung des Arbeitspferdes bewirkte. Die Zahlen der eingetragenen Stuten stieg auf 37565 an. Bis zum Jahre 1977 erreichte die Zucht dann aber einen immensen Einbruch, es waren nur noch 658 Stuten registriert.

Jüngste Entwicklung

Nach einem stetigen Wiederaufbau erlangte das Süddeutsche Kaltblut einen beachtlichen Aufschwung. Das bayerische Oberland und der Bayerische Wald beheimaten die meisten Süddeutschen Kaltblüter. Bayern hat mit fast 1900 eingetragenen Zuchtstuten und etwa 80 Hengsten das größte geschlossene Kaltblutzuchtgebiet in Deutschland. Als Bestandteil des Lebens lässt sich das Süddeutsche Kaltblut nicht mehr wegdenken.

Kontaktadresse

Landesverband Bayerischer Pferdezüchter e.V.
Landshamer Straße 11
81929 München
Telefon: 089/926967-13
Fax: 089/907405

STECKBRIEF **Süddeutsches Kaltblut**

Herkunft: Bayern, Österreich (Noricum).
Größe: 160 bis 164 cm.
Farben: Fuchs, Braune, Rappen, Schimmel und Tiger. Wenig Behang.
Gebäude:
Kopf: Mittelschwerer Kopf; gutmütiges, ausdrucksvolles Auge.
Hals: Kräftiger, gut angesetzt, mittellang.
Körper: Großrahmig; gut bemuskelt; tiefrumpfig; lange breite gespaltene Kruppe.
Fundament: Kräftige, gut ausgebildete trockene Gelenke; harte Hufe.
Bewegungsablauf: Langer, gleichmäßiger Schritt, energischer, schwungvoller Trab mit gutem Raumgriff; korrekt.
Einsatzmöglichkeiten: Land- und Forstwirtschaft; Kutschpferd; Brauereipferd und andere Werbegespanne. Freizeitreiterei.
Besondere Merkmale: Ausgeglichenes Temperament; hart, leichtfuttrig, leistungsbereit; zugstark, gutmütig, ausdauernd.

Europäische Kaltblutpferde

Ardenner

Bei dem Ardenner Kaltblutpferd handelt es sich um eine der ältesten Pferderassen nicht nur von Frankreich, sondern der Welt. Wenn es, Überlieferungen zufolge von dem prähistorischen Solutré-Pferd abstammen soll, datiert seine Geschichte immerhin bis 20000 v.Chr. Solutreén als Kulturstufe der Altsteinzeit wurde nach dem französischen Fundort Solutré, einem Kalksteinfelsen südwestlich von Macon benannt. 10000 Pferdeskelette am Fuße einer Schlucht bei Solutré geben Zeugnis von den grausamen Methoden der Menschen dieser Epoche Pferde zu erbeuten. Sie trieben sie über den Rand eines Abgrundes, wo sie zerschellten und so die Jäger ihres begehrten Fleisches habhaft werden konnten.

Ruhmreiche Geschichte

Seit Julius Cäsar in seinem Werk „De Bello Gallico“ (Der gallische Krieg) das schwere Ardenner Zugpferd seiner Feinde über alle Maßen lobte, erfreute es sich vor allem als „Streitross“ auch in anderen Ländern großer Beliebtheit. Dem kompakten Ardenner, durch seine Herkunft in den kalten Winterregionen mit einer außergewöhnlichen Robustheit ausgestattet, stand nun eine lange Karriere als Kavalleriepferd bevor.

Veredlungszucht

Das im Mittelalter nur 140 cm große Pferd wurde allmählich größer und schwerer gezüchtet und beeinflusste später viele schwere Pferdeschläge. Doch danach setzte eine gezielte Veredelung mit orientalischem und arabischem Blut ein, dessen

Ardenner Kaltblutpferde waren im Mittelalter nur 140 cm groß.

Einfluss bis heute sichtbar geblieben ist. Im 17., 18. und 19.Jh. kamen diese veredelten Ardenner immer mehr als Reit- und Zugpferde in Kriegszeiten zum Einsatz. Ihre Kraft und Widerstandsfähigkeit und auch die Tatsache, dass sie fähig waren, härtesten Klimabedingungen zu trotzen, prädestinierte sie zum Militärpferd schlechthin. Besonders bewährten sie sich 1812 im Russlandfeldzug unter Napoleon I.

Pferd für die Landwirtschaft

1929 wurde in Frankreich ein Zuchtbuch für das Ardenner Kaltblutpferd geöffnet, das vom Syndicat des Eléveurs du Cheval in Malzeville/Frankreich geführt wird. Durch Kreuzungen mit Percherons und Boulonnais versuchte man, dem Bedürfnis der Bauern nach einem schwereren Pferd Rechnung zu tragen. Die Einkreuzung belgischer Kaltbluthengste hinterließ wohl die deutlichsten Spuren gerade was die Größe betrifft. Bis Mitte des v.Jh. wurde dieser für die Landwirtschaft bestens geeignete Ardenner vor allem in großen Betrieben eingesetzt. Doch wie allen schweren Kaltblutrassen drohte auch diesem Pferd mit der Technisierung landwirtschaftlicher Betriebe das Aus; der Einsatz von Traktoren schien das Ende der Ardenner zu besiegeln.

Der Ardenner heute

Durch drei französische Landesgestüte und viele europäische Züchter, die dem Ardenner neue Absatzmärkte erschließen, ist zumindest der Weiterbestand der Rasse gesichert. So werden unter anderem in Belgien, Luxemburg, Schweden und Holland Ardenner gezüchtet. Seine Beliebtheit ist nicht zuletzt auf seine vielseitigen Einsatzmöglichkeiten zurückzuführen. Der Ardenner bewährt sich als Rückepferd bei der Waldarbeit, als Repräsentationspferd im Gespann, sei es bei Brauereien oder als Reit- und Fahrpferd im Freizeitsport und in der Touristik. Leider dient der 1000 kg schwere Ardenner besonders in seinem Heimatland aber auch als Mastpferd.

STECKBRIEF **Ardenner**

Herkunft: Französische und belgische Ardennen.
Größe: 155 bis 162 cm.
Farben: Häufig Braune, Braun- und Rotschimmel, gestichelte Füchse, seltener Rappen. Kräftiges Langhaar, ausgeprägter Behang.
Gebäude:
Kopf: Ausdrucksvoll mit großem, wachem Auge; gerades Profil oder leicht geramst; kleine, aufmerksame Ohren.
Hals: Mächtig und kurz, gut angesetzt und muskulös.
Körper: Breiter kräftiger Körper; tiefe Brust; lange, schräge Schultern und muskulöse Kruppe.
Fundament: Markant und stark bemuskelt, Gelenke gut ausgebildet, Hufe breit.
Bewegungsablauf: Energischer, raumgreifender Schritt und guter Trab.
Einsatzmöglichkeiten: Im Freizeitbereich als Fahr- und Reitpferd, als Zugpferd in der Land- und Forstwirtschaft.
Besondere Merkmale: Zuverlässig und robust und trotz des massigen Körpers gilt der lammfromme und liebenswerte Ardenner als sehr agil und lebhaft. Seine Anhänger sagen von ihm, dass er leicht einzureiten und auszubilden sei und sich sogar von einem Kind problemlos führen ließe.

Kontaktadressen

Service Elevage & Viandes
Ministère d'Agriculture
WTC 3-4 étage
Bld. Simon Bolivar 30
B – 1000 Brüssel
Fax: +32/2/2083565
e-Mail: Damien.Winandy@cmlag.fgov.be

Société Royal Le Cheval de Trait Ardennais
50, Rue des Aubépines
B - 6800 Libramont
Tel.: 061/23 04 04
Fax: 061/23 04 09

Syndicat d'Elevage de l'Ardennais
23, Hameau des Noisetiers
F- 54132 Bouxieres-aux-Dames
Tel.: +33/83227281

Auxois

Dieser französische Kaltblüter hat seinen Namen nach der Landschaft des Auxois in Burgund (Cote-d'Or, Yonne, Saone-et-Loire). Er steht im Typ des Ardenners, ist aber größer.

Herkunft

Die 290 bis 476 m hohe Hochebene Auxois ist umgeben von einem fruchtbaren Landstrich mit hervorragendem Ackerbau und Viehzucht. Sanfte Täler und satte Weiden prägten das Kaltblutpferd dieser Region, die ihm nicht nur den Namen, sondern auch Größe und Kaliber mit gab.

Zuchtgeschichte

Burgundische Landstuten und Ardenner Hengste bildeten den Grundstock zur Zucht des Auxois Kaltblutpferdes. Während anfänglich noch Percheron- und Boulonnais-Blut zufloss, kommen seit Beginn des v.J. ausschließlich Belgier- und Ardennerhengste zum Einsatz. Hauptzuchtgebiete sind in der Region Burgund im Bereich des Haras National de Cluny sowie in Teilen der Cote d'Or, der Departements Yonne und Saone-et Loire. Das Syndicat du Cheval de Trait Auxois in

STECKBRIEF **Auxois**

Herkunft: Frankreich
Größe: 160 bis 168 cm.
Farben: Braune, Rotschimmel, selten Füchse und Falben. Wenig Behang.
Gebäude:
Kopf: Kurz, breite Stirn; kleine, bewegliche Ohren.
Hals: Kurz, bemuskelt, gut aufgesetzt.
Körper: Schräge Schultern, massiger Rumpf; guter Widerrist; breite Brust; kurzer, breiter Rücken und Lendenpartie; stark bemuskelte Kruppe mit tief angesetztem Schweif.
Fundament: Robust, kurze, stark bemuskelte, klare Gliedmaßen, kräftige Gelenke; wenig Behang.
Bewegungsablauf: Raumgreifender, elastischer Schritt.
Einsatzmöglichkeiten: Gutes Zugpferd im land- und fortstwirtschaftlichen Bereich; als Kutschpferd für den Tourismus und als Fleischlieferant.
Besondere Merkmale: Ruhiges Temperament, ausdauernd, gutmütig, kraftvoll, robust.

Dieser Auxois-Hengst ist noch kupiert, wie zu früheren Zeiten üblich.

Dijon und von Haras National in Cluny betreuen die Rasse und das 1913 eröffnete Stutbuch. Ende des v.J. werden im Gestüt von Cluny noch zehn Auxois-Deckhengste gezählt.

Kontaktadresse

Syndicat du Cheval de Trait Auxois
2. rue Hoche, BP 15 33
21036 Dijon Cedex
Tel.: 00 33-80-434301

Belgisches Kaltblut

Kaum eine andere Rasse ist in so vielen Pferdezuchten und an der Entstehung mancher Kaltblutrassen beteiligt wie das Belgische Kaltblut. Nach dem bedeutendsten belgischen Zuchtgebiet wird es auch Brabanter genannt. Trait du Nord und Belgisch Trekpaard umschreiben die gleiche Rasse. Den Belgischen Kaltblüter findet man in den Annalen wie etwa des Rheinisch Deutschen Kaltbluts (unter dem Namen „Rheinisch Deutsches Kaltblut" nahmen die belgischen Kaltblüter 80 % aller Kaltblutpferde um 1936 im Deutschen Reich ein), dem Shire Horse und Clydesdale sowie dem Italienischen Kaltblut. Von dem Schwerarbeiter unter den Kaltblutrassen steht Nachzucht in vielen Ländern, auch in Nord- und Südamerika. In seiner Heimat wird er auch als Fleischlieferant genutzt.

Herkunft

Ähnlich wie beim Ardenner lässt sich auch die Zuchtgeschichte des Belgiers sehr weit zurück verfolgen. Seine Vorfahren wurden bereits zur Zeit der alten Römer hoch geschätzt. Die Schwergewichtler entwickelten sich im Lauf der Jahre in verschiedenen Regionen zu eigenständigen Schlägen.

Beginn der Reinzucht

Nachdem 1886 das Zuchtbuch geöffnet wurde, setzte eine Festigung der Rasse ein. Schon sehr bald erfreute sich der Belgier im In- und Ausland großer Beliebtheit. Gezielte Selektion und gelegentliche Inzucht hatten ein Kaltblutpferd von hoher Qualität hervor gebracht. Am heutigen Aussehen des Belgiers haben drei Blutlinien großen Einfluss ausgeübt: Die Gros-de-la Dentre-Linie, begründet von dem braunen *Orange I*, die Gris-du-Hainaut-Linie nach *Bayard* sowie die Colosses-de-la-Méhaigne-Linie nach dem braunen Stammhengst *Jean I*. Die Belgier umschreiben diese Linien liebevoll: Die „Dicke von Dender" – muskulös – kräftige Knochen und harte Füße; Die „Graue von Nijvel" – adlig – korrekt im Stand und Die „Kolosse von Mehaigne" – tempe-

STECKBRIEF Belgisches Kaltblut

Herkunft: Brabant (Belgien).
Größe: 160 bis 170 cm.
Farben: Meistens Braunschimmel.
Kräftiges Langhaar und Behang.
Gebäude:
Kopf: Leicht und adlig mit kleinen Ohren und lebhaften Augen.
Hals: Kurz und breit, kräftig und hoch angesetzt.
Körper: Schwach ausgeprägter Widerrist; gut gewölbter, tiefer Rumpf; breite Brust und breiter, kurzer Rücken mit einer leicht gespaltenen, abschüssigen Kruppe. Die Lenden müssen kurz sein.
Fundament: Kräftig, trocken und gut bemuskelt mit breiten, gut markierten Gelenken, großen Hufen und Behang.
Bewegungsablauf: Energischer, raumgreifender Schritt und Trab.
Einsatzmöglichkeiten: In der Forstarbeit oder am Meer zum Schleppen von Krabbennetzen, in den verschiedensten Freizeitsparten vor der Kutsche und auch unter dem Reiter.
Die Begeisterungsfähigkeit der Reiter für das mächtige Pferd ist im Kommen.
Besondere Merkmale: Das Belgische Kaltblut ist von ruhigem Temperament und zeichnet sich durch einen sehr liebenswürdigen Charakter aus. Gehorsam führt es auch schwere Arbeiten bereitwillig aus. Die Gutmütigkeit und Zuverlässigkeit ist sprichwörtlich. Leichtfuttrig und zäh kann es das ganze Jahr auf der Weide zubringen.

ramentvoll. Das Stutbuch ist nur den Fohlen eingetragener Eltern vorbehalten. Es bleibt jedoch offen für alle Stuten, die dieser Rasse entsprechen. Die besten Zuchtprodukte werden auf den Herbstschauen gezeigt. Die Belgier-Hengste müssen von einem offiziellen Körmeister angekört sein, erst dann dürfen sie in der Zucht eingesetzt werden. Im Stutbuch werden im Jahr etwa 700 Fohlen eingetragen, was zeigt, dass sich in Belgien noch viele Züchter dieser Kaltblutrasse annehmen.

Kriegswirren

Auch Belgien blieb von kriegerischen Auseinandersetzungen nicht verschont. Für die Armee waren die Belgier zu schwer, und die Verantwortlichen versuchten die Züchter von der Notwendigkeit der Zucht eines leichteren Pferdes zu überzeugen, zumal kriegsbedingt fremde Rassen ins Land kamen. Die belgischen Züchter ließen sich jedoch nicht beirren und beharrten auf ihrem schweren Kaltblüter, wobei zu dessen Erhaltung gelegentlich ingezüchtet wurde.

Der Belgier heute

Zwar ist der Bedarf an diesen extrem schweren Tieren heute nicht mehr so groß, doch ist weltweit das Überleben der liebenswerten Riesen gesichert. Vor wie nach ist das Belgische Kaltblut ein zuverlässiges Arbeitstier. Es findet Verwendung im Freizeitbereich etwa vor dem Planwagen und sogar in Nordamerika schätzt man das ansehnliche Brauereipferd.

Und – man mag es dem Dicken nicht zutrauen – er lässt sich auch dressurmäßig reiten. In Belgien existieren keine staatlichen Gestüte, die Zucht der Kaltblüter wird aber vom Staat gefördert.

Berühmte Hengste

Vor allem drei Hengste prägten zwischen dem Ersten und Zweiten Weltkrieg die Zucht des Belgischen Kaltbluts: der Hengst *Albion d`Hor*, sein Sohn *Avenir d`Herse* und sein Enkel *Espoir de Quaregnon*. *Costaud de Marche* dürfte der beste Hengst in der Zucht der vergangenen Jahre gewesen sein.

Belgische Kaltblutpferde werden immer beliebter.

Kontaktadressen

Koninklijke Maatschappij
„Het Belgisch Trekpaard“
29, Algemeen Stemrechtlaan
1030 Brussel
Tel.: (02) 215 93 48;
Socété Royale
Le Cheval de Trait Belge
49, Avenue du Suffrage Universel
1030 Brussel
Tel.: (02) 215 93 48

Boulonnais

Eines der edelsten Kaltblutpferde ist der Boulonnais, was nicht zuletzt auf den Einfluss Arabischer Hengste in der Zucht zurückzuführen ist. Man uterschied ursprünglich zwei Typen, den großen, 700 kg schweren Boulonnais und den kleineren, so genannte „Fischhändler“ mit 500 bis 550 kg.

Herkunft

Seine Wurzeln hat der Boulonnais in der Region Pas-de-Calais in Nordfrankreich. Cäsars Kavalleriepferde hinterließen im Raum Boulogne ihre Spuren. Die Verpaarung arabischer Hengste mit einheimischen Stuten lässt sich in den Blutlinien des Boulonnais nachweisen.

Zuchtentwicklung

Später vererbten Mecklenburger Kaltblutpferde mehr Kaliber und die Einkreuzung von Andalusiern verhalf zu einem größeren Pferd und sie gaben dem Boulonnais vor allem die Eleganz und die Schimmelfarbe mit. Im Gestüt von Eterpigny (bei Arras) sicherte die Familie *dè Herlincourt* über mehrere Jahrhunderte den Bestand des Boulonnais. 1886 wurde ein Stutbuch begründet, welches vom Syndicat des Eleveurs du Cheval Boulounnais, Winnereux/France geführt wird.

Verwendung

In der französischen Armee war das temperamentvolle Boulonnais Kaltblutpferd mit dem Gang eines Warmblüters ein begehrtes Artilleriepferd. Es konnte Kutschen, Munitionswagen und

Der Boulonnais zählt zu den edelsten Kaltblutpferderassen.

STECKBRIEF Boulonnais

Herkunft: Nordfrankreich.
Größe: Großer Typ 160 bis 170, kleiner Typ 155 bis 160 cm.
Farben: Schimmel, seltener Füchse und Braune. Wenig Behang.
Gebäude:
Kopf: Ausdrucksvoll und elegant; lebhafte Augen und Ohren, offene Nüstern.
Hals: Kräftig, stark bemuskelt, schön gewölbt.
Körper: Manchmal steile Schulter; Brust breit und tief; gerader Rücken, abfallende Kruppe.
Fundament: Kräftige Beine mit sehr trockenen Gelenken; gut geformte Hufe.
Bewegungsablauf: Guter, raumgreifender Schritt.
Einsatzmöglichkeiten: Landwirtschaft, auf Artischocken- oder Kartoffelfeldern; leistungsstarkes Fahr- und Zugpferd. In seiner Heimat vor allem zur Schlachtpferdeproduktion.
Besondere Merkmale: Freundlich und gefügig, aber durch die arabischen Vorfahren trotz seiner Masse auch gelegentlich ungestümes bis feuriges Temperament. Der Mensch nutzte gerne seinen Mut und die enorme Kraft.

Kanonen ziehen. Verständlich, dass dieses Pferd auch sonst vielseitig einsetzbar war. Es konnte vor jede Art von Wagen eingespannt werden und zog in der Landwirtschaft gebräuchliche Maschinen. Gemüsebauern spannten bei Ebbe gerne einen Boulonnais vor den Wagen, um am Strand und im flachen Wasser Algen zu sammeln, die als Dünger verwendet wurden.

Später fand der Boulonnais Einsatz bei den Krabbenfischern in seiner angestammten Region. Auch wurde das Kaltblutpferd dazu genutzt, große Netze ins Meer zu ziehen, so dass für die Fischer mit relativ wenig Aufwand ein guter Fang möglich war. Der kleinere und schnellere Boulonnais transportierte in der Zeit, als es noch keine Kühlwagen gab, Fisch und andere Meeresfrüchte über 200 km von Boulogne, Calais oder Dunkerque nach Paris zu den Fischgroßhändlern.

Zukunft

Leider haben Traktoren in der Landwirtschaft und Lastwagen für den schnellen Fischtransport den Boulonnais weitgehend arbeitslos gemacht. Den kleinen „Fischhändler“ gibt es nicht mehr und die weitere Existenz für wenige große Boulonnais erscheint eher unsicher.

Kontaktadresse

Syndicat Hippique Boulonnais
14-16 Rue Saint-Adrienne
F – 62930 Wimereux

Bretone

Die Kreuzung verschiedener Rassen führte dazu, dass man heute von drei Bretonen-Typen sprechen muss. So gibt es den „Kleinen Bretonen“ (Petit Trait Breton), den Trait Breton und den Postier Breton. Diese berühmte französische Pferderasse war Jahrhunderte lang eingespannt vor Wagen und Kutsche zu finden. Besonders der Postier Breton eignet sich auch heute noch dank seiner ausgeprägten Ausdauer hervorragend als Kutschpferd.

Herkunft

Auf keltischen Münzen ist bereits 50 v. Chr. ein Pferd abgebildet, von dem angenommen wird, dass es den Kelten sowohl als Streitross und während ihrer Wanderungen in andere Länder als auch als Reitpferd und Transportmittel diente. Besonders in der Bretagne ist keltisches Volkstum erhalten geblieben, was die Annahme, der Bretone sei Nachfahre des „Keltenpferdes“ erhärten könnte.

Im 14./15. Jh. entwickelte sich der Typ des Sommiers und des Roussins als Produkt der Beimischung orientalischen Blutes. Der so veredelte Bretone war zunächst klein und kräftig und konnte lange Strecken in einer Gangart zurücklegen, die für den Reiter bequem war. Der Postier Breton verdankt seine Herkunft schließlich der Einkreuzung von Boulonnais, Ardenner und Percheron. Die Ende des 19. Jh. erfolgreich eingesetzten Norfolks verliehen dem Bretonen seine Lebhaftigkeit.

Der Bretone entwickelt in seinem Ursprungsland Frankreich die rassetypischen Charakteristika.

Zuchtentwicklung

Wie bei anderen Rassen auch, führte eine zu starke Einkreuzung fremden Blutes nicht immer zum Erfolg. Darüber hinaus ist der Bretone mit seinen drei Schlägen das typische Beispiel dafür, dass das Zuchtprodukt regional stark abweichen kann. Entlang der Küste auf üppigen Weiden entwickelten sich größere und kräftigere Pferde. Das schwere Zugpferd, der Trait Breton, stammt aus dieser Gegend. Sein Temperament ist nicht allzu lebhaft. Aus dem kargeren Landesinneren kommt der leichtere Postier Breton, der durch seine Gehfreudigkeit und sein Temperament besticht, was ihm die Bezeichnung „Elitetraber unter den Zugpferden" einbrachte. Der „Kleine Bretone" mit einer Größe von 152 cm ist im Zentralgebirge der Bretagne beheimatet. Versuche, den „Küsten"-Bretonen auch im Landesinneren zu züchten, mussten fehlschlagen. Wird der Bretone in Ländern gezüchtet, die von den gegebenen Verhältnissen seiner Herkunftsregion abweichen, verliert er die ihm eigenen Charakteristika. Züchter aus aller Welt importieren deshalb lieber die in der Bretagne geborenen und aufgezogenen Pferde. Das Zuchtbuch besteht seit 1909; ab 1930 sind keine Einkreuzungen mehr vorgenommen worden. Die staatlichen Zuchtzentren in Frankreich

STECKBRIEF **Bretone**

Herkunft: Bretagne (Frankreich).
Größe: Petit Trait Breton 152, Trait Breton und Postier Breton 157 bis 160 cm.
Farben: Rotfüchse, Falben, selten Braun- oder Rotgrauschimmel. Kaum Behang.
Gebäude:
Kopf: Eher klein; sanfte, wache, weit auseinander stehende Augen, Adel ausstrahlend.
Hals: Kurz, leicht gewölbt, gut aufgesetzt.
Körper: Breiter, bemuskelter, eher kurzer Rücken; überdeckter Widerrist; breite, gespaltene Kruppe und gute Rippenwölbung.
Fundament: Kurze, kräftige und trockene Gliedmaßen, gut geformte, harte Hufe.
Bewegungsablauf: Energisch im Schritt und Trab; der Postier Breton verfügt über schwungvolle Gänge mit relativ hoher Trabaktion.
Einsatzmöglichkeiten: Zug- und Kutschpferde, in der Bretagne noch ab und an als Ackerpferd in den Lauchfeldern. In seiner Heimat häufig Fleischlieferant.
Besondere Merkmale: Robust, arbeitswillig, lebhafter und gleichzeitig sanfter Charakter. Zeichnet sich durch große Gelassenheit aus.

sind die Staatsgestüte Haras National de Lamballe und de Hennebout.

Kontaktadresse

Bureau des Ressources Génétiques
57, rue Cuvier
F- 75231 Paris

Clydesdale

Ursprünglich zogen die großen schottischen Kaltblutpferde schwere Kohlenkarren, wobei das Äußere der Pferde nicht als besonders wichtig erachtet wurde. Das änderte sich, als die Vorfahren des heutigen Clydesdale mehr als Kutschpferde in der Stadt Einsatz fanden. Nun wurden eine stolze Haltung, eine enorme Ausstrahlung und aktionsreiche Gänge zum obersten Zuchtziel erklärt.

Herkunft

Seinen Namen hat er nach dem Tal des Flusses Clyde in der Grafschaft Lanarkshire in Schottland, wo diese Rasse auch heute noch gezüchet wird. Beim Clydesdale handelt es sich um eine relativ junge Rasse, wenn man berücksichtigt, dass eine Reinzucht erst vor 150 Jahren erfolgte. Ihre Urahnen gibt es freilich schon etwas länger – gezielte Zuchten sind um 1720 überliefert.

Zuchtgeschichte

Der Clydesdale verdankt seine Existenz eigentlich einer Notlage. Als zu Beginn des 18. Jh. in Schottland im Tal des Clyde Kohle gefördert wurde, reichten die bisher in dieser Gegend für den Warentransport genutzten Packtiere nicht mehr aus. Man benötigte für den Kohlentransport sowohl große Wagen als natürlich auch

Beim Clydesdale handelt es sich um eine relativ junge Kaltblutpferderasse.

kräftigere Pferde. Zudem mussten die Straßen entsprechend ausgebaut werden. Die Pferdezüchter reagierten schnell und importierten um 1720 flämische Hengste. Diese Pferde standen für Kraft und Robustheit. Shire- und Cleveland Bay-Blut kam ebenfalls zur Vermischung mit dem vorhandenen einheimischen Stutenmaterial, wobei die kräftigsten und schwersten Tiere ausgewählt wurden. Die Nachfrage nach schweren Zugpferden konnte somit zwar befriedigt werden, da die Zuchtprodukte aber noch alles andere als einheitlich waren, konnte von einer homogenen Rasse keine Rede sein. Als Kutschpferde in der Stadt waren die Pferde damals nicht genügend elegant und man versuchte, züchterisch diesem neuen Verwendungszweck Rechnung zu tragen.

Zuchtlinien

Zwei bedeutende Zuchtlinien begründeten die Hengste *Prince of Wales* und *Darnley*. Stempelhengst und eigentlicher Rassebegründer war *Glancer 335*. Seinen Sohn *Gancer 153* und wiederum dessen Söhne findet man in fast allen Abstammungsurkunden des Clydesdales.

Beginn der Reinzucht

1878 eröffnete die Clydesdale Horse Society das Zuchtbuch, das schon ein Jahr zuvor gegründet wurde. Ab dem Zeitpunkt wurde die Rasse nur noch rein gezüchtet. Zwei Züchter hielten allerdings den Clydesdale und das Shire Horse für zwei Varianten einer Rasse und gründeten 1883 die Select Clydesdale Horse Society mit einem eigenen Zuchtbuch. Der Clydesdale war aber inzwischen so gefestigt, dass man auf ein zweites Zuchtbuch verzichten konnte und das zuletzt gegründete wieder schloss.

Clydesdale heute

Jetzt bietet sich das repräsentative Clydesdale Kaltblutpferd vor allem als Show Horse an. Mit der Einkreuzung von Vollblut, um schwere Reit- und Jagdpferde zu erhalten, dürfte seine Zukunft gesichert sein. Länder, in denen der Clydesdale gezüchtet wird, sind neben Schottland vor allem Irland, Australien und die USA.

STECKBRIEF Clydesdale

Herkunft: Schottland.
Größe: 165 und 172 cm
Farben: Häufig Braune, aber auch Rotschimmel und Rappen; große weiße Abzeichen an Kopf und Beinen. Üppiges, feines Langhaar. Schweif unkupiert, aber geschoren.
Gebäude:
Kopf: Groß mit geradem Profil, manchmal auch ramsnasig, breite Stirn; lange Ohren; freundliches Gesicht mit wachen Augen.
Hals: Gut gebogen und aufgesetzt.
Körper: Schräge Schulter; Brust tief; hoher Widerrist; kurzer Rücken; stark bemuskelte Hinterhand; lange, breite, muskulöse, leicht abfallende Kruppe.
Fundament: Kräftiges Fundament; die Hufe sind eher flach und breit mit gut ausgebildetem Strahl.
Bewegungsablauf: Kraftvoller Schritt, eindrucksvolle Bewegungen; jeder Huf soll sichtbar gehoben und vorgesetzt werden.
Einsatzmöglichkeiten: Gutes Showpferd, zuverlässiges Pferd im schweren Zug.
Besondere Merkmale: Temperamentvolles und fleißiges Arbeitspferd; freundlich und gefügig; beweist Mut und Intelligenz in besonderen Situationen.

Kontaktadresse

The Clydesdale Horse Society of
Great Britain and Ireland
1, Doonbank Park
Ayr
GB – Ayrshire KA9 4EA
Scotland
Tel.: 44/292/611295

Comtois

Ursprünglich stammt der Comtois aus der France-Comté. Er fühlt sich auch in Berggegenden wohl, da er sich unterschiedlichen Klimaverhältnissen gut anpasst. Außer in ganz Frankreich wird der Comtois auch in anderen Ländern gezüchet.

Herkunft

Seine Vorfahren finden sich bereits im 6. Jh. Von den Burgundern sollen schwere germanische Pferde nach Frankreich eingeführt worden sein, die mit den einheimischen Stuten verpaart wurden. Daraus resultierten tüchtige Arbeitspferde. Der heutige Comtois ähnelt infolge vielfacher Rasseeinkreuzungen diesen Vorfahren nur noch wenig.

Zuchtgeschichte

Herrscher und Ritterheere fanden Gefallen an den zähen Pferden; Kaiser Karl V. bediente sich ihrer zur Zuchtverbesserung anderer Rassen. In Kriegszeiten bewährte sich der Comtois im Einsatz bei Kavallerie und Infanterie. Durch seine Zähigkeit und Anpassungsfähigkeit an hartes Klima konnte der Comtois vom 17. bis Mitte des 19. Jh. die unterschiedlichsten Aufgaben bewältigen. Dabei kam ihm nicht zuletzt seine Trittsicherheit im Gebirge zugute. Nach der Blütezeit im 18. Jh. drohte eine Periode des Verfalls. Dem versuchte man im 19. Jh. mit minderem Erfolg durch Einkreuzung von Percherons, Anglo-Normannen und Bretonen entgegenzusteuern. Erst die Verwendung von Ardenner-Hengsten zu Beginn des 20. Jh. brachte sowohl eine Verstärkung des Typs als auch eine Vereinheitlichung der Rasse. Ab 1925 wird der Comtois rein gezüchtet; seitdem ist die Rasse sehr ausgeglichen. Das Stutbuch besteht seit 1919. Der Hengst *Questeur* vererbte die heute vorherrschende Fuchsfarbe und die helle Mähne.

Seit 1937 findet im französischen Maiche jährlich am dritten Freitag und Samstag im September eine Leistungsschau für Comtois statt, bei der die besten Hengste und Stuten vorgestellt werden. Hier bietet sich für Interessenten Gelegenheit bei der zugleich veranstalteten Auktion einen Comtois zu erwerben. Abstammung des Pferdes und sein Ausbildungsstand sind für die Preise, die für einen Comtois bezahlt werden, verantwortlich. 4000 Euro und mehr für einen Hengst und 2500 bis 4000 Euro für eine Stute muss der Käufer schon ausgeben.

Der Comtois stammt aus der France-Comté.

STECKBRIEF **Comtois**

Herkunft: France-Comté/Frankreich.
Größe: 150 bis 160 cm.
Gewicht: Schwerer Typ 800 bis 900 kg, leichter Typ 650 bis 700 kg.
Farben: Füchse mit hellen Mähnen, seltener Braune. Heller Behang.
Gebäude:
Kopf: Hübscher Kopf mit kleinen, beweglichen Ohren.
Hals: Gerade, gut aufgesetzt und bemuskelt.
Körper: Ausgeprägter Widerrist; Schulter breit und schräg; breite Brust mit viel Gurtentiefe. Kurzer und sehr muskulöser Rücken; breite, abfallende Kruppe.
Fundament: Korrekte Winkelung und starke Gelenke; Sehnen klar, die großen Hufe fest und gut geformt.
Bewegungsablauf: Fleißig und raumgreifend.
Einsatzmöglichkeiten: Arbeitspferd in Land- und Forstwirtschaft sowie im Weinbau; Fahrsport; vermehrt in der Freizeitreiterei unter dem Sattel und eingespannt. In seiner Heimat dient der schwere Comtois-Typ vor allem der Fleischgewinnung.
Besondere Merkmale: Gehorsam, arbeitsfreudig, ausgeglichen und genügsam; geeignet zur Arbeit an steilen Hängen (Wald, Weinbau); robust und langlebig.

Der Comtois heute

In den 50er-Jahren des vergangenen Jahrhunderts traf wie alle schweren Pferderassen die zunehmende Mechanisierung in der Landwirtschaft auch die Zucht des Comtois hart. Die Freizeitreiterei, die in den 90er-Jahren einsetzte, verhalf zu neuem Aufschwung. Für den liebenswerten Comtois fand sich ein neuer Absatzmarkt. Heute sind etwa ein Drittel aller Kaltblüter in Frankreich Comtois.

Kontaktadressen

Bureau des Ressources Génétiques
57, rue Cuvier
F- 75231 Paris

Syndicat d'elevage du cheval comtois
(et Haras national de Besancon)
rue de Dole, BP 1919
F- 25020 Besançon
Tel.: 33 381/52 50 45

STECKBRIEF **Dole Pferd**

Herkunft: Norwegen.
Größe: um 155 cm.
Farben: Braune und Rappen; starkes Langhaar.
Gebäude:
Kopf: Ponyähnlicher Kopf.
Hals: Muskulös.
Körper: Ausreichend formierte Schultern; kräftiger, tiefer Rumpf; gute Rippenwölbung; breite Brust; muskulöse, schräge Kruppe.
Fundament: Kräftige Gliedmaßen und Behang; harte, gut geformte Hufe.
Bewegungsablauf: Guter Schritt und Trab.
Einsatzmöglichkeiten: „Ein Pferd für jeden Zweck".
Besondere Merkmale: Gängig, mittelgroß, stabil; im Zugpferdetyp stehend; genügsam, leistungsfähig, leichtfuttrig; energisch, beweglich, gutes Temperament.

Dole Pferd

Als Dole Pferd ist der norwegische Kaltblüter erst seit 1947 bekannt. Seine Wurzeln gehen jedoch bis in die Wikingerzeit zurück.

Herkunft

Nirgendwo in Norwegen waren die Lebensbedingungen für Pferde besser als im fruchtbaren Gudbrandsdal, was der im 18. Jahrhundert entstehenden neuen Rasse seinen Namen gab: Gudbrandsdaler.

Zuchtgeschichte

Neben alten, bodenständigen Landrassen waren an der Entstehung des Gudbrandsdalers sowohl

Das fruchtbare Gudbrandsdal ist die Heimat des Dole Pferdes.

Fjordpferde als auch Friesenpferde beteiligt. Auch das Dales- und Fellpony könnte eingekreuzt worden sein. Erst nachdem im 19. Jh. Dänen, Fredriksborger, Holsteiner und sogar Englisches Vollblut Einsatz fanden, festigte sich die Zuchtbasis. Erwähnenswert ist besonders der 1834 eingeführte, schwarzbraune Englische Vollbluthengst *Odin v. Partisan-Rachel,* geb. 1830, der mit großem Erfolg bis 1838 deckte. Danach wurde die Reinzucht der Rasse angestrebt und auch realisiert.

Es entwickelten sich zwei Zuchtrichtungen, die eines schweren, zugkräftigen Typs und die eines leichteren mit größerem Trabvermögen ausgestatteten, des späteren Døle Trabers. Nachdem der Zweite Weltkrieg auch hier seine Spuren hinterlassen hatte, konnte mit der Einrichtung eines Staatsgestütes 1962 ein Neubeginn der Zucht des Døle Pferdes einsetzen.

Kontaktadresse

Gudran Gaustad
Sekretaer i Samarbeidsutvalget
Postboks 85
Ärvol, 0515 Oslo 5

Finnisches Pferd

Seinem Exterieur nach möchte man das Finnische Pferd mehr einem Warmblut zuordnen. Wegen seiner sowohl auf Kaltblut als auch auf Warmblut hinweisenden Merkmale ist es auch als „Das Finnische Universal" bekannt.

Herkunft

Seit Jahrhunderten wurden die Ahnen des heutigen Finnischen Pferdes mit anderen Rassen vermischt. Nordeuropäische und mongolische Pferde und wahrscheinlich auch Tarpan- und Przewalskiblut dürften ihre Spuren in dieser Rasse hinterlassen haben.

Zuchtgeschichte

Durch den Zuchteinsatz von Orlow Trabern und Norfolk Hengsten sowie einigen Belgischen Hengsten im 19. Jh. entstand ein vielseitiges Pferd. Anlässlich der Eröffnung des Stutbuches im Jahr 1907 unterschied man zwei verschiedene Typen: das finnische Zugpferd und das finnische Universalpferd.

Das schwerere finnische Zugpferd fand hauptsächlich in der Landwirtschaft und beim Holztransport im Wald Einsatz, der weniger kräftige Typ wurde als vielseitiges Zugpferd und unter dem Sattel genutzt, wobei sich der leichtere Typ stärker durchsetzte. Zunächst wurden beide Schläge im Zuchtbuch eingetragen. Seit 1929 ist eine Leistungsprüfung vorgeschrieben, welche die Zugleistung und Zugsicherheit sowie Schritt und Trab beurteilt.

STECKBRIEF Finnisches Pferd

Herkunft: Finnland.
Größe: 148 bis 162 cm.
Farben: Meist Hell- und Dunkelfüchse mit hellem Langhaar und wenig Behang; oft Abzeichen an Kopf und Gliedmaßen; erlaubt sind alle Farben mit Ausnahme von Schecken.
Gebäude:
Kopf: Groß mit breiter Stirn; kleine Ohren; freundliche, intelligente Augen; „Auftreibung" der beiden Stirnbeine an der Mittellinie.
Hals: Kurz, gut bemuskelt und gut angesetzt.
Körper: Mäßig steile Schultern; kräftiger, langer, gerader Rücken; schräge Kruppe.
Fundament: Gut entwickelte Vorhand; trockene Gliedmaßen mit guten Hufen.
Bewegungsablauf: Guter Schritt und ausgezeichneter Trab.
Einsatzmöglichkeiten: Vielseitig einsetzbar sowohl im Geschirr als Zugtier als auch unter dem Sattel beispielsweise auf Wanderritten.
Besondere Merkmale: Leistungsfähig, langlebig, zugsicher, schnell, ruhiges und ausgeglichenes Temperament.

Finnisches Pferd heute

Mittlerweile ist die Pferdezucht den Bedürfnissen und Nachfragen der Käufer angepasst. Die Staatliche Pferdezuchtanstalt Valtion Hevosjalostuslaitos in Ypäja im Südwesten Finnlands betreut vier Schläge des Zentrums für Züchter und Zucht des

Das Finnische Universalpferd hat die Merkmale eines Kalt- und Warmblutpferdes.

Finnischen Pferdes, die rein gezüchtet werden: Pony, Arbeits-, Trabrenn- und Sportpferd.

Kontaktadresse

Suomen Hippos r.y.
Raviurheilun ja hevoskasvatuksen keskus-järjestö
Tulkinkuja 3
02600 Espoo

Freiberger

Die „Franche Montagnes" – Freie Berge – gaben dem Freiberger seinen Namen. Im Schweizer Jura konnte sich auf kalkhaltigen Böden bei rauem Klima und in den bewaldeten Bergen ein genügsames, robustes Pferd entwickeln. Der Freiberger ist ein Verlasspferd in vielen Einsatzbereichen. Nach wie vor wird es in der Land- und Forstwirtschaft genutzt, aber immer mehr auch als Freizeitpartner im Gespann und unter dem Sattel sowie als Western-, Spring- und Dressurpferd. Darüber hinaus hat es sich dank seines guten Charakters für das Therapeutische Reiten sehr bewährt.

Herkunft

Pferdezucht wurde bereits im 11. Jh. im Kloster Einsiedeln in der Schweiz betrieben und auch die Armeepferde der durch das Land ziehenden römischen Feldherren hatten zuvor ihre Spuren hinterlassen. Vor über 500 Jahren fielen dem Bauernheer in der Westschweiz nach den unerwarteten Siegen gegen den Burgunderherzog Karl den Kühnen Beutepferde zu. Es handelte sich dabei um Pferde der Schläge Comtois und Ardenner. Mit den bodenständigen und den Beutepferden wurde erfolgreich ein begehrtes Arbeits- und Kavalleriepferd gezüchtet.

Zuchtgeschichte

Im 17. und 18. Jh. waren die Pferde aus Schweizer Zucht vor allem in Frankreich sehr begehrt. 1714 erwarb die französische Regierung 10000 Remonten für die Armee Ludwig des XIV. Zu Beginn des 19. Jh. änderte sich dies rapide. 1798 hatte Napoleon als Kriegsherr das Gestüt Einsiedeln total ausgeraubt und noch hinzu kam, dass Frankreich nach 1815 seine eigenen schweren

Pferde bevorzugte. So sah sich im Jahre 1864 die vor allem von dem damaligen Tiefstand betroffene Schweizer Armee in die Pflicht genommen und bildete eine Kommission zur Rettung und zugleich Verbesserung der noch spärlich vorhandenen Pferde. Hackneys, Vollblüter und Anglonormannen sollten die Armeepferdezucht verbessern, während die Bauern versuchten, mit Ardennern, Comtois und Percherons ein geeignetes Pferd zu züchten. Dabei kamen auch Shire Horses zum Einsatz. Mit der Geburt des Stammvaters *Vaillant* im Jahre 1892 in Saignelégier war der Grundstock für die weitere Freiberger-Zucht gelegt. *Vaillant* führte Hackney- und Anglonormannenblut. Heute bauen 70 % aller Freiberger auf *Vaillant* oder diese Hengstlinie auf. Ebenfalls prägend für die Zucht war der zweite Stammvater *Imprévu*, ein Anglonormanne, der 1889 in die Schweiz eingeführt wurde. 25 % Freiberger gehören dieser Linie an. Beide Hengste standen ab 1901 im Hengstdepot Avenches.

Beginn der Reinzucht

Im Jahre 1900 wurde ein Zuchtbuch angelegt. Sowohl für die Armee als auch für die Bauern war nun ein Pferd geschaffen, welches allen Ansprüchen genügte und das ab 1910 rein weiter gezüchtet wurde. Die späteren Veredelungsversuche in den 50er-Jahren mit Vollblutarabern (*Doktryner* aus Polen) und dem schwedischen Trakehner *Aladin* bewirkten einen leichteren und einen mittelschweren Kaltbluttyp, woraus die heutige Vielseitigkeit des Freibergers resultiert. Das Zuchtziel eines moderneren, leichteren Pferdes, welches sich durch Rittigkeit und Eleganz auszeichnet, wurde spätestens im Jahr 1969 mit der Geburt des fuchsfarbenen Hengstes *Alsacien* erreicht.

Der Schweizer Freiberger ist ein Verlasspferd in vielen Einsatzbereichen.

STECKBRIEF Freiberger

Herkunft: Schweiz.
Größe: 150 bis 160 cm.
Farben: Braune und Füchse, gelegentlich Schimmel. Ohne Behang.
Gebäude:
Kopf: Mittelgroß und ausdrucksvoll; große, glänzende Augen.
Hals: Gut aufgesetzter Hals.
Körper: Ausgeprägter Widerrist mit guter Sattellage; lange, schräge Schulter; tiefe und breite Brust; kurzer Rücken; mittellange, bemuskelte Kruppe.
Fundament: Trockene Gliedmaßen; korrekte Gliedmaßenstellung; wohlgeformte Hufe.
Bewegungsablauf: Raumgreifende Grundgangarten, taktmäßig, elastisch, trittsicher.
Einsatzmöglichkeiten: Familien- und Freizeitpferd; Fahr-, Distanz- und Wanderreitpferd; Westernreitsport; Therapiepferd im Behindertensport; Zug- und Lastentier vor allem in der Land- und Forstwirtschaft; Verwendung beim Schweizer Militär.
Besondere Merkmale: Charakterlich ausgeglichen, gehorsam und ausdauernd, robust, kräftig, verläßlich und nervenstark. Angenehm und umgänglich mit einer beachtlichen Ruhe ausgestattet.

Freiberger heute

Das Zuchtziel für die Freibergergemäß Zuchtprogramm ist heute klar auf die Bedürfnisse der Freizeitfahrerei und -reiterei sowie auf den Arbeitseinsatz in der Land- und Forstwirtschaft ausgerichtet: „Gezüchtet wird ein ausdrucksvolles, rassetypisches, mittelrahmiges, korrektes, leistungsstarkes, umgängliches und marktgerechtes Pferd im mittelschweren Typ mit schwungvollen, elastischen, korrekten Bewegungen und trittsicheren Gängen. Aufgrund seines Charakters, seiner Leistungsbereitschaft, Fahr- und Reiteignung sowie Fruchtbarkeit, Robustheit, Frühreife und Leichtfuttrigkeit soll es ein typisches Fahr- und Reitpferd für Freizeit, Sport, Landwirtschaft und Armee sein.“ In der Schweiz stehen heute etwa 120 Zuchthengste zum Bedecken von 5400 Freiberger Stuten zur Verfügung.

Kontaktadressen

Schweizerischer Freibergerzuchtverband
Les Longs Prés
Postfach 190
CH – 1580 Avenches
Tel.: 026/6766343
Fax: 026/6766341
e-Mail: info@fsfm-sfzv.ch
Internet: www.freiberger.ch

Deutscher Förderverein für Freiberger Pferde e.V.
Hermann-Löns-Weg 25
30938 Burgwedel-Engensen
Tel.: 05139/87131 und 02156/41775

Italienisches Kaltblut

Das lebhafte Italienische Kaltblut ist auch unter dem Namen Tiro Pesante Rapido (T.P.R.) bekannt. In jüngster Zeit erfreut sich das schnelle und kraftvolle Pferd zunehmender Beliebtheit.

Herkunft

Mit der Gründung des Hengstdepots Ferrara im Jahre 1860 wurden die Vorfahren der Rasse bekannt. Die Pferde von damals, vor allem die einheimischen Stuten aus Nord- und Mittelitalien, aus den Ebenen um Ferrara und Venedig und aus dem Friaul hatten mit dem heutigen Italienischen Kaltblut wenig gemein. Ihre Ähnlichkeit mit dem Haflinger wird immer wieder beschrieben.

Zuchtgeschichte

Nach dem Ersten Weltkrieg war neben dem schweren Belgier ein mittelschweres, gängiges und lebhaftes Arbeitspferd gefragt. Einkreuzungen von Boullonais und Percheron brachten nicht den gewünschten Erfolg. Bretonen aber passten ausgezeichnet zum vorhandenen Stutenmaterial, so dass sich die Zucht bald festigen konnte; Mutterstuten mussten nicht mehr importiert werden. Der Erfolg der Zuchtbemühungen basierte auf konsequenter Selektion; Prämierungen und Leistungsprüfungen erwiesen sich zur Erreichung des gesetzten Zuchtziels als wertvoll. Eine Einkreuzung von schnellen Trabern gab dem Itienischen Kaltblut sein flottes

Gangwerk mit. Schnell avancierte es mit seinem angenehmen Trab, seiner auch durch die mittlere Größe bedingten Genügsamkeit zum beliebtesten Arbeitspferd. Ein Zuchtbuch für das Italienische Kaltblut wurde 1950 eröffnet. Doch die Technisierung in der Landwirtschaft zollte auch vom Italienischen Kaltblutpferd ihren Tribut, so dass es in den 70er-Jahren leider zunehmend zum Schlachten gezüchtet wurde.

Italienisches Kaltblut heute

Beherzte Züchter nahmen sich der geringen Restbestände der Rasse an und verhalfen ihr so zum Wiedererstehen. Die „Associazione Nazionale Allevatori del Cavallo Agricola Italiano TPR" hält ein waches Auge über die Zucht und fördert diese durch gut besuchte Schauen und Veranstaltungen. 6500 Rassevertreter mit etwa 1000 Stuten dürften ein Überleben des Italienischen Kaltblutpferdes in der Zukunft garantieren.

Kontaktadresse

Ente di Gastione del Parco
Regionale „La Mandria"
Marisa Gtta
Viale Carlo Emanuelle II
I - 10078 Veneria Reale (Torino)

STECKBRIEF Italienisches Kaltblut

Herkunft: Norditalien.
Größe: 150 bis 160 cm.
Gewicht: 600 bis 700 kg.
Farben: Vorwiegend Füchse, häufig Rotschimmel, selten Braune. Reichlich Behang.
Gebäude:
Kopf: Eher lang, hübsch; ausdrucksstarke, aufgeweckte Augen.
Hals: Gut geformt, kräftig, hoch aufgesetzt.
Körper: Breite und tiefe Brust; starke und schräge Schulter; bemuskelter Rumpf, gute Gurtentiefe; kurzer und gerader Rücken; gut gerundete Spaltkruppe.
Fundament: Kraftvolle Hinterhand; Gliedmaßen kräftig, wohlproportioniert. Robuste Knochen und kräftige Röhrbeine.
Bewegungsablauf: Raumgreifende Gänge.
Einsatzmöglichkeiten: Vor allem Zugpferd, Nutzung als Freizeitpferd, im ländlichen Tourismus, auf Biohöfen, in der Forstwirtschaft.
Besondere Merkmale: Lernfähig und freundlich. Sehr robust, natürliche Eleganz, sehr temperamentvoll.

Das Italienische Kaltblut ist vor allem ein starkes Zugpferd, wird auch als Freizeitpferd genutzt.

Jütländer Kaltblut

Die Heimat des Jütländer Kaltblutpferdes ist Dänemark mit dem Hauptzuchtgebiet auf der Halbinsel Jütland, die Rasse ist aber auch in Skandinavien und Norddeutschland bekannt.

Herkunft

Im 12. Jh. wurde der Jütländer bereits erwähnt; nach einigen Schriften soll er sogar im 8. Jh. den Wikingern bekannt gewesen sein. Seine Geschichte zieht sich vom Streitross der Ritter im Mittelalter in Mitteleuropa bis zum Brauereipferd der Neuzeit. Als zuverlässiges Arbeitspferd war der Jütländer ebenfalls sehr geschätzt.

Zuchtgeschichte

Frederiksborger- und Yorkshire-Hengste waren an der Rassebildung des Jütländers beteiligt. Der 1862 aus England importierte Fuchshengst *Oppenheim LXLL*, von dem nicht eindeutig überliefert ist, ob er ein Suffolk oder Shire war, hatte einen großen Anteil an der Entwicklung der Zucht. Der Hengst *Aldrup Munkedal*, der auf *Oppenheim* zurückgeht, gilt als eigentlicher Begründer der Rasse. Mit der Gründung eines bäuerlichen Zuchtverbandes 1887 auf Jütland wurde die Zuchtgrundlage für das Jütländer Kaltblutpferd geschaffen.

Jütländer heute

Da der Bedarf an Arbeitspferden in Dänemark stark rückläufig ist, werden demzufolge nur noch wenige Kaltblutpferde benötigt. Allein die Carlsberg Brauerei in Kopenhagen hält die Fahne des Jütländers hoch, indem sie die „dicken Dänen“ seit 1928 in ihren Brauereigespannen einsetzt.

Kontaktadresse

The Breeding Society of the Jutland Horse
Kolstrupvej 4
8581 Nimtofte
Tel.: 00 45-86 39-8069

STECKBRIEF Jütländer Kaltblut

Herkunft: Dänemark.
Größe: 155 bis 160 cm.
Farben: Füchse mit hellem Langhaar, selten Braune oder Schimmel.
Gebäude:
Kopf: Mittelgroß, gefällig; kleine, freundliche Augen; lange Ohren.
Hals: Mittellang, stark, gut geformt.
Körper: Kräftiger Rumpf; breite Brust; muskulöse, schräge Schultern; breiter, langer, gut bemuskelter Rücken; breite, kraftvolle, gut geformte Kruppe.
Fundament: Stabil; kurze, korrekte, stämmige Gliedmaßen; Behang; große Hufe.
Bewegungsablauf: Energischer, raumgreifender Schritt und Trab.
Einsatzmöglichkeiten: Zuverlässiges, leichtfüßiges Arbeitspferd für Land-, Forstwirtschaft und Gewerbe; beliebtes Brauereipferd.
Besondere Merkmale: Ausgeglichenes Temperament, guter Charakter; leichtfuttrig; frühreif; ausdauernd, leistungsfähig.

Jütländer sind zuverlässige Arbeitspferde.

Lettisches Kaltblut (Lettischer Ardenner)

Das Lettische Kaltblutpferd steht im Typ des Schwedischen Ardenners, der im 20. Jh. eingekreuzt wurde, deshalb auch die Bezeichnung Lettischer Ardenner.

Herkunft

Verbreitet ist das mittelschwere Kaltblut in Lettland, Litauen und Estland. Es lässt sich zurückverfolgen bis in die Zeit des Deutschen Ritterordens im 12. bis 15. Jh., der während der Kreuzzüge entstand. Die Mitglieder des Ordens legten Mönchsgelübte ab und wirkten mit ritterlichem Waffendienst für die Verteidigung und Ausbreitung des Glaubens.

Zuchtgeschichte

Im 18. und 19. Jh. wurden in die im 12. bis 15. Jh. entstandenen genügsamen und arbeitswilligen Pferdeschläge Oldenburger eingekreuzt. Eine weitere Verbesserung sollte der in den 30er-Jahren des 20. Jh. in die Zucht genommene Schwedische Ardenner bewirken. Die Population des Lettischen Kaltbluts ist sehr klein und die Zucht wurde in den Jahren der sowjetischen Verwaltung nicht sonderlich gefördert.

STECKBRIEF Lettisches Kaltblut

Herkunft: Lettland.
Größe: 160 cm.
Gewicht: 650 bis 800 kg.
Farben: Füchse, Braune und Schimmel. Schönes Langhaar, wenig Behang.
Gebäude:
Kopf: Mittelgroß.
Hals: Kurz, stark.
Körper: Kompakter Rumpf, mittellanger, gerader Rücken; runde, abfallende Kruppe.
Fundament: Gliedmaßen kurz und stabil; trockene Gelenke; feste Hufe.
Bewegungsablauf: Leistungsfähiger Schritt, energischer Trab.
Einsatzmöglichkeiten: Arbeitswilliges und zugfestes Arbeitspferd.
Besondere Merkmale: Gutmütiger Charakter und gutes Temperament.

Kontaktadresse

Atvijas Lauksaimniecibas konsultaciju un izglitibas atbalsta centre
Rigas iela 34, Ozolnieku pag
Jelgavas rag
3018 Latvia

Das Lettische Kaltblut – auch Lettischer Ardenner genannt – lässt sich bis ins 12. bis 15. Jahrhundert zurückverfolgen.

Muraközer

Der Muraközer – auch Murinsulaner genannt – begründete Ende des 19./Anfang des 20. Jh. eine blühende Kaltblutzucht in Ungarn.

Herkunft

Die noch nicht sehr alte Kaltblutrasse Muraközer wurde nach ihrer Heimat – der Region Muraköz längs des Flusses Mur im Südwesten Ungarns benannt. Dort war er ein begehrtes Arbeitspferd mit einer späteren Verbreitung über ganz Zentraleuropa.

Zuchtgeschichte

Ende des 19. Jh. wurde ein Zuchtprogramm gestartet, wobei die einheimischen Landstuten den im Nachbarland Österreich beheimateten Norikerhengsten zugeführt wurden. Zur Verbesserung des schweren lokalen Arbeitspferdes kamen auch Araberhengste zum Einsatz. Durch die wenig gezielte Zucht entstanden zwei Typen: In den Bergregionen gab es den leichteren Pinkaföer/Pinkafelder, der recht gängig war, und längs der Mur entwickelte sich der schwerere Muraközer. Im 20. Jh. besannen sich die Züchter eines anderen: Die Pferde sollten wieder schwerer werden, was man durch Kreuzung mit Ardennern und Per-

STECKBRIEF Muraközer

Herkunft: Ungarn.
Größe: Schwerer Typ 165 cm, leichter Typ um 160 cm.
Farben: Füchse mit flachsfarbener Mähne und Schweif; Braune, seltener Schimmel und Rappen; wenig Behang.
Gebäude:
Kopf: Eher groß, breite Stirn; sanfte, intelligente Augen.
Hals: Leicht gebogen.
Körper: Lange Schultern; markanter Widerrist; tiefer, breiter Rumpf; gerader Rücken; abfallende, runde und kräftige Kruppe.
Fundament: Gliedmaßen eher kurz, muskulös. Im Verhältnis zum Gewicht etwas leichter Knochenbau. Harte, gut geformte Hufe.
Bewegungsablauf: Energisch; Beinaktion. Leichter Typ: Schnell, fleißig, gehfreudig, gute Beinaktion.
Einsatzmöglichkeiten: Vielseitig einsetzbar; Arbeitspferd in der Landwirtschaft; Kutschpferd; Fahrsport.
Besondere Merkmale: Gutes Temperament; Intelligenz; liebenswürdig und energisch; leicht auszubilden; arbeitswillig.

Der Muraközer war in seiner Heimat ein begehrtes Arbeitspferd und verbreitete sich über ganz Zentraleuropa.

cherons auch erreichte. Damit war der Typ festgelegt, den man für die schwere Arbeit in der Landwirtschaft benötigte. Dennoch fehlte es dem großen und kräftigen Pferd nicht an energischem Gang, um auch als Kutschpferd eingesetzt werden zu können. Die sich im Aufschwung befindliche Landwirtschaft bescherte der Muraközer-Zucht Hochkonjunktur. 1920 waren 20 % des gesamten ungarischen Pferdebestandes Muraközer Kaltblutpferde.

Kriegswirren

Der Zweite Weltkrieg zog auch die Muraközer-Zucht stark in Mitleidenschaft. Die Stuten- und Hengstbestände waren drastisch gesunken, so dass zwischen 1947 und 1949 aus Frankreich und Belgien zur Blutzuführung 60 Ardenner Hengste importiert wurden. Danach erholte sich die Zucht rasch.

Muraközer heute

Sowohl der schwere als auch der etwas leichtere Schlag des Muraközers ist bis über die Grenzen seiner Heimat hinaus beliebt. Die genügsamen und ruhigen Pferde, denen es an Energie nicht mangelt, finden vorzugsweise Liebhaber, die dem Fahrsport zugetan sind. Aber auch in der Landwirtschaft, vor dem Pflug oder schweren Wagen ist der Muraközer ein zuverlässiger Helfer.

Kontaktadresse

Verein für Ungarische Kaltblutzucht
Deák F. u. 57
U – 8360 Keszthely
Tel.: 36-83/312/537

Niederländisches Kaltblut

Die Vorfahren des Niederländischen Kaltblutpferdes waren im Mittelalter als Ritterpferde recht beliebt. Schon das Aussehen des Niederländers lässt die nahe Verwandtschaft zum Belgischen Kaltblutpferd erahnen.

Herkunft

Das Niederländische Kaltblutpferd hat seine Heimat in der Provinz Zeeland. Später entwickelte sich um 1900 in Zeeland, Nordbrabant und Limburg eine gezielte Zucht.

Zuchtgeschichte

Die Zucht entwickelte sich aus tragenden Stuten und Fohlen, die in Belgien angekauft wurden. Hauptzuchtgebiet war in der Provinz Zeeland. Da im Ersten Weltkrieg eine große Zahl an schweren Pferden benötigt wurde, kam das der Zucht sehr zugute. Seit 1914 gab es einen Züchterzusammenschluss mit einer einheitlichen Zuchtbuchführung im Koninklijke Verenigung Het Nederlandsche Trekpaard (KNVT). Ein streng gefasster Zuchtstandard machte bald die Einfuhr von weiterem Pferdematerial unnötig. Das angestrebte Ziel, ein Kaltblutpferd zu züchten, das zwar dem belgischen sehr ähnelte, aber doch unverkennbar als Niederländisches Kaltblutpferd galt, war erreicht. Stammväter waren *Certainvan Lamswaarde, Clairon de la Lys, Nico van Melo und Nico van Beek.* Auch in Holland war in den 50er-Jahren des ver-

STECKBRIEF Niederländisches Kaltblut

Herkunft: Niederlande.
Größe: Um 165 cm.
Farben: Braune, Füchse, Fuchs- und Braunschimmel, selten Rappen. Reichlich Behang.
Gebäude:
Kopf: Relativ klein, gerades Profil; kurze Ohren; kleine Augen.
Hals: Kurz, mächtig.
Körper: Muskulöse Schultern; wenig Widerrist; tonniger, breiter Rumpf; kräftiger und gerader Rücken; abgeschlagene, kraftvolle Kruppe.
Fundament: Stämmig; stark bemuskelte Gliedmaßen; robuste Gelenke; große, flache Hufe.
Bewegungsablauf: Guter Schritt, flotter Trab.
Einsatzmöglichkeiten: Land- und Forstwirtschaft, als Showpferd, vermehrt auch als Fleischlieferant.
Besondere Merkmale: Ausdauernd, eifrig und zugfest; guter Charakter, ausgeglichenes Temperament.

gangenen Jahrhunderts der Bedarf an schweren Pferden stark rückläufig. Doch der allgemeine Trend nach Kaltblutpferden in den 70er-Jahren verhalf auch dem Niederländischen Kaltblutpferd zu einem, wenn auch geringen Aufblühen. Mit einem Stamm von etwa 1000 Zuchtstuten ist es gelungen, die Zucht zu erhalten und weiterzuführen. Highlight ist die alle zwei Jahre in Hertogenbosch abgehaltene Championats-Zuchtveranstaltung.

Das Niederländer Kaltblutpferd heute

Der wuchtige Niederländer ist ein fleißiger Helfer in Land- und Forstwirtschaft, ein Pferd zum Repräsentieren im stolzen Mehrspänner und leider auch Fleischlieferant.

Kontaktadresse

Het Nederlande Rijpaarden en Ponystambock
NRPS
De Beak 125
3852 PL Ermelo

Niederländisches Kaltblut – ein fleißiger Helfer.

Nordschwedisches Pferd

Das Nordschwedische Pferd ist ein mittelgroßer, leichter Kaltblüter, mehr im Kleinpferdetyp stehend. Das durch das raue Klima Nordschwedens geprägte Pferd ist mit einem enormen Temperament ausgestattet. Es wird zwischen einem Gebrauchstyp und einem Trabertyp unterschieden.

Herkunft

Der Nordschwede ist in Jämtland, Dalekarlien, Värmland und am Bottnischen Meerbusen zuhause. Die Entwicklung des Nordschwedischen Pferdes geht auf alte schwedische Landschläge, die geographisch und klimatisch bedingt recht unterschiedlich waren, zurück. Diese Pferde arbeiteten als Zugpferde auf schwedischen Höfen, wo sie besonders beim Holztransport eingesetzt wurden.

Zuchtgeschichte

Großen Einfluss an der Entwicklung der Rasse hatte auch das aus dem Nachbarland Norwegen stammende Dolepferd. Der Versuch, im 19. Jh. dem Pferd durch Einkreuzung von Belgiern und Clydesdales mehr Größe und Masse zu verleihen, brachte nicht den gewünschten Erfolg, so dass ab dem Jahr 1894 durch strenge selektive Reinzucht schließlich das angestrebte Zuchtziel verwirklicht und das rein gezüchtete Nordschwedische Pferd ab 1900 in den Stutbüchern geführt werden konnte. Die Pferde mussten sich einem Leistungstest unterziehen, um ihre Zugkraft zu dokumentieren. Mit der Aufzuchtstätte Wängen im Jämtland, einer Anlage, die zuvor militärischen Zwecken gedient hatte, entwickelte sich unter staatlicher Förderung das Hauptgestüt dieser Rasse. Ab 1924 wird der Nordschwedische Traber, dessen Zuchtgeschichte im Ursprung mit jener des Nordschwedischen Pferdes identisch ist, in einem gesonderten Stutbuch geführt. Hauptzuchtanstalt ist ebenfalls Wängen.

STECKBRIEF Nordschwedisches Pferd

Herkunft: Nordschweden.
Größe: Um 156 cm.
Farben: Braune, Dunkelbraune, Rappen, selten Falben, wenig Abzeichen. Kräftiges, volles Langhaar und Behang.
Gebäude:
Kopf: Mittelgroß, eher schwer, keilförmig, ausdrucksstark, gerades Profil; feine Nase.
Hals: Kurz und kräftig.
Körper: Schulter kräftig und ziemlich steil; Rumpf tief und recht breit; Rücken gerade und lang und kräftig; flacher Widerrist; muskulöse abfallende Kruppe.
Fundament: Kräftige, kurze Gliedmaßen, gute Gelenke und Sehnen; kleine, harte Hufe.
Bewegungsablauf: Gute Gangarten, raumgreifender Trab.
Einsatzmöglichkeiten: Zugpferd in Land- und Forstwirtschaft; Fahrsport.
Besondere Merkmale: Gehfreudig und aufmerksam, willig und ruhig arbeitend; gesund und langlebig, weitgehend unempfindlich gegen Krankheiten.

Nordschwedisches Pferd heute

Der wendige und zugkräftige Nordschwede eignet sich sowohl als vielseitiger Helfer in der Land- und in der Forstwirtschaft als auch für die Freizeitreiterei. Vor allem ist er als flottes Kutschpferd beliebt.

Kontaktadresse

The North Swedish Horse Association
P.O. Box 40 48
18204 Enebyberg/Schweden

Noriker

Diese alte Pferderasse wird durch eine 2000 Jahre währende Zuchtgeschichte geprägt. Eine detaillierte Bezeichnung der Vettern des Süddeutschen Kaltbluts, der Pferde der Provinz Noricum, die diesen den Namen Noriker gab, ist nachzulesen bei Vergil (17 bis 19 v. Chr., römischer Dichter des Augusteischen Zeitalters): „Der Kopf soll fein sein, der Bauch gezogen, das Hinterteil breit, die Brust breit und fleischig, die Nüstern weit hervorstehend, die Mähne dicht, Lende und Kruppe geteilt, gute Hufe.“

An der Entwicklung des Nordschwedischen Pferdes war das norwegische Dole Pferd beteiligt.

Die römische Provinz Noricum war ein seit dem 2. Jh. v. Chr. gebildetes Königreich im Ostalpenraum mit illyrisch-keltischer Bevölkerung; vermutliche Grenzen: Inn, Donau, Ostgrenze des heutigen österreichischen-südlichen Alpensaumes.

Vermutlich fanden die römischen Legionen in den Bergprovinzen nur wenige Pferde vor, die die eigene Versorgung hätten sichern können. So kam es, dass sich die Zucht der Legionspferde bis in die eroberten Provinzen ausdehnte.

Anfänge der Noriker-Zucht

Die Besiedler der Bergtäler blieben auch nach dem Rückzug der Römer bei diesen Pferden und züchteten ein Tier, das den Ansprüchen an Landschaft, Klima und Boden und der Nutzung als Bauernpferd gerecht wurde.

Beginn der Reinzucht

Seit über 400 Jahren wird die Rasse reingezüchtet. Eine Anordnung des Erzbistums Salzburg aus dem Jahre 1688, dessen Einflussbereich bis in den Chiemgau und das östliche Bayern hinausreichte, besagt, dass „die inländischen Mutterstuten nur von einheimischen Beschälern gedeckt werden dürfen; nur die Hofbeschäler zum Belegen verwendet werden dürfen; vom Staat nur Fohlen angekauft werden dürfen, die von Hofbeschälern abstammen". Die aufgestellten Hofgestüts- und Landgestütshengste waren dem Großteil der Bauern jedoch zu edel. Sie verwendeten lieber die Hengste aus ihrer eigenen Zucht. Nur im Bereich einiger Beschälställe und Klöster hat sich eine gewisse Veredelung durchsetzen können, was der Noriker ohne große Typveränderung überstand. Der Name Noriker wurde erst 1939 eingeführt und damit geschah die Verschmelzung der bisherigen Schläge Oberländer und Pinzgauer. Der Oberländer war der leichtere, insgesamt trockenere Typ, der sich für die Bearbeitung des Grünlandgebietes sowie in der Voralpenregion hervorragend eignete, der Pinzgauer präsentierte hingegen ein schwereres, kalibriges Pferd für die Ackerbaugebiete.

Kriegseinflüsse

Nach dem Ersten Weltkrieg stellten sich veränderte Nutzungsformen auch in der Norikerzucht. Das im ehemaligen Remontedepot Schwaiganger eingerichtete Stammgestüt züchtete mit staatlicher Unterstützung aus bewährten Stutenstäm-

Der Noriker erlebt in jüngster Zeit eine Belebung – nicht zuletzt in der Freizeitreiterei.

Noriker sind temperamentvolle und zuverlässige Kaltblutpferde.

men der Oberländer- und Pinzgauerzucht die zur Verstärkung des Oberländers geeigneten Zuchthengste. Nach dem Zweiten Weltkrieg, besondere zwischen 1950 und 1980 erreichte die Norikerzucht einen absoluten Tiefpunkt. Motorisierung und Mechanisierung verdrängten das Arbeitspferd, wobei dem Noriker im Gegensatz zu anderen Kaltblutrassen zugute kam, dass er im Gebirge nicht ohne Weiteres durch Maschinen ersetzt werden konnte.

Verbreitung

Wie nahezu alle Kaltblutpferderassen erlebt auch der Noriker in jüngster Zeit verstärktes Interesse – sei es im Bereich der Freizeitreiterei oder bei den Fahrern – so dass seine Zukunft gesichert sein dürfte. Der Bestand bewegt sich um die 9000, davon sind 2700 als Hauptstammbuchstuten bei den einzelnen Zuchtverbänden eingetragen.

Hauptzuchtgebiet

Der Noriker wird vornehmlich in Österreich und dort hauptsächlich in den gebirgigen Gegenden gehalten. Das Hauptzuchtgebiet liegt rund um

STECKBRIEF **Noriker**

Herkunft: Ehemalige Provinz Noricum – Österreich.
Größe: 154 bis 162 cm.
Farben: Rappen, Füchse, Braune, Tigerschecken. Kein übermäßiger Behang.
Gebäude:
Kopf: Derb und schwer.
Hals: Gut angesetzt und mittellang.
Körper: Breite Brust; ziemlich steile Schulter; langer, breiter Rücken.
Fundament: Beinstellung korrekt; kräftige und trockene Gelenke; Hufe hart.
Bewegungsablauf: Guter Schritt und Trab, besondere Wendigkeit und Trittsicherheit auch im schwierigen Geläuf.
Einsatzmöglichkeiten: Land- und Forstwirtschaft sowie im Freizeitbereich (Reiten und Fahren).
Besondere Merkmale: Zuverlässig, temperamentvoll, kooperativ und leistungsbereit. Umgänglich und genügsam in der Haltung. Erwähnenswert ist der **Abtenauer**, ein kleinerer Schlag unter den verschiedenen Noriker-Schlägen, der aus einem Hochtal südöstlich von Salzburg stammt.

den Großglockner. In den anliegenden Ländern, so auch in Bayern, hat er mittlerweile seinen festen Platz gefunden.

Hengstlinien

Vulkan-Linie: Diese Linie trägt den Namen des 1887 geborenen braunen Hengstes *Vulkan*, der in seinen Nachkommen den etwas derberen Adel mit leichtem Ramskopf aber guten Charakter immer zuverlässig weiterführt. Diese Linie mit dem Namen *Vulkan* ist auch die bedeutendere Linie in der Norikerzucht, da etwa 50 % aller Hengste dieser Linie abstammen.

Nero-Linie: Sie trägt den Namen des 1933 geborenen fuchsfarbigen Hengstes *Nero*, der in seinen Nachkommen etwas mehr Gangvermögen und keine zu schweren Pferde bringt. Die Nero-Linie zeichnet sich speziell durch hellfarbene Füchse mit hellem Langhaar aus.

Diamant-Linie: Diese Linie trägt den Namen des 1903 geborenen Hengstes *Diamant*, dieser war ein drahtiger, in den Kapruner Tauern geborener leichter Noriker, was er auch an seine Nachkommen weiter gibt. Ein besonderes Merkmal der Diamant-Nachkommen sind die ausdrucksvollen Augen – wie ein Diamant – und eine besondere Trittsicherheit.

Schaunitz-Linie: Sie trägt den Namen des 1888 geborenen Hengstes *Schaunitz*, der in seinen Nachkommen sehr arbeitseifrige, leichtere aber große Noriker bringt. Diese Linie ist aber auch diejenige, die noch die meisten Auswirkungen der Kreuzungsversuche mit Vollblütern und anderen zeigt.

Elmar-Linie: Diese Linie trägt den Namen des 1896 geborenen Tigerscheckenhengstes *Elmar*, der in seinen Nachkommen bunte Tigerschecken als einziger dominant vererbt und so auch der letzte der ursprünglich drei bunten Linien in der Norikerzucht ist. Diese Linie führt noch das ursprünglich andalusische Blut aus den Versuchen, den modischen Trends im Barock nach bunten Pferden gerecht zu werden. Sie zeigen auch etwas deutlicher einen Ramskopf und sind später reif als die reinen Norikerlinien. Auch im Gebäude lassen sich noch immer Merkmale der andalusischen Urahnen finden.

Kontaktadresse

Arbeitsgemeinschaft Norischer Pferdezüchter
Kirchhammerstraße 47
A 5751 Maishofen
Telefon/Fax: 0043/6542/68270

Normänner Cob

Der relativ leichte Normänner Cob ist sicher das sportlichste unter den französischen Kaltblutpferden. In der Normandie hat die Zucht von leistungsfähigen Vielseitigkeitspferden eine lange Tradition.

Herkunft

Der Ursprung des Normänner Cobs liegt in der Küstenregion am Ärmelkanal im französischen Departement La Manche. Dort konnte auf kalkhal-

STECKBRIEF Normänner Cob

Herkunft: Frankreich.
Größe: 160 bis 170 cm.
Farben: Meist Füchse, auch Braune, seltener Schimmel, Rot- oder Muskatschimmel. Ohne Behang.
Gebäude:
Kopf: Groß und ausdrucksvoll; breite Stirn; relativ kleine Augen; manchmal ramsnasig.
Hals: Kräftig und hoch aufgesetzt.
Körper: Niedriger Widerrist; starke Schultern (etwas schräger als bei den meisten anderen Zugpferden); kurzer Rücken; breite, lange, schräge Kruppe.
Fundament: Gedrungenes, kräftiges Fundament; relativ kurze Beine, gut bemuskelt; Hufe groß und flach.
Bewegungsablauf: Taktmäßige und aktionsreiche Gänge.
Einsatzmöglichkeiten: Vielseitigkeitspferd; Fahrsport; geeignet für den mittleren Zug und die Freizeitreiterei.
Besondere Merkmale: Mutig und energisch. Nicht so ruhig wie andere schwere Kaltblüter, jedoch sehr gefügig. Gute Gesundheit und Langlebigkeit.

Unter den französischen Kaltblutpferden ist der Normänner Cob das sportlichste Pferd.

tigen Böden und satten, saftigen Weiden ein robustes, gesundes und langlebiges Pferd gedeihen.

Heute sind die Zuchtstätten des Normänner Cobs besonders in den Gestüten von Saint-Lo und von Pin in der Normandie untergebracht.

Zuchtgeschichte

Während im Mittelalter in der Normandie schwere Rösser für die Krieger gezüchtet wurden, versuchte man im 16. Jh. die normannischen Pferde mit arabischen Hengsten zu veredeln. Aus den im 19. Jh. vorgenommenen Einkreuzungen von englischen Hengsten entstand auch der Anglo-Normänner, den es zu Beginn des 20. Jh. in drei Typen gab:

1. den recht leichten, hoch im Blut stehenden Reitpferdetyp,
2. den Karossiertyp für die Armee und
3. stämmige, schwere Tiere als Wirtschaftspferde.

Da Letztere mit den gleichnamigen englischen Pferden Ähnlichkeit hatten, erhielten auch sie die Bezeichnung Cob. Sie galten dann als eigenständige Rasse. Dass diese verschiedenen Typen entstehen konnten, lag in dem Wunsch der Züchter, sowohl ein Pferd für die Armee als auch ein vielseitig einsetzbares Pferd in der Landwirtschaft zur Verfügung zu haben. Ein Zuchtbuch für den Normänner Cob gibt es nicht. Wenn der Vater ein Cob ist, wird auch das Fohlen als Cob gesehen.

Fast zum Aussterben verurteilt

Auch der Normänner Cob wurde im Rahmen der fortschreitenden Technisierung in der Landwirtschaft nahezu arbeitslos. Es sollte ihm nicht besser wie so vielen anderen Kaltblutrassen ergehen. Seine Zukunft schien nur noch in der des Fleischlieferanten zu liegen. Hätten sich die französischen Staatsgestüte nicht zielstrebig für die Erhaltung der Rasse eingesetzt, wäre der Cob vom Aussterben bedroht gewesen.

Auch wenn die Nachfrage nach dem Normänner Cob stark gesunken war, ließen sich die Gestüte nicht beirren und züchteten weiter. Nun scheint der Tiefpunkt überwunden, denn seit einigen Jahren bemühen sich Züchter und Gestüte gemeinsam, dem Pferd wieder zu mehr Popularität zu verhelfen und das geeignete Pferd für den Fahrsport zur Verfügung zu stellen.

Normänner Cob heute

Durch verschiedene Zuchtstutenprüfungen werden die Bestände beurteilt. Die Hengstfohlen gehen bei der Stute bei Fuß; es erfolgt gegebenenfalls eine Registrierung. Der Bestand des Normänner Cobs ist nicht mit jenem der weit verbreiteten anderen Kaltblutrassen in Frankreich vergleichbar. Der Normänner ist heute jedoch für die Zucht von Reitpferden und eines geeigneten Typs für den Fahrsport unverzichtbar, womit seine Zukunft gesichert sein dürfte.

Kontaktadresse

Syndicat National desEleveurs et Utilisateurs de Chevaux Cob Normand
Village l`Aunerie
F- 50570 Le Lorey
Tel.: 00 33/33-076121

Percheron

Die Heimat des Percheron liegt in der Provinz Perche, den heutigen Departements Orne und Eure et Loire. Perche wird auch „Perche der guten Pferde" genannt, dessen Mittelpunkt die Hauptstadt des Percheron, Nogent sur Rotrou im Tal der Huisne ist.

Arabereinfluss

Man nimmt an, dass nach dem Sieg Karl Martells über die Mauren bei Poitiers im Jahre 732 sich französische Pferdezüchter orientalischer Beutepferde – dies waren überwiegend Hengste – bedienen konnten. Während der Kreuzzüge im 11. bis 13. Jh. wurden die Kaltblutpferde erneut mit eroberten Arabern und Iberern veredelt und später eine Einkreuzung von anderen Kaltblutrassen vorgenommen.

Während zunächst spanische, normannische und vermehrt arabische Hengste an der Entstehung der Rasse beteiligt waren, wählte man später eine Einkreuzung von Berbern, Bretagnern und Boulonnais. Vor allem arabisches Blut findet sich auch in den einflussreichsten Percheron-Blutlinien, wobei der 1830 geborene Hengst *Jean le Blanc* als der eigentliche Begründer der Rasse gilt. Man nannte den durch stark arabischen Einfluss geprägten Percheron „vergrößerten Araber". Die Percherons werden bereits seit 1833 in einem Zuchtbuch geführt. Es ist erstaunlich, dass trotz der orientalischen Blutzufuhr der Percheron nicht an Größe und Stärke verloren hat. Der Percheron Hengst *Dr Le Gear* dürfte mit 1372 kg und einem Stockmaß von 213 nicht nur der Größte seiner Rasse sondern der stärkste Hengst der Welt gewesen sein.

Stempelhengste

Die 1820 importierten Hengste *Gallipoli* (Araber) und *Godolphin* (Berber), aufgestellt im Gestüt du

STECKBRIEF **Percheron**

Herkunft: Frankreich.
Größe: 155 bis 172 cm.
Farben: Rappen, Schimmel.
Üppige Mähne, leichter Behang.
Gebäude:
Kopf: Feiner Kopf mit lebhaftem Auge, lange, feine Ohren. Gerader Nasenrücken, große Nüstern.
Hals: Lang und kräftig.
Körper: Auffallend schräge Schulter, breite, tiefe Brust, gute Rippenwölbung, kurzer, gerader Rücken, viel Gurttiefe, lange, leicht abfallende, gespaltene Kruppe.
Fundament: Kräftige, aber trockene Gliedmaßen; starker Kötenbehang; insgesamt stark bemuskelt.
Bewegungsablauf: Flexibler, leichter Schritt, eleganter Trab.
Einsatzmöglichkeiten: Hervorragendes Zugpferd mit viel Energie, Ausdauer und Arbeitseifer; auch im Freizeitbereich vor der Kutsche oder unter dem Sattel.
Besondere Merkmale: Das Temperament des Percheron verlangt eine feste Hand.

Der Percheron kann einen starken Arabereinfluss bis heute nicht verleugnen.

Pin, übten einen großen Einfluss in der Percheronzucht aus.

Beliebtheit

Der Percheron war zwischen 1880 und etwa 1920 als schweres Kutschpferd, als Artilleriepferd und in der Landwirtschaft auch über die Grenzen seiner Heimat hinaus begehrt. Vor allem in den USA etablierten sich Nachzuchten; hier wurde der drahtige schwarze Typ bevorzugt. Für viele Kaltblutfreunde gilt der Percheron als Traumkaltblutpferd. Obwohl er ein sehr schweres, kompaktes Pferd mit muskulösem Körperbau ist, besticht sein ausdrucksvolles edles Gesicht als Folge sehr früher Arabereinkreuzung.

Hinzu kommt sein bestechender Charme, seine Bereitschaft, durch Arbeit zu gefallen und seine Zuverlässigkeit im Zug. Seine Lebhaftigkeit mag man dem schweren Körper gar nicht zutrauen. In Frankreich wird er vorwiegend als Fleischlieferant genutzt, aber auch hier findet er zunehmend Beachtung im Freizeitbereich, sei es vor der Kutsche oder unter dem Sattel.

Kontaktadresse

Société Hippique Percheronne
1, rue Doullay
F- 28400 Nogent-le-Rotrou

Poitevin

Kaum ein anderes Kaltblutpferd dient einem so außergewöhnlichen Verwendungszweck wie der Poitevin oder das Maultierpferd aus dem Poitou – seine Spezialität ist die Produktion von Maultieren.

Herkunft

Im 16. Jh. beauftragte Heinrich IV. dänische, norwegische und holländische Ingenieure mit der Trockenlegung der Sümpfe von Poitou und der Vendèe im Südwesten Frankreichs. Diese Männer brachten Arbeitspferde mit, die mit ihren großen und flachen Hufen geeignet waren, im Morast Halt zu finden. Aus der Kreuzung der einheimischen Landstuten mit den brabantischen Hengsten entstand das Poitevin Pferd.

Zuchtgeschichte

Nach Beendigung der Trockenlegungsarbeiten bestand keine Notwendigkeit mehr, die Zucht des nicht sonderlich schönen Poitevin fortzusetzen. Doch eine völlig neue Erkenntnis ließ den Zuchtwert der Poitevinstuten in einem anderen Licht erscheinen. Die Kreuzung mit Poitou-Eseln brachte hervorragende Maultiere, die wegen ihrer Anspruchslosigkeit und ihrem Arbeitswillen bald sehr

Poitevins dienen hauptsächlich der Produktion von Maultieren.

begehrt waren. Das 1884 eröffnete Stutbuch „du Cheval Mulassier du Poitou“ betreut je eine Sektion für Poitevin und für Poitou-Esel. Wegen ihrer Trittsicherheit sind Maultiere auch in schwierigem Gelände und Bergregionen einsetzbar. Ihre gute körperliche Verfassung ist mit enormem Arbeitseifer gepaart. Poitou-Maultiere wurden ab dem Ende des 17. Jh. sowohl in der Landwirtschaft vieler europäischer Länder eingesetzt als auch als Pack-, Zug- oder sogar als Reittiere. Die Nachfrage nach Zuchttieren war in Europa und später auch in Amerika sehr groß. Frankreich mochte diesem Begehren jedoch nicht nachkommen und verkaufte lediglich die Nachzucht, aber keine Zuchttiere.

Poitevin Kaltblut heute

Die Zucht der Maultiere war nach dem Zweiten Weltkrieg durch den Einsatz effektiver Maschinen stark rückläufig. Mittlerweile sind die Maultiere wieder sehr begehrt und sowohl die Existenz des Poitevin Kaltblutpferdes als auch die des Poitou-Esels sind dadurch weiter gesichert.

Kontaktadresse

Fédération Nationale du Cheval
11, rue de la Baume
F – 75008 Paris
Tel. 0033/1-45631177

STECKBRIEF **Poitevin**

Herkunft: Frankreich.
Größe: 155 bis 170 cm.
Farben: Vor allem Graue und Rappen, aber auch Braune, Füchse, Isabellen und Falben. Üppiges, kräftiges, lockiges Langhaar und Behang.
Gebäude:
Kopf: Lang, schwer, leicht ramsnasig; große Ohren; kleine Augen.
Hals: Kurz und muskulös.
Körper: Breite Brust; steile Schultern; kräftige Hinterhand; hoher, kurzer Widerrist; breite, abfallende Kruppe.
Fundament: Stabil und knochenstark; lange, gut bemuskelte und proportionierte Gliedmaßen, starke Gelenke; große, flache Hufe.
Bewegungsablauf: Raumgreifende Bewegungen.
Einsatzmöglichkeiten: Überwiegend für die Maultierzucht.
Besondere Merkmale: Gutmütig, ohne große Energie, doch willig bei der Arbeit; kann sehr starrköpfig sein.

Posavina Pferd (Hvratski Posavac)

Das kleine, anspruchslose Kaltblutpferd war seit Jahrhunderten in der kroatischen Landwirtschaft ein zuverlässiger Helfer.

Herkunft

Unter den rauen Umweltbedingungen der Wälder und Überschwemmungsflächen der Save-Auen und der Flüsse Odra, Lonja, Sunja und Strug in Kroatien konnte ein robustes und widerstandsfähiges Pferd, wie es das Posavac Kaltblutpferd ist, gedeihen. Vom Frühjahr bis in den Spätherbst leben diese Pferde, wenn man sie nicht für die Arbeit braucht, im Freien. In den Auen sind sie bei kargem Futter sich selbst überlassen. Bei Überschwemmungen und Schneefall holt man die Tiere freilich in den Stall.

Zuchtgeschichte

Dies ist eine Jahrhunderte alte, bodenständige Rasse, die ihre Ursprünglichkeit bis heute bewahrt hat. In den 50er-Jahren des 20. Jh. wurde ein Versuch gestartet, bei den Posavacs importierte Kaltbluthengste einzukreuzen, um mehr Größe und Gewicht zu erzielen. Da dies nicht erreicht wurde und sich das Ergebnis eher negativ auf die Rasse auswirkte, wurde künftig wieder auf der alten Basis rein gezüchtet und versucht, die geringe Population zu erhalten. Ein Zusammenschluss

STECKBRIEF **Posavina Pferd**

Herkunft: Kroatien.
Größe: Um 150 cm.
Farben: Braune, Dunkelbraune, Rappen, Grauschimmel. Kräftiges Langhaar,.
Gebäude:
Kopf: Trocken; ausdrucksvolle Augen; große Nüstern.
Hals: Gut aufgesetzt, relativ kurz, stark, schön gewölbt.
Körper: Kräftige, breite Brust, viel Tiefe und gute Rippenwölbung; mittellange Schultern; kräftiger Rücken; breite Kruppe (oft steil und mäßig gespalten); tief angesetzter Schweif.
Fundament: Relativ trocken, korrekt; breite, flache Hufe.
Bewegungsablauf: Freies Gangwerk.
Einsatzmöglichkeiten: Zugfestes Arbeitspferd.
Besondere Merkmale: Widerstandsfähig; guter Charakter, fruchtbar; anspruchslos.

Das Posavina Pferd (Hvratski Posavac) ist ein kleines, anspruchsloses Kaltblutpferd.

der Züchter im Verband des Posavina Pferdes „Hvratski Posavac“ fand im Dezember 1993 statt.

Kontaktadresse

Züchterverband des Posavina Pferdes
„Hvratski Posavac“
Trebarjevo Desno

Russisches Kaltblut

In vielen Industrieländern hat das Kaltblutpferd seine eigentliche Bedeutung in der landwirtschaftlichen Nutzung verloren. Anders in der ehemaligen Sowjetunion. In Russland und in der Ukraine ist das Russische Kaltblutpferd für die Bauern auch heute noch unentbehrlich. Zudem ist das schwere Kaliber auch in anderen osteuropäischen Ländern sehr begehrt.

Herkunft

Ursprünglich waren bei den Russen leichtere Pferdetypen beliebt, die sich als Reit- und auch als Kutschpferde eigneten. Der Haupteinsatz lag aber schon immer im landwirtschaftlichen Bereich, weshalb man mit der Züchtung schwerer Tiere begann.

Zuchtgeschichte

Mitte des 19. Jh. wurden bodenständige Pferde der Ukraine mit Ardennern, Brabantern, Percherons und später auch mit Orlow Trabern gekreuzt. Am nachhaltigsten haben die Pferde aus Belgien, Ardenner und Brabanter die Arbeitseigenschaften der bäuerlichen Pferde beeinflusst. Es entstand eine neue Rasse, deren Zuchtstamm in der damaligen Peters Akademie in Moskau und in den Gestüten der Regionen Woronesch, Poltawa und in der Ukraine gepflegt wurde. Anlässlich der Weltausstellung in Paris im Jahre 1900 präsentierten die Züchter erstmals mit großer Resonanz ihre Zuchtergebnisse der Öffentlichkeit. Bis 1920 wurden die Russischen Kaltblüter als „Russische Ardenner“ geführt. Während des Ersten Weltkriegs war ein Verlust beinahe aller Zuchthengste zu beklagen, so dass ein mühsamer Wiederaufbau der Zucht einsetzte. Während in

STECKBRIEF Russisches Kaltblut

Herkunft: Russland/Ukraine.
Größe: 147 bis 150 cm.
Farben: Meist Füchse und Braune.
Wenig Behang.
Gebäude:
Kopf: Leicht mit breiter Stirn; intelligente, lebhafte Augen und aufmerksame Ohren.
Hals: Kurz und breit.
Körper: Kräftige, schräge Schultern; tiefer, breiter Widerrist; tiefe Brust; breiter und muskulöser Rücken; lange, abfallende Kruppe.
Fundament: Kräftige Gliedmaßen, kurz und trocken; harte Hufe.
Bewegungsablauf: Raumgreifende Gänge.
Einsatzmöglichkeiten: In Land- und Forstwirtschaft; schnell im Zug.
Besondere Merkmale: Ausgesprochen gutmütig und freundlich; überdurchschnittlich leistungsbereit. Kommt auch mit harten Arbeiten und schwierigen klimatischen Verhältnissen klar.

Russisches Kaltblut mit raumgreifenden Gängen.

der Zeit von 1875 bis 1915 die Zahl der Hengste von anfänglich fünf schließlich auf 597 anstieg, gab es 1925 nur noch 92 Hengste in den Hauptzuchtzentren. Das Zuchtbuch wurde erst 1937 wieder geöffnet. Die Namensgebung Russisches Kaltblut datiert ins Jahr 1952.

Russisches Kaltblut heute

Im Gegensatz zu den meisten westlichen Kaltblutrassen kam dem Russischen Kaltblutpferd zugute, dass Traktoren für die Bauern vieler osteuropäischer Länder zu teuer waren. Während in den meisten Industrieländern gerade in den 60er Jahren der Tiefpunkt in der Kaltblutpferdezucht erreicht war, betrug in dieser Zeit der Bestand des Russischen Kaltbluts ein Viertel aller Kaltblutpferde in der damaligen Sowjetunion. In Russland verrichtet noch immer anstelle von Traktoren das Kaltblutpferd die schwere Arbeit. Russische Kaltblutpferde leben hauptsächlich in den abgelegenen Gebieten des Urals und Sibiriens, aber nicht nur dort, im ganzen Land kennt man die Vorteile der Landbearbeitung mit den Pferden gegenüber Traktoren.

Kontaktadresse

All-Union Academy of Agricultura Sciences
21 Bolshoi Kharitonievsky pereulok
Moscow 107814

STECKBRIEF Shire Horse

Herkunft: England.
Größe: 170 bis 195 cm.
Farben: Braune, Schwarzbraune und Rappen, gelegentlich Schimmel. Üppiger, seidiger Behang. In jüngster Zeit ohne Behang bevorzugt.
Gebäude:
Kopf: Langgestreckt, ramsnasig; breite Stirn; große, gutmütige Augen; kleine Ohren.
Hals: Lang, gebogen, gut aufgesetzt.
Körper: Tiefe, schräge Schulter; breite Brust und starker, muskulöser Rücken; kräftige Hinterhand und abfallende Kruppe, manchmal überbaut.
Fundament: Trockene, harte Gliedmaßen, breite, flache Sprunggelenke; gut geformte und sehr harte Hufe.
Bewegungsablauf: Raumgreifender Schritt, energischer Trab. In allen Gangarten leichtfüßig und energisch.
Einsatzmöglichkeiten: Als Repräsentationspferd etwa in Brauereigespannen, Partner im Freizeitsport vor der Kutsche oder auch unter dem Sattel.
Besondere Merkmale: Trotz der enormen Größe ist das Pferd sanft und zahm; passt sich allen Lebensbedingungen problemlos an. Gelassenheit gepaart mit großer Energie und Ausdauer.

Shire Horse

Gegner des Shire Horse argumentieren, dass ein Pferd, das eine besondere Stallkonstruktion oder -höhe benötige, nicht mehr zeitgemäß sei.

Wie dem auch sei, unbestritten ist dieses bis zu 195 cm große Kaltblutpferd beeindruckend und repräsentativ und findet durchaus seine Liebhaber – auch als Reitpferd.

Herkunft

Die Vorfahren des heutigen Shire Horse wurden schon im Mittelalter als „Equus Magnus" erwähnt und eigens für die Ritter gezüchtet, um diese mit ihren schweren Rüstungen zu tragen und darüber hinaus im Kampf gegen die Feinde noch genügend beweglich zu sein. Das legendäre Kampfross war bald bis weit über Englands Grenzen hinaus bekannt. Nach der Zeit des Rittertums fand „The Great Horse of England" als Zug- und Arbeitspferd bei den Bauern sowie beim Ziehen von Lastkänen, dem Treideln, Einsatz.

Zuchtgeschichte

Die Wurzeln des Shire Horse finden sich in den Grafschaften (Shires) der Midlands (Derbyshire, Leicestershire, Warwickshire, Northhamptonshire, Lincolnshire, Staffordshire) und im weitläufigen Marschgebiet – den Fens. Aus der Region Derbyshire und Leicestershire kamen meist

Schimmel sind bei den Shire Horses eher selten.

Das Showpferd schlechthin ist das riesige Shire Horse.

schwarze Shires und die Shires aus Staffordshire waren oft braun. Die Pferde aus den Fens waren größer, schwerer und auch etwas gröber von Statur als diejenigen aus den Shires.

Mit dem ursprünglichen Pferd der Ritter wurde nach Einkreuzung von Brabanter und Flämischen Hengsten der Zuchtweg zum größten und schwersten Arbeitspferd beschritten. Gelegentlich nannte man diese Pferde „English Black", was auf den Zuchteinsatz von Friesenpferden hinweist und auch die hohe Knieaktion des Shire Horse erklärt.

Beginn der Reinzucht

Schon ein gutes Jahrhundert vor dem Anlegen des ersten Zuchtbuches mit der Gründung des Zuchtvereins „Old English Cart Horse Society" im Jahre 1878 machte ein Shire Deckhengst von sich reden. Die Aufzeichnungen über *Packington Blind Horse* datieren in die Jahre 1755 bis 1770; benannt war der Hengst nach dem Ort Packington. Er und auch seine Nachkommen hatten großen Einfluss auf die Entwicklung der Shire Horse-Zucht.

Seinen Namen bekam das Shire Horse 1884, als die „Old English Cart Horse Society" in „Shire Horse Society" umbenannt wurde. Während die Rasse in England als Arbeitspferd, sei es in der Landwirtschaft oder beim Holzrücken oder als Zugpferd bei Brauereien und Kohlehändlern hinreichend bekannt war, wurde man im Ausland erst im späten 19. Jh. auf das große Pferd aufmerksam, nachdem es sehr erfolgreich auf Landwirtschaftsausstellungen präsentiert worden war. Fortan begann ein reger Export auch in ferne Länder wie Australien, Amerika und Russland.

Stempelhengste

In nahezu allen Pedigrees finden sich die Namen der Stempelhengste *Hillmoor Enterprise* (geb. 1970) und seines Sohnes *Hillmoor Prince Charles* (geb. 1981), *Hainton Jim* (1972-1995), *Grange Wood William* (geb. 1965) und seiner Enkel *Nottage Trump Card* und *Blackden Mascot*.

Die Zucht heute

Die fortschreitende Mechanisierung ließ anfangs auch die Bestände des Shire Horse schrumpfen. Doch erlebte die Zucht einen beachtlichen Aufschwung in den späten 60er-Jahren. Als beliebtes Freizeitpferd oder vor dem Pflug des Bauern und natürlich als Showpferd ist das Shire Horse heute nicht mehr wegzudenken. Der Bestand an eingetragenen Shire Horses dürfte weltweit um die 10000 betragen; in Deutschland sind es zur Zeit etwa 600 Tiere. In Absprache mit der „Shire Horse Society" finden seit 1994 durch den „Deutschen Shire Horse Verein" Körungen statt. Nach

Das Slowenische Kaltblut stammt aus den gebirgigen Gegenden Sloweniens.

Differenzen mit dem „Deutschen Shire Horse Verein“ gründete sich 2001 ein zweiter Verein, der „New Shire Horse Verein“.

Kontaktadressen

Shire Horse Society
East of England Show Ground
GB – Peterborough PE 2 OXE

Deutscher Shire Horse Verein
Thomas Schipplick
Am Bruchweiher 14
53809 Ruppichteroth
Tel.: 02247/9698909
Fax: 02247/913201

Slowenisches Kaltblut

Das mittelschwere Slowenische Kaltblutpferd ist sowohl in seiner Heimat Slowenien als auch in Südosteuropa anzutreffen, wo es sich großer Beliebtheit erfreut. Dies zeigt nicht zuletzt die alljährliche in Ptuj an der Drau veranstaltete Fohlenversteigerung mit großem Publikums- und Käuferinteresse.

Herkunft

In den gebirgigen Gegenden Sloweniens hat das geländegängige Arbeitspferd seine Wurzeln, denn hier war schon seit Menschengedenken ein zugkräftiges, ausdauerndes, nicht zu schweres, wendiges Kaltblutpferd gefragt.

STECKBRIEF **Slowenisches Kaltblut**

Herkunft: Slowenien.
Größe: um 155 cm. Gewicht: bis 750 kg.
Farben: Braune, Dunkelbraune, Rappen vorherrschend. Kein Behang.
Gebäude:
Kopf: Derb; kleine, weit gesetzte Ohren; freundliche Augen.
Hals: Kurz, gut bemuskelt.
Körper: Muskulöse, schräge Schultern; breiter, tiefer Rumpf, gute Rippenwölbung; kräftige Hinterhand; abfallende, oft leicht gespaltene Kruppe.
Fundament: Stark, stabil.
Kräftiges Langhaar.
Bewegungsablauf: Raumgreifende Gangarten.
Einsatzmöglichkeiten: In der Land- und Forstwirtschaft; zunehmend auch als Wagenpferd im Freizeitbereich.
Besondere Merkmale: Willig, zugkräftig, ausdauernd, robust; freundlicher Charakter und gutes Temperament.

Zuchtgeschichte

In die Zuchtgeschichte des Slowenischen Kaltblüters spielt sehr stark die Pferdezucht des alten Österreichs hinein. Besonders Noriker und der Muraközer waren in die Zucht des Sloweniers stark involviert. Später kamen auch noch Belgische Kaltblüter, Percherons und Schleswiger hinzu.

Nachdem die Zuchtgrundlage aufgebaut war, ging man zur Reinzucht über, abgesehen von einigen Noriker Hengsten, die noch immer im Zuchteinsatz stehen. Generell ist die Zucht in den Gestüten Presov und Samorin gut organisiert. Das eigene Stutbuch zählt zum heutigen Zeitpunkt etwa 1500 eingetragene Stuten und 100 Hengste.

Kontaktadresse

Zuchtleitung Slowenisches Kaltblut
Ljubljana

Sokolska (Sokolsker Pferd)

Der kleinrahmige, kurzbeinige Kaltblüter Sokolska, auch Sokolsker Pferd genannt, entstand vor dem Zweiten Weltkrieg aus dem Wunsch heraus, ein leichtes, trockenes und gängiges Kaltblutpferd zu züchten.

Das Sokolska (Sokolsker Pferd) sieht aus wie ein „Ardenner in Minitatur".

STECKBRIEF **Sokolska (Sokolsker Pferd)**

Herkunft: Polen.
Größe: 148 bis 160 cm.
Farben: Füchse mit heller Mähne und Braune. Kein Behang.
Gebäude:
Kopf: Mittelgroß.
Hals: Kräftig, gut aufgesetzt.
Körper: Kräftig und tonnig; breite Brust; gerader Rücken; kurze, breite, schräge Kruppe.
Fundament: Stabile Gliedmaßen mit wenig Behang.
Bewegungsablauf: Energische Bewegungen.
Einsatzmöglichkeiten: Arbeitspferd in Land- und Forstwirtschaft. Fleischlieferant für den Export.
Besondere Merkmale: Anspruchslos, freundlicher Charakter, ruhiges Temperament; zugkräftig.

Herkunft

Das Sokolsker Pferd wurde im Nordosten und Nordwesten von Polen gezüchtet, nördlich von Bialystok, Warschau und Koszalin sowie im Gestüt Nowe Jankowice.

Zuchtgeschichte

Die Neuzüchtung des „Miniaturardenners" oder „Ardenner Doppelponys", wie das Sokolsker Pferd auch genannt wird, haben polnische Landstuten und französische Ardenner und Bretonen begründet. Die Rasse gilt mittlerweile als gefestigt. Der Bretone *Upas Jarboter 321*, geb. 1920 und die Ardenner *413 Lorrain,* geb. 1944 und *514 Ajax*, geb. 1944 waren bedeutende Linienbegründer.

Kontaktadresse

Ministerstwo Rolnictwa i Gospodarki Zywnosciowe
Ul. Wspolna 30
00-930 Warsaw

Die Zucht des Sowjetischen Kaltbluts wird in einigen Gestüten auch heute noch gefördert.

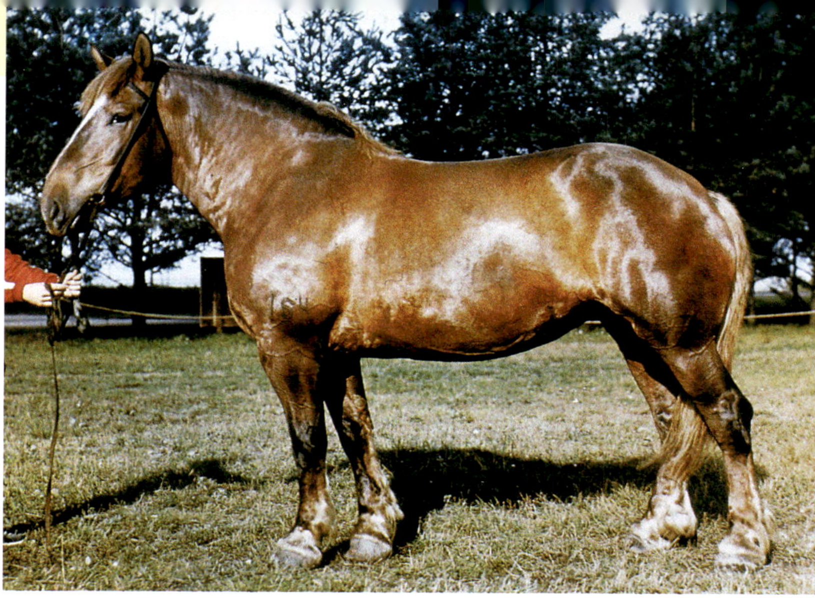

Sowjetisches Kaltblut

Es war in der ehemaligen Sowjetunion nicht nur die am stärksten verbreitete Rasse, sondern sicher auch das größte Pferd unter den russischen Rassen, es kann bis zu 1000 kg wiegen.

Herkunft

In der Sowjetunion waren die Ahnen des heutigen Sowjetischen Kaltblutpferdes eine bedeutende Rasse, wenn man bedenkt, dass sie gegenwärtig eine Population von ungefähr 300000 Tieren ausmacht.

Zuchtgeschichte

Seit 1885 und in verstärktem Maße seit dem Jahr 1936 wird in drei Staatsgestüten eine planmäßige Zucht betrieben, wobei bodenständige Landpferde mit Brabanter, Ardenner, Percherons und sogar mit Orlow Trabern gekreuzt wurden. Nachdem sich die neue Rasse mit zwei Hengstlinien und drei Stutenfamilien gefestigt hatte, erfolgte 1952 die offizielle Anerkennung. *Fleytist*, *Jasmi*, *Rumb*, *Rezhim* und *Cowboy* repräsentieren stark verbreitet die männlichen Linien; erhalten blieb aber auch die alte Linie des Brabanters *Bosche*.

Die wichtigsten Gestüte, in denen heute die Zucht des Sowjetischen Kaltblutpferdes gefördert wird, sind: Potschinkowski im Nishniy Nowgorod-Gebiet an der Rudna gelegen, Gorki und in der Region Kujbyschew Mordowski. Das frühere Potschinski betrieb schon zur Zarenzeit eine Stuterei.

Kontaktadresse

All-Union Academy of Agricultura Sciences
21 Bolshoi Kharitonievsky pereulok
Moscow 107814

STECKBRIEF Sowjetisches Kaltblut

Herkunft: Ehemalige Sowjetunion.
Größe: 161 bis 165 cm.
Farben: Füchse, Braunschimmel, Dunkelbraune, Braune, Falben. Wenig Behang.
Gebäude:
Kopf: Mittelgroß, gut proportioniert.
Hals: Kurz, muskulös.
Körper: Breite Brust; massiger Körper, gute Rippenwölbung; kräftiger, breiter Rücken; kompakte, schräge Kruppe.
Fundament: Stabile, trockene Gliedmaßen, gut entwickelte Gelenke; große Hufe.
Bewegungsablauf: Guter Schritt und Trab.
Einsatzmöglichkeiten: Enorm starke Zugpferde (Weltrekord – 1957 aufgestellt – in der Zugleistung bei 23 Tonnen). Milchleistung der Rasse kann bei 6000 Litern liegen.
Besondere Merkmale: Anspruchslos; zugfest und zugstark; gesund, frühreif; leistungswilliges Temperament bei gutem Charakter.

Suffolk Punch

Suffolk Punch ist die älteste Kaltblutrasse Englands, sie ähnelt eher einem sehr schweren Warmblüter, hat ihren Namen nach der Grafschaft Suffolk im Südosten Englands.

Herkunft

Der Ursprung des Suffolk Punch findet sich im Mittelalter, wo die starken Rösser als Kriegspferde begehrt waren. Die Arbeitspferde der Grafschaft Suffolk werden schon 1506 erwähnt. Die Vorfahren der Rasse Suffolk Punch waren Pferde der Bauern, die sich an der Südostküste Englands in der Grafschaft Suffolk und Norfolk entwickelte.

STECKBRIEF **Suffolk Punch**

Herkunft: England.
Größe: 160 bis 165 cm.
Farben: Nur Füchse. Anerkannt werden sieben Farbabstufungen: lehmgelb bis tiefrot. Kleine Abzeichen an Kopf und Beinen erlaubt. Kein oder sehr wenig Behang.
Gebäude:
Kopf: Breit, mittelgroß, breite Stirn, feine Nase; kleine Ohren; gutmütiger Ausdruck.
Hals: Kräftig und gut geformt.
Körper: Muskulöse, kräftige Schulter; Brust breit und tief; wenig Widerrist; kräftiger Rücken; Kruppe muskulös und abgerundet, liegt meist höher als der Widerrist.
Fundament: Stabil, kurze, stämmige und trockene Gliedmaßen, Röhrbeine kurz, Hufe mittelgroß, rund.
Bewegungsablauf: Energischer, raumgreifender Schritt und guter Trab.
Einsatzmöglichkeiten: Im Gespann vor Brauereiwagen, Pferdeschauen; beliebt als Zuchtpferd, Einkreuzung in schwere Pferderassen.
Besondere Merkmale: Arbeitswillig und gutmütig, leichtfuttrig, liebenswürdig, ausgeglichen, gehorsam. Dank seiner Kraft zum Ziehen schwerster Lasten geeignet.

Die besondere geographische Lage, auf drei Seiten von der Nordsee umschlossen und im Osten von den Nachbarn durch ein Sumpfgebiet abgeschnitten, verlangte nach einem robusten, kräftigen Pferd, das den besonderen Gegebenheiten des Bodens genügte, dem es aber an Temperament nicht mangeln sollte. Infolge der Abschottung der Herkunftsregionen war die Rasse außerhalb ihrer Heimat fast unbekannt, was sich aber auch als Vorteil erwies, denn die Pferde blieben in ihrer ursprünglichen Form unverändert erhalten.

Zuchtgeschichte

Die Zuchtbasis des Suffolk Punch waren einheimische Landstuten, die mit normannischen, flämischen und dänischen Hengsten verpaart wurden. Einen entscheidenden Einfluss auf die Zucht nahm der 1768 bei dem Landwirt Thomas Crisp geborene Hengst *Crisp`s Horse of Ufford*. Dieser goldfarbene Stempelhengst von kräftiger und massiger Statur maß 157 cm; bemerkenswert war sein besonders schöner Kopf. Vier Jahre fand lang *Crisp`s Horse* Einsatz als Deckhengst. Alle heutigen Suffolks führen diesen außergewöhnlichen Hengst in ihrem Stammbaum.

Die Rassemerkmale legte im Jahr 1877 die Suffolk Horse Society fest und eröffnete 1880 das Zuchtbuch. Die Suffolks wurden fortan rein gezüchtet. Gezielte Einkreuzungen von Norfolk Trotter, Vollblütern und Cobs vernachlässigten die Qualitäten dieser Rasse wie Ausdauer, Leichtfuttrigkeit und das angenehme Wesen der Bestände nicht.

Lediglich das Exterieur erreichte eine Verbesserung mit dem Ergebnis, dass sich Suffolk Punchs auch für die Sport- und Gebrauchspferdezucht eignen. Der lehmige Boden erforderte Arbeitspferde mit großer Zugkraft. Diese wurde auf regionalen Viehmärkten durch spezielle Prüfungen „zur Schau“ gestellt. Das Ziehen eines gefällten Baumstammes an sich war dabei nicht das höchste Bewertungskriterium, sondern vielmehr die Art und Weise wie das Pferd versuchte, den Stamm in Bewegung zu setzen.

Die älteste Kaltblutrasse Englands ist der Suffolk Punch.

Einbruch der Zucht

Die Traktoren entledigten auch die Suffolk Punch ihrem angestammten Verwendungszweck. Während 1939 der Bestand 18238 Tiere zählte, waren es 1964 nur noch 75. Mitte der 70er-Jahre konnte sich die Zucht leicht erholen.

Suffolk Punch heute

Seinen wichtigsten Verwendungszweck findet der er im Zuchteinsatz zur Verbesserung anderer Kaltblutrassen und schwerer Pferde. Vor Brauereiwagen, seltener bei der Arbeit in der Landwirtschaft und auf Pferdeschauen sind noch Suffolks zu sehen. Eine kleine Anhängerschaft hält diesem Kaltblutpferd „ohne Ecken und Kanten" die Treue.

Kontaktadresse

The Suffolk Horse Society
Mr. P. Ryder-Davies
The Market Hill
Woodbridge, Suffolk, IP 12 4LU
Tel.: 013 94380643

Trait du Nord (Nordardenner)

Der großrahmige und massive Kaltblüter Trait du Nord ist ein Vetter des Belgischen Kaltbluts – allerdings ist er noch stärker und muskulöser als diese Kaltblutrasse. Man nennt den Trait du Nord auch den Traktor unter den französischen Kaltblutrassen.

Herkunft

Die Heimat des Nordardenners zieht sich in Frankreich vom Boulonner Gebiet im Westen südwärts bis an die Nièvre und ostwärts bis in die Ardennen der Region Auxois.

STECKBRIEF **Trait du Nord**

Herkunft: Frankreich.
Größe: Um 165 cm.
Farben: Braune, Rotschimmel mit hellem Langhaar.
Gebäude:
Kopf: Schwer, breitflächig, gerades Profil, quadratisches Maul; niedrige, flache Stirn, auffällige Augenhöhlen; kleine, spitze Ohren.
Hals: Dick, schwer.
Körper: Gewaltige Schultern; breiter, tiefer Rumpf; kurzer, gut bemuskelter Rücken; sehr muskulöse Lenden; breite, runde, mächtige Kruppe.
Fundament: Kräftige Gliedmaßen, wie „kleine Eichen", mit leichtem Behang, rel. kleine Hufe.
Bewegungsablauf: Ausgeglichener Schritt; kraftvoller, raumgreifender Trab.
Einsatzmöglichkeiten: Vor dem schweren Zug. Leider vermehrt als Fleischlieferant.
Besondere Merkmale: Gutmütiger, freundlicher Charakter; gewaltige Zugkraft.

Trait du Nord (Nordardenner).

Zuchtgeschichte

Zu Beginn des 20. Jh. war man bemüht, ein größeres, massiveres Kaltblutpferd zu züchten. Das Unterfangen gelang unter Einkreuzung von Belgischem Kaltblut und Boulonnais. Ab 1910 war die Rasse des Nordardenners konsolidiert und konnte als solche geführtwerden, was die Eröffnung des Zuchtbuches 1919 zur Folge hatte. Die Rassebezeichnung, die wir heute kennen, wurde allerdings erst ab 1965 verbindlich. Die große Ähnlichkeit des Auxois Kaltbluts mit dem Nordardenner zeigt, dass das Auxois Pferd von letzterem stark profitiert hat.

Kontaktadresse

Syndicat Central d'Elevage
du Cheval Trait du Nord
Résidence Nicolas Dubois
Entrée G. App. 32
59230 Saint Amand des Eaux

Ungarisches Kaltblut

Ungarn gilt vor allem als das Land der edlen Pferde. Dennoch war auch immer ein Bedarf an schweren Arbeitspferden vorhanden, den man mit der Einkreuzung landesfremder Kaltblutrassen in die vorhandenen Arbeitspferde zu decken versuchte.

Herkunft

Der Ursprung dieser Rasse ist im 19. Jh. in jenem Zeitabschnitt zu suchen, als Ungarn noch zur k.u.k.-Monarchie gehörte. Zur Verstärkung der herkömmlichen schwereren Pferde dienten eingeführte Noriker und Percherons.

Zuchtgeschichte

Im Vorwerk Pula, das zum Ungarischen Staatsgestüt Kisber gehörte, setzte man im Jahr 1883 je drei Ardenner Hengste und Stuten ein, um mit den ansässigen Arbeitspferden die Zucht eines nicht zu schweren Kaltblutpferdes zu begründen. Ein geschlossenes Zuchtgebiet, welches die Zucht dieser Kaltblutrasse bis heute beeinflusst

STECKBRIEF Ungarisches Kaltblut

Herkunft: Ungarn.
Größe: Um 155 cm.
Farben: Alle Grundfarben.
Kräftiges Langhaar und Schopf.
Gebäude:
Kopf: Nicht zu schwer, gerades Profil.
Hals: Kurz, stark bemuskelt.
Körper: Muskulöser Rumpf; viel Breite, Tiefe; gute Rippenwölbung.
Fundament: Kräftig, starkknochig; kurze, stabile Gliedmaßen, kräftige Gelenke, Behang; feste, gut geformte Hufe.
Bewegungsablauf: Zugfester Schritt und fleißiger Trab.
Einsatzmöglichkeiten: Landwirtschaft; vor allem für den Fleischexport.
Besondere Merkmale: Genügsam, fleißig, zuverlässig, freundliches Temperament.

hat, bildete sich im Südwesten Ungarns. Nach dem rückläufigen Einsatz von Arbeitsochsen in der Landwirtschaft konnte die Zucht eines schweren und ruhigen Kaltblutpferdes in den 20er-Jahren des vergangenen Jahrhunderts intensiviert werden.

Die Kaltblutzucht wurde von Staats- und Privatgestüten und besonders von den Pferdezuchtvereinen getragen. Der Ardenner hat die ungarische Kaltblutzucht ganz besonders geprägt; Noriker- und Muraközerblut hinterließ aber auch seine Spuren. Heute wird das Ungarische Kaltblutpferd hauptsächlich für den Fleischexport gezüchtet.

Kontaktadresse

Institute for Agricultural Qualitiy Control
Mezögazdasági Minisitö Intézet
1024 Budapest
Keleti Károly u. 24
Budapest 114. Pf. 30, 90

Weißrussisches Kaltblut (Belorussisches Kaltblut)

Das Weißrussische Kaltblutpferd ist das Ergebnis zahlreicher Kreuzungen und kann heute als gefestigte und rein gezüchtete Rasse gelten, wobei zwischen zwei Schlägen, einem mittelgroßen und einem großen unterschieden wird.

Herkunft

Die einheimischen so genannten Waldpferde Osteuropas bilden die Wurzeln des heutigen Weißrussischen Kaltblutpferdes.

Zuchtgeschichte

Anfang des 20. Jh. kreuzte man die bodenständigen Pferde mit Dolepferden (Gudbrandsdaler), Ardennern, Brabantern und anderen Rassen, wobei das Dolepferd den stärksten Einfluss nahm. Nach strenger Selektion und gelegentlichen Rückpaarungen konzentrierten sich dann die Züchter ausschließlich auf die Reinzucht der Rasse. Die Population lag in den 80er-Jahren des

Ardenner Hengste und Stuten begründeten mit ansässigen Arbeitspferden die Zucht des Ungarischen Kaltbluts.

Die Züchter des Weißrussischen Kaltblutpferdes bemühen sich um die Reinzucht und Erhaltung der Rasse.

STECKBRIEF **Weißrussisches Kaltblut**

Herkunft: Weißrussland.
Größe: 150 bis 153 cm. Gewicht: 490 bis 540 kg.
Farben: Braune, Hellbraune, Füchse, Falben. Kräftiges, volles Langhaar, wenig Behang.
Gebäude:
Kopf: Gut geschnitten, nicht zu groß, gerades Profil, breite Stirn.
Hals: Kraftvoll angesetzt, kurz und muskulös.
Körper: Langer Widerrist; gute Schultern; kräftiger Rumpf; breite, tiefe Brust; kräftiger Rücken (manchmal Senkrücken); kurze, gerade Lende; gut geformte, muskulöse Kruppe.
Fundament: Stabil, trocken, kurz; gute Hufe.
Bewegungsablauf: Guter Schritt und Trab.
Einsatzmöglichkeiten: In der Land- und Forstwirtschaft; wird auch zur Fleisch- und Milchproduktiongenutzt.
Besondere Merkmale: Anspruchslos; umgänglich; ausdauernd; fruchtbar und langlebig.

v.Jh. bei etwa 95000 Pferden. Im Stutbuch waren 135 Hengste und 616 Zuchtstuten eingetragen. Die stärkste Verbreitung hat die Rasse in Weißrussland mit den Gestüten Zarechye und Pobeda und GUS.

Kontaktadresse

V.I. All-Union Academy of Agricultural Sciences
21 Bolshoi Kharitonievsky pereulok
Moscow 107814

Wladimir Pferd

Das auch Wladimirer Traktorenpferd genannte Kaltblutpferd ist im gesamten Russland nicht zuletzt wegen seiner enormen Zugkraft beliebt.

Herkunft

Überlieferungen zufolge könnte das Wladimir Kaltblut seinen Ursprung in einem von Iwan dem Schrecklichen (1530 bis 1584) zur Zucht der „Iwanerischen Rasse“ gegründeten Gestüt haben. Vermutlich ist dieses Gestüt identisch mit dem et-

Das Wladimir Pferd wird wegen seiner außergewöhnlichen Zugkraft auch Traktorenpferd genannt

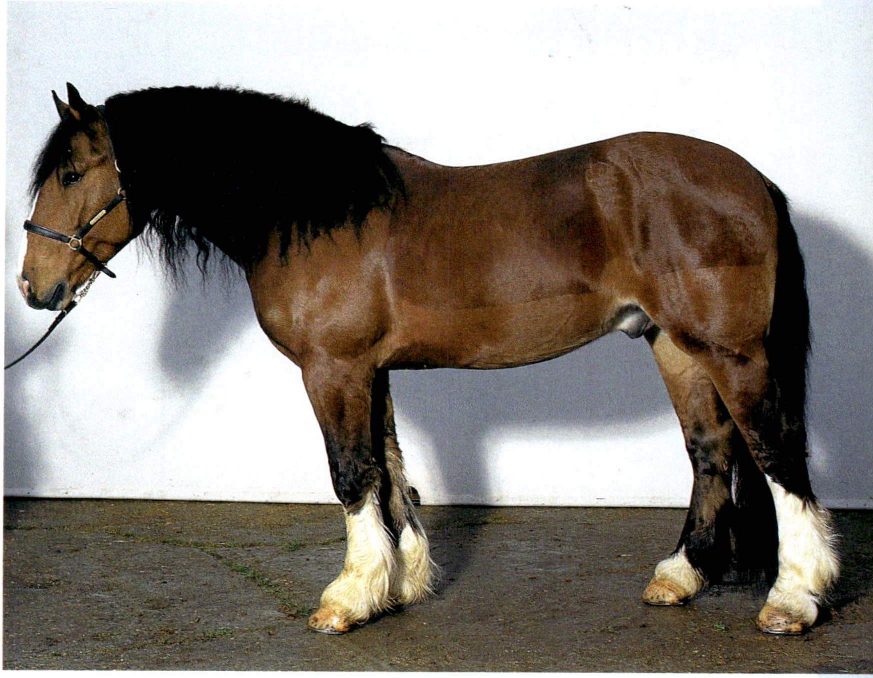

wa 100 km südöstlich von Moskau gelegenen Staatshengstdepot Tambow.

Zuchtgeschichte

Großrahmige, einheimische Landstuten wurden zuerst mit Trabern, Percherons und Ardennern, danach mit Brabantern und zuletzt nur noch mit Shire Horses und Clydesdales gekreuzt. Gewissenhafte Zuchtauswahl führte schließlich zum Erfolg und 1945 zur Anerkennung eines mittelschweren, harmonischen, leistungsstarken Kaltblüters. Bei einer Zugleistungsprüfung zog der Hengst *Tumann* 23 Tonnen über eine Strecke von 6,73 m.

Kontaktadresse

V.I. Lenin All Union Academy of Agricultural Sciences
21 Bolshoi Kharitonievsky pereulok
Moscow 107814

STECKBRIEF **Wladimir Pferd**

Herkunft: GUS, Russland.
Größe: 160 bis 165 cm.
Farben: Braune, Füchse. Wenig Behang.
Gebäude:
Kopf: trocken; freundliches Gesicht, Profil oft konvex; große, auffallende Abzeichen.
Hals: Muskulös; gut aufgesetzt; gewölbt.
Körper: Tiefer, kräftiger, breiter Rumpf; kurzer Rücken; kräftige Kruppe.
Fundament: Stabil; große, harte Hufe.
Bewegungsablauf: Energischer, raumgreifender Schritt, guter Trab.
Einsatzmöglichkeiten: In Land- und Forstwirtschaft.
Besondere Merkmale: Leistungswillig und zugstark; Charakter lebhaft, fromm; angenehmes Temperament.

Kaltblutpferde heute – Alleskönner in XXL

Kaltblutpferde sind schlechthin mit dem Image des schwer arbeitenden Vierbeiners, vor allem im Zug behaftet. Zuverlässige Helfer des Menschen sind sie noch immer, allerdings teilweise in Sparten, die dem modernen Kaltblutpferd entgegen kommen. Modern, das entspricht einem veredelten, leichteren Kaltblüter, der durchaus auch als Reitpferd geeignet ist. Zudem sind einige Rassen für den Laien eher einem schweren Warmblut ähnlicher, wie beispielsweise der Freiberger, das einzige Pferd aus Schweizer Zucht. Solche Pferde lassen sich vielseitig einsetzen, sei es unter dem Sattel für den Freizeit- oder Westernreiter, im Fahrsport oder als Touristenattraktion vor dem Planwagen. In jüngster Zeit finden wegen ihres ruhigen und zuverlässigen Wesens Kaltblutpferde auch als Therapiepferde und im Behindertenreitsport ihre Verwendung.

Wanderreiten

Kaum eine Freizeitbeschäftigung schafft so viel Freude und Zufriedenheit, wie das Reiten in Wald und Flur. Gerade in dem übertechnisierten Zeitalter suchen die Menschen nach Formen des Urlaubs, durch die ihnen nicht nur die Natur wieder nähergebracht wird, sondern sie auch Erholung an Leib und Seele erfahren. Die meisten Reiter empfinden nach einem längeren Wanderritt tiefe innere Befriedigung.

Voraussetzungen und Organisation

Dass ein solches Unternehmen gut durchgeplant und organisiert wird und Pferd und Reiter für den Ritt absolut fit sein müssen, sollte eine selbstverständliche Voraussetzung sein. Deshalb ist eine längere **Vorbereitungs- und Trainingszeit** nötig. Reiter und Pferd sollen möglichst ohne größere Blessuren den Ausflug in die Natur überstehen.

Das **Pferd** muss voll entwickelt, wenigstens fünf, besser sechs Jahre alt sein, ehe es für einen, die volle Kraft von Pferd und Reiter beanspruchenden Wanderritt eingesetzt wird. Wichtig sind ferner gute Hufe, regelmäßige Gliedmaßenstellung und eine gute Sattellage. Das Pferd befindet sich in einem guten Futterzustand, es soll also weder zu mager noch zu fett sein.

Ob man als Einzelreiter einen Wanderritt plant oder zusammen mit einer Gruppe, bleibt jedem einzelnen Reiter überlassen. Die Unfallgefahr an sich ist beim Einzelreitenden auch nicht größer, doch das Herbeiholen von Hilfe im Notfall ist in der Gruppe einfacher. Der **Einzelreiter** sollte stets an seinem täglichen Ausgangspunkt die geplante Wanderroute mit Adresse und Telefon auch von Stationen unterwegs hinterlegen, damit nach ihm gesucht werden kann, wenn er längere Zeit überfällig ist. Ein Mobiltelefon in der Ausrüstung ist sicherlich von großem Nutzen.

Die Reiter in einer **Gruppe** müssen sowohl von ihrem reiterlichen Können her zusammenpassen als auch über gleichwertige Pferde verfügen. Zudem soll die rechte Einstellung zum Wanderreiten mitgebracht werden. Reiter, die zum Beispiel unachtsam über bestellte Felder reiten und auch sonst dazu angetan sind, mehr Schrecken als Anerkennung durch Wohlverhalten unter den nicht reitenden Mitmenschen zu verbreiten, eignen sich von vornherein nicht für ein von der Gemeinschaft getragenes Unternehmen. Abgesehen davon sollten sie lieber überhaupt kein Pferd besteigen.

Rechte Seite: Kinder und Hund haben an den Vorführungen Buno Islikers mit seinen Freibergern große Freude.

Damit sich die Pferde auch aneinander gewöhnen und man seine Mitreiter oder Mitstreiter kennenlernt, empfiehlt es sich, schon das vorbereitende Training für den Wanderritt gemeinsam zu gestalten. So kann sich am ehesten ein aufeinander eingeschworenes **Team** bilden. Der erfahrenste Reiter der Gruppe wird zum „Boss" bestimmt, der Entscheidungen zum Wohle aller trifft; seine Anweisungen müssen als unbedingt gültig angesehen werden, denn ohne Disziplin ist ein solches Unterfangen zum Scheitern verurteilt.

Reiten und Wandern

Bei den vorbereitenden Planungen sollten für die ersten Tage 25 bis 30 km **Wanderstrecke** angesetzt werden. Das heißt nun aber nicht, dass der Reiter die gesamte Tour im Sattel zurücklegt. Zwischendurch wird das Pferd immer einmal ein Stück Weges geführt. Ein halber Tag Ruhe jeden 3. bis 4. Wandertag trägt dazu bei, dass die ganze Unternehmung erholsam bleibt, nicht in Muskelkater oder Zeitstress ausartet und wird von Reiter und Pferd begrüßt. Solche halben **Ruhetage** können an landschaftlich besonders schönen Stellen stattfinden, wenn das Wetter oder eine Sehenswürdigkeit geradezu zum Verweilen einladen.
Die **Tagesetappe** etwa eines Rheinisch-Deutschen Kaltbluts beträgt im Schritttempo 35 bis 45 km, das bedeutet etwa 8 bis 10 Stunden reiten und wandern und ungefähr eine bis eineinhalb Stunden Pause. Das Reiten sollte sich auf ewa sechs Stunden am Tag beschränken, das heißt vier Stunden wird gewandert, und zum Verschnaufen werden eineinhalb Stunden bis zwei eingeplant.
Das Pferd für den Wanderritt muss natürlich charakterlich einwandfei und **verkehrssicher** sein. Es darf weder vor Autos und Zügen noch vor dem dröhnenden Lärm eines Düsenjägers erschrecken. Während des Trainings sollte schon darauf hingearbeitet werden, dass sich das Pferd auch einmal von der Gruppe löst, was ihm als Herdentier sehr widerstrebt. Es kann aber nötig sein, dass ein einzelner Reiter zu irgendwelchen Erkundungen **von der Gruppe wegreiten** muss, was mit einem an den anderen klebenden Pferd Schwierigkeiten bereitet.

Normalerweise gehen die Pferde paarweise oder den Gegebenheiten des Geländes entsprechend hintereinander. Dann verbleibt jedes Pferd in der ihm zugeteilten **Position**. Die Pferde verhalten sich am ruhigsten, wenn die Gruppe dicht beieinander bleibt. Kein Reiter darf plötzlich ausscheren und losgaloppieren. Das würde die anderen Pferde zum Mittun animieren. Ebenso bringt es Unruhe in die Abteilung, wenn ein Reiter von der Gruppe weit zurück bleibt und den **Abstand** durch Antraben zu verringern sucht.

Im **Gelände** lässt man das Pferd, wenn irgend möglich, am **langen Zügel** oder in **leichter Anlehnung** am Zügel gehen. Am langen Zügel kann sich das Pferd am besten seinen Weg suchen und die **schonendste Gehweise** und Haltung herausfinden. Nur wenn es besondere Situationen (z.B. Straßenverkehr) erfordern, ist es notwendig, dass es am Zügel geht.

Für das **Bepacken** des Pferdes gilt: es sollte maximal mit einem Fünftel oder Sechstel seines Eigengewichtes belastet werden, Reiter inklusive. Auch wenn es ein höheres Tragevermögen besitzt, sollte die Belastung in Grenzen bleiben. Auf kurzen Ritten wirkt sich eine geringe Überbelastung nicht weiter schlimm aus, während Tages- oder Mehrtagesritten ist sie aber unter Umständen tierschutzrelevant.

Zur **Entlastung** des Pferdes neigt der Reiter beim Bergaufreiten den Oberkörper nach vorne, während beim Bergabreiten senkrecht in den Hang zu steigen ist. Ein Vorneigen des Reiters am Hang empfiehlt sich wegen des vorne aufgeschnallten Gepäckes nicht. Die Gangart für den Bergabritt ist immer **Schritt**, besser noch, der Reiter führt sein Pferd.

Beim Mitführen eines **Packpferdes** verringert sich das **Marschtempo**. Ein Packpferd muss ebenfalls voll trainiert sein, aber eben mit der Packlast. Das Wandern mit einem Packpferd erfordert von dem Reiter noch sehr viel mehr Aufmerksamkeit als er ohnehin für sein eigenes Pferd schon aufwenden muss. Führ- und Packpferd müssen aneinander gewöhnt werden, damit es unterwegs nicht zu Keilereien kommt. Die Ladung eines Packsattels muss fest mit diesem verbunden sein und sich im Gleichgewicht befinden.

Oft besteht die Möglichkeit, das Futter für die Pferde und das **Gepäck** zum jeweiligen Rast- oder Quartierplatz mit einem Transportfahrzeug **vorausfahren** zu lassen, was die ganze Planung natürlich sehr erleichtert.

Wenn irgend möglich, reitet man weit abseits von asphaltierten Straßen und verwendet ein leichtes **Hufeisen**, wodurch der Huf geschützt und dem Pferd Halt geboten wird. Das Eisen soll den Hufmechanismus möglichst wenig behindern. Der Zeitpunkt des letzten Hufbeschlags liegt idealerweise eine Woche vor dem Beginn des Wanderritts.

TIPP

Da es kaum zu umgehen ist, auch auf Asphaltstraßen zu reiten, empfiehlt es sich, kurze Hartstiftstollen zu verwenden. Reservestollen, eine genügende Anzahl Hufnägel und wenn möglich, gut angepasste Reserveeisen sollten im Gepäck mitgeführt werden.

Regelmäßige **Kontrolle**: Abends und während jeder Rast überprüft der Reiter den **Hufbeschlag**, wobei abgerissene Nägel so schnell wie möglich ausgewechselt werden müssen. Auch untersucht man die Hufe auf eingetretene Steine und andere Fremdkörper. Die verschmutzten Hufe werden abends gewaschen und anschließend eingefettet. Ein Pferd, das Sehnenschoner und Bandagen benötigt, oder weil es sich streicht oder greift, mit Streichkappen versehen werden muss, sollte nicht als Wanderreitpferd eingesetzt werden. Zu groß ist die Gefahr, dass sich Sand und Steinchen festsetzen und zu wunden und schmerzhaften Beinen führen. Es kann allenfalls versucht werden, einen korrigierenden Hufbeschlag anzuwenden.

Das vorher besorgte **Quartier** für den Abend des Wandertages sollte spätestens zwei bis drei Stunden vor Sonnenuntergang erreicht sein, denn bevor sich alle zur Ruhe begeben können, gibt es noch einiges zu tun. Zuerst sollte das Pferd versorgt werden. Eine große Wohltat für die strapazierten Pferdebeine ist es, wenn man die Pferde für 15 bis 20 Minuten in einen Bach stellt. Es muss aber sichergestellt werden, dass kein Unrat im Bachbett liegt, der zu Verletzungen führen könnte. Abspritzen der Beine mit dem Wasserschlauch verschafft dem Pferd natürlich auch diese Erholung.

Rheinisch-Deutsches Kaltblutpferd auf einem Wanderritt – hier: eine „historische" Pause.

Abends nach getaner Arbeit werden die Sattel- und Gurtlage bei warmem Wetter mit einem Schwamm abgewaschen. Hafer bekommt das Pferd erst eine Stunde nach dem Eintreffen im Quartier vorgelegt, zuerst soll es Heu fressen.

Ob die Reiter nun in der Nähe der Pferde im Schlafsack nächtigen oder eine andere Unter-

HINWEIS

Soll das Pferd abgespritzt werden, so geschieht dies wie die Abkühlung beim Menschen: Zuerst das rechte Vorderbein, dann geht man Richtung Herz und spritzt das linke Vorderbein, danach die Hinterhand und schließlich Bauch und Rücken.
Wichtig: Beim Kaltblutpferd muss unbedingt auf eine trockene Fesselbeuge geachtet werden, um einer Mauke vorzubeugen.

kunft beziehen, zum Schutz der Pferde und zur eigenen Beruhigung ist es sinnvoll, eine Stallwache aufzustellen.

Training

Bei Geländeübungen sollte das Pferd frühzeitig damit vertraut gemacht werden, problemlos Bäche, Flüsse oder Seen zu durchqueren, wobei auf Schutt und Glasscherben im **Wasser** zu achten ist. Ein erfahrenes Pferd erweist sich als Lehrmeister in allen Problemsituationen als nützlich. Manche Pferde lieben es, sich im Wasser hinzulegen. Sie kündigen dies durch Scharren mit den Vorderbeinen an. Gegen ein ungewolltes Bad hilft dann nur noch energisches Vorwärtsreiten.

Da das Pferd beim Klettern das Gewicht mit dem Reiter und der Packlast ausbalancieren muss, sollte auch **ein Berggauf- und Bergabreiten samt Ballast** zum Trainingsprogramm gehören. Dabei geht man von kleinen Steigungen allmählich auf höhere Anforderungen über.

Mindestens vier Wochen vor dem geplanten Wanderritt beginnt man mit dem Training, damit Sehnen, Muskeln, Gelenke, Herz und Lunge des Pferdes einsatzbereit und belastungsfähig sind, vorausgesetzt, das Pferd wurde auch vorher bereits regelmäßig – das heißt täglich – geritten.

Kommt es von der Weide, kann es in ein paar Wochen nicht die erforderliche Kondition für einen längeren Wanderritt erlangen.

Die **Vorbereitung** des regelmäßig gerittenen Pferdes besteht zunächst in zwei- oder dreistündigen **Übungsmärschen** im Gelände. Am Wochenende kann probeweise ein längerer Ausritt unternommen werden. Ein für alle Pferde gleiches Trainingsschema gibt es nicht, wenngleich bestimmte Richtlinien anwendbar sind. Die Anforderung muss individuell nach der Leistungsfähigkeit des einzelnen Pferdes gestellt und dementsprechend das Training aufgebaut werden.

Ein **Trainingsplan** kann folgendermaßen aussehen (siehe unten).

Während des Trainings sollte das Pferd gut beobachtet werden, untrügliche Zeichen dafür,

Trainingsplan

Zeit	Trainingsaufbau
1. bis 3. Tag	Zweimal täglich eine halbe Stunde Schritt und Trab.
4. bis 7. Tag	Zweimal täglich 1 Stunde Schritt und Trab, ungefähr 8 bis 11 km.
8. bis 14. Tag	Zweimal täglich 1 Stunde mit Klettern.
15. bis 21. Tag	Zweimal täglich eineinhalb Stunden, insgesamt 19 km oder mehr mit wechselnden Gangarten.
Mitte und Ende der 4. Woche	Jeweils ein Ritt bis zu 40 km.
5. Woche	Drei Ritte über je 40 km schwieriges Gelände (an den Tagen nach den langen Ritten jeweils zweimal zwei Stunden lang reiten).
6. Woche	Ruhewoche mit zweimal täglich 1 Stunde Bewegung.

dass das Pferd überfordert worden ist, sind warme Sehnen, Schwellungen oder gar Schmerzhaftigkeit. Ein Wanderritt mit kurzer Reitzeit, langsamem Tempo und ohne Gepäck andererseits braucht natürlich nicht so intensiv vorbereitet werden.

Ausrüstung

Bei den Vorbereitungen des Wanderrittes ist der zweckmäßigen Ausrüstung von Reiter und Pferd besonderes Augenmerk zu schenken. Das gilt besonders für den Sattel.

Während für einen kleineren Ritt ohne Gepäck durchaus ein normaler, dem Pferd gemäßer Sattel genügt, sind an den Sattel ausschließlich für das Wanderreiten gewisse Anforderungen zu stellen. Er darf den Widerrist des Pferdes nicht einklemmen, muss also weit genug sein; auch hat die Kammer des Sattels so hoch zu sein, dass er nicht auf der Wirbelsäule aufliegt. Mit dem Reiter im Sattel gelten als Minimum 2 cm Zwischenraum. Notfalls muss der Sattel schon während der Trainingszeit aufgepolstert werden, weil die meisten Pferde im Laufe des Trainings und dem anschließenden Ritt ohnehin abnehmen.

Sattel

Das Gewicht von Reiter und Zubehör sollte vom Sattel auf eine möglichst große Fläche des Pferderückens verteilt werden. Dazu eignet sich am besten ein Trachtensattel. Sind die Trachten zu lang, können sie auf der Nierenpartie aufliegen. Sie dürfen aber auch von vorn die Bewegung des Pferdes nicht einengen.

Bevorzugt werden sollten Sättel, die über der Wirbelsäule sehr hoch sind, weil sie die Last großflächig zu beiden Seiten verteilen. Das Gepäck soll so am Sattel verstaut werden, dass es nirgends am Pferd scheuert und auch nicht wackelt. Die Befestigungsringe des Gepäcks müssen absolut fest sitzen und dürfen nicht abreißen. Jeder Sattel kann außerdem für einen Wanderritt entsprechend mit Ringen und Ösen und auch einem Mantelsackträger ausgerüstet werden. Diese Anpassungen sollte aber nur von einem Fachmann vorgenommen werden, denn sie müssen sicher halten.

TIPP

Einerlei, welcher Art Sattel verwendet wird, immer sollte aufmerksam kontrolliert werden, dass er nicht auf dem Widerrist aufliegt und dann Satteldruck verursacht. Niemals darf bei einem Wanderritt ein neuer Sattel eingeweiht werden. Das Pferd muss sich lange vorher daran gewöhnt haben.

Unter den Sattel gehört eine dicke, saugfähige **Unterlage** – zum Beispiel ein Woilach –, die je nach Größe vier- oder sechslagig gefaltet wird. Nach dem Falten fasst man die Decke an den oberen Ecken an und legt sie von links auf das Pferd, wobei das offene Ende der gefaltenen Decke links hinten zu liegen kommt.

Es ist wichtig, vor dem Festgurten den Woilach nochmals sorgsam in die Sattelkammer einzuziehen, damit er nicht auf den Widerrist drückt. Außerdem muss er absolut faltenfrei aufliegen. Normale Sattelunterlagen eignen sich für Wanderritte nicht, sie sind zu klein und die Packtaschen würden dann direkt auf dem Pferd liegen und könnten scheuern.

Von der Vielzahl der angebotenen **Sattelgurte** eignen sich nur solche, die keinen Gurtendruck

Der Westernsattel wird von dem Kaltblutpferdebesitzer und Freizeitreiter gerne benutzt.

verursachen. Bewährt sind unzerreißbare Sattelgurte aus vierfachen Zügelgurten ebenso wie Baumwollgurte. Der Gurt soll möglichst breit und weich sein. Man muss so angurten, dass noch eine flache Hand unter den angezogenen Gurt geschoben werden kann. Damit der Sattel in hügeligem Gelände nicht verrutscht, empfiehlt sich ein gut sitzendes **Vorderzeug** und ein Schweifriemen.

Die **Packtaschen** werden unverrückbar am Sattel befestigt und beidseits gleich schwer bepackt. Packtaschen sind mit einem Bauchgurt ausgestattet, damit sie nicht scheuern oder sich herumbewegen können. Meist werden Doppelpacktaschen verwendet, die man hinter dem Sattel anschnallt; es sind aber auch Einzelpacktaschen im Handel, die durch Schnallen direkt mit dem Sattel verbunden werden. Der **Mantelsack**, der Reservekleidung, Anbindestricke und den Hafersack und Ähnliches aufnimmt, wird vom Mantelsackträger gehalten. Ist der Mantelsack richtig verschnallt, schwebt er wenige Zentimeter über der Wirbelsäule des Pferdes.

Zaumzeug

Bei einem gelegentlichen Ausritt genügt normales Zaumzeug. Immer dabei haben sollte der Reiter eine Anbindevorrichtung. Wird das Zaumzeug mit einem Halsriemen kombiniert, kann daran ein **Anbindestrick** befestigt werden. Wenngleich es Westernfilme immer wieder veranschaulichen, so ist doch unumstößliches Gebot: Pferde dürfen **niemals am Zügel angebunden** werden. Zum Anbinden an stabile Pfosten verwendet man einen gewöhnlichen Anbindestrick mit Panikhaken oder einen Anbinderiemen. Angebundene Pferde sollten stets bewacht werden.

Für den Wanderritt eignet sich das so genannte **Marschhalfter** – ein leichtes Stallhalfter mit durchgehendem Kehlriemen, das mit einem Anbindestrick oder -riemen versehen ist. Pferde, die unter dem Marschhalfter stark schwitzen, sollten lammfellüberzogene Kopfstücke bekommen. Das Trensenkopfstück mit der Trense kommt über das Marschhalfter. Mit einer Trense mit Knebeln kann man ein gut sitzendes Stallhalfter zum Wanderhalfter umfunktionieren.

Vertrauen zwischen Reiter und Pferd: entspannt können sie die Reitpause genießen.

Auf dem Wanderritt sollte das Gebiss, das auch sonst im täglichen Gebrauch ist, benutzt werden. In der Regel ist das eine gewöhnliche **Wassertrense**. Abzuraten ist von allen gebrochenen Gebissen mit Hebelwirkung, die das Maul des Pferdes seitlich einkneifen. Ein genügend großer **Fressbeutel** aus festem Segeltuch dient sowohl zum Füttern als auch zum Tränken.

Nicht vergessen:

- Taschenlampe,
- Leuchtbandagen,
- Pferdeputzzeug und Hufkratzer,
- Verbandszeug,
- Pferdefutter und die Tagesverpflegung für den Reiter.

Der Reiter sollte sich mit einer zweckmäßigen und bequemen **Bekleidung** ausstatten. Die **Stiefel** dienen nicht nur zum Reiten, man muss auch gut damit gehen können. Eine herkömmliche Reithose ist nicht unbedingt erforderlich. Sehr bequem sind zum Beispiel Breecheshosen. Die Kleidung muss immer der Jahreszeit angepasst sein und bei Wetterumschwüngen auch die Möglichkeit zum Improvisieren bieten. Notwendig sind ferner eine **sturzfeste Kopfbedeckung**, Reservekleidung, Feldflasche, elastische Binden, **Fliegenschutz** für Reiter und Pferd, Handschuhe, **Regenschutz**, Reitmantel und nicht zu vergessen die **Reiseapotheke**.

Routenplanung

Die Streckenplanung des Wanderritts wird anhand einer entsprechenden **Landkarte** vorbereitet, mit der die Entfernungen und Tagesetappen festgelegt werden. Dabei muss auch auf ebenes oder hügeliges **Gelände** Rücksicht genommen werden und welche natürlichen **Hindernisse** eventuell zu umgehen sind. In fremdem Gelände sollte immer ein **Kompass** zur Hand sein.

Die Pferde werden zwei Stunden vor dem morgendlichen Abritt gefüttert und vorher getränkt. Das **Futter** ist so aufzuteilen, dass morgens und mittags etwa ein Drittel bis zur Hälfte gegeben wird und das Pferd die Hauptmahlzeit abends erhält.

Ruhepausen: Zur Mittagsrast im Freien eignet sich ein möglichst baumbestandener, schattiger Platz. Werden die Pferde nicht abgesattelt, muss darauf geachtet werden, dass sie sich nicht hinlegen und wälzen. Wenn es die Zeit erlaubt, sollte aber lieber abgesattelt werden, dabei die Satteldecke bis zum Austrocknen der Sattellage auf dem Pferd liegen lassen.

Nach dem Ritt **tränkt** man die Pferde erst dann, wenn sie sich wieder abgekühlt haben. Auf den Wasserkübel aufgelegtes Heu verhindert, dass sie zu gierig saufen. Zwei Stunden nach der abendlichen Fütterung wird noch einmal nachgetränkt.

Reiten im Westernstil

Kaltblutpferde und Westernreiten – geht das überhaupt?

In Fachbüchern wird über diese Art des Reitens zwar geschrieben, dass man nahezu jedes Pferd im Westernstil reiten könne. Allerdings für die ganz schweren Kaliber, von denen in diesem Buch die Rede ist, geht dies mit gewissen Einschränkungen einher. Kaltblutpferde sind nur bedingt wendig, lange Galoppstrecken sind nicht ihr Metier und für viele Disziplinen der Westernreiterei sind sie schlichtweg nicht einzusetzen.

Freizeitreiten im Westernstil ist angelehnt an das Gebrauchsreiten der Cowboys. Diese mussten stets eine Hand frei haben – etwa um mit dem Lasso Rinder einzufangen. Die andere Hand hält lose den Zügel, der dann keine Einwirkung auf das Pferdemaul hat. Lediglich mit Gewicht und Schenkel „dirigiert" der Reiter sein Pferd.

Aus dieser Reitweise entwickelt sich – allerdings nicht von heute auf morgen – eine wunderbare Übereinstimmung zwischen Pferd und Reiter. Das Pferd scheint mitzudenken und reagiert auf die feinsten Reiterhilfen.

In der Regel wird der mit einem Kaltblutpferd berittene Freizeitreiter weniger daran denken, Westernturniere zu bestreiten, obwohl er auch

dort im Trail oder in der Disziplin Horsemanship durchaus bestehen könnte. In der Westernturnierdisziplin befinden sich auf dem **Trailparcours** verschiedene Hindernisse wie Tor, Brücke und Stangen, die in verschiedenen Kombinationen gelegt und die vor-, rück- oder seitwärts im Schritt oder in höheren Gangarten zu überwinden sind. **Western Horsemanship** entspricht etwa dem FN-Reiterwettbewerb, einer Reiterprüfung, bei der Sitz und Einwirkung beurteilt werden. Der Reiter reitet eine Einzelaufgabe, wobei es ganz wichtig ist, dass diese ohne sichtbare Einwirkung auf das Pferd absolviert wird. Nach dem Einzelreiten werden die Pferde in der Abteilung, dem **Pleasure**, vorgestellt.

Go West

Freizeitreiten im Westernstil bietet auch dem Kaltblutpferdebesitzer ein Höchstmaß an reiterlichem Vergnügen, wenn er bei der Ausbildung seines Vierbeiners die durch die körperlichen Gegebenheiten bedingten Grenzen berücksichtigt.

Westernfilme und die darin gepflegte Reitweise können und sollen nicht Vorbild für europäisches Westernreiten sein. Von den in Amerika vorherrschenden riesigen Geländedimensionen kann man hierzulande nur träumen, auch anlässlich auszurichtender Westernreitturniere.

Voraussetzung für das Reiten im Westernstil ist zum einen das Interesse und Verständnis für eine Reitweise, die immer mehr Anhänger gerade in der Freizeitreiterei findet und zum anderen ein **leistungsbereites, intelligentes Pferd**.

Wenn auch die anatomischen Points der meisten Kaltblutrassen nicht gerade jenen der typischen Westernpferde oder anderer Rassen, die für das Westernreiten prädestiniert sind, entsprechen, so ist aber die Bereitschaft zum willigen Mittun bei allen Kaltblütern beispielhaft.

Linke Seite: Das Freiberger Pferd eignet sich gut zur Freizeit- und hier besonders zum Westernreiten.

Aller Anfang ist schwer

Ein Reiter, der mit der so genannten englischen oder klassischen Reitweise vertraut ist (siehe hierzu „Ausbildung des Reit- und Fahrpferdes"), wird sich zunächst bei der Umstellung auf den Westernstil ziemlich schwer tun, denn manche Übung, die er vorher erlernt hat, ist jetzt eher fehl am Platze. Wenn er nach und nach die für das Westernreiten wichtige Übung des Loslassens beherrscht, ist er schon auf einem guten Weg. **Loslassen** bedeutet zum einen, am **losen Zügel** das Pferd in der vorgegebenen Gangart vorwärts zu reiten und zum anderen, die Beine zwanglos am Pferdeleib anliegen zu lassen. Das Gewicht findet in den Steigbügeln Halt. Diese ersten Übungen sollten tunlichst in der Halle oder im eingezäunten Gelände stattfinden.

Wie wirkt sich nun diese scheinbar **passive Reitweise** auf das Pferd aus? Ein Pferd, das bisher mit ständiger Zügeleinwirkung geritten und das für jeden Schritt getrieben wurde, begreift sehr schnell, dass es nun selbstständig, ohne unentwegt mit Schenkel und Absatz „bearbeitet" zu werden, vorwärts gehen „darf". Sobald es das Tempo verlangsamt oder gar stehen bleibt, treibt der Reiter taktmäßig, bis die geforderte Gangart erreicht ist. Danach entfallen die treibenden Hilfen, um gegebenenfalls bei erneuter Verlangsamung nochmals treibend einzuwirken. Dabei darf, wie in jeder Phase der Pferdeausbildung bei erwünschtem Erfolg ausgiebiges **Loben** nicht vergessen werden.

Will das Pferd seine Gangart beschleunigen oder versucht es gar wegzulaufen, wirkt der Reiter dem durch verstärkes Einsitzen und Zügelaufnahme entgegen. Dann kann der Zügel wieder nachgegeben werden. Das Pferd begreift sehr schnell, dass es bei angepasstem Tempo ohne Zügeleinwirkung dem Druck im Maul entgehen kann.

War der Anfang – Zügel locker, Beine ruhig – schon schwierig, so ist es für den Reiter der herkömmlichen Reitweise geradezu unverständlich, wie der Westernreiter die **Richtung ändert** – nämlich auf folgende Weise: Will er nach links abbiegen, nimmt er die linke Schulter in die neu zu nehmende Richtung, um rechts abzubiegen

Über die Stangen reiten ist eine Lektion beim Westernturnier.

zeigt die rechte Schulter den neuen Weg an. Das funktioniert deshalb, weil sich mit dem ausgestreckten Arm der gesamte Körper in die entsprechende Richtung verlagert.

Aus diesen wenigen Übungen wird ersichtlich, dass das Umdenken auf das Reiten im Westernstil zunächst dem Reiter die größten Probleme bereitet. Das Pferd erkennt die Vorteile dieser Reitweise für sich viel schneller und fühlt sich, wenn sie sachkundig betrieben wird, physisch und psychisch wohl dabei.

Nun sind ein williges Pferd und ein begabter Reiter eine Sache, an einem guten Ausbilder – die Betonung liegt auf gut – wird der Reiter auch in dieser Pferdesportdisziplin nicht vorbei kommen.

Vorbereitung

Wie auch für die herkömmliche Reitweise beginnt die Vorbereitung auf das Reiten im Westernstil mit den üblichen, vertrauensbildenden Aufgaben. Das sind Übungen, die auch für andere Verwendungen und Einsatzgebiete der Kaltblutpferde wie Fahren, Holzrücken unter anderem unabdingbar sind.

Kaltblüter sind im Allgemeinen Spätentwickler und sollten deshalb nicht körperlich belastet werden, bevor sie mindestens vier Jahre alt sind.

Erziehung beginnt im Fohlenalter

Die erste „Erziehungsmaßnahme“ bei dem noch bei der Stute mitlaufenden Fohlen ist das **Halfteranlegen**. Das geht unter Mutters Obhut auch recht gut. Es kann aber später, wenn es aus Unbequemlichkeit oder Nachlässigkeit des Halters auf die lange Bank geschoben wurde, schon zu ernsthaften Rangkämpfen führen, die aus verständlichen Gründen im Keim erstickt werden müssen. Auch hier gilt das Sprichwort: „Was Hänschen nicht lernt......“

Rechts: Führtraining: Wir verschnallen die Führkette von außen nach innen durch den Halfterring, dann diagonal über das Nasenband und von innen nach außen durch den zweiten Halfterring. Der Karabinerhaken wird im oberen Ring des Halfters verschnallt.

Erziehung und Ausbildung

Erziehung und Ausbildung ist vom Alter abhängig
- Fohlen: Halfterführigkeit, Putzen, Hufe geben
- bis 2-jährige: Spazierengehen, spielerische Aufgaben
- 3-jährige: Anlernen, Kondition aufbauen
- 4-jährige: Ausbildung erweitern
- 5-jährige: ernsthafte Ausbildung

Ebenso muss das Fohlen lernen, sich rundum die **Hufe aufheben** zu lassen. Das Aufheben bei einem halbstarken oder gar ausgewachsenen Kaltblutpferd, das diese Übung im Kindesalter nicht gelernt hat, dürfte ein schier unmögliches Unterfangen sein und ein echtes Problem für den Schmied werden, der dem Pferd Eisen aufbrennen soll. Später sollten schon beim Fohlen die Hufe bei Bedarf ausgeschnitten und eventuell korrigiert werden, was schon etwas Geduld von allen Beteiligten erfordert.

Auch das **Putzen** mit einem weichen, großen Tuch über den ganzen Körper muss das junge Pferd ertragen. Dies beugt späteren Angstausbrüchen bei flatternden Gegenständen wie Papiertüten oder Ähnlichem im Gelände vor. Bürsten gehört nicht nur zur Grundpflege des Pferdes, der damit einhergehende **Sozialkontakt zum Menschen** fördert die Bindung zur Bezugsperson.

Darüber hinaus soll das Fohlen **Kontakt mit anderen Tieren** haben und als Jungpferd mit der Umwelt anlässlich erster Spaziergänge vertraut gemacht werden. Bevor der Ernst des Lebens beginnt, ist es ideal, wenn sich das junge Tier mit möglichst gleichaltrigen Artgenossen in einer Herde so richtig austoben kann. Hier erweist sich der Offenstall mit beliebigem Freilauf von Vorteil. Das flügge gewordene Kaltblutjungpferd kann als Handpferd mit einem erfahrenen, ruhigen Altpferd das Umfeld erkunden.

Führtraining

Vor Beginn des Führtrainings muss das junge Pferd sehr gut halfterführig sein. Mit Ruhe und Bestimmtheit übernimmt der Pferdehalter die Führungsrolle – im wahrsten Sinne des Wortes. Das Pferd muss seinem übergeordneten „Herdentier“ vollkommen vertrauen, was alle späteren Ausbildungsschritte erleichtert.

Beim Führen des Pferdes wird eine **Führkette** am Halfter mit eingeschnallt, wobei diese nicht etwa zum Ziehen gedacht ist. Die Führkette sollte insgesamt mindestens 2 m lang sein, wobei die Kettean sich mindestens 60 bis 75 cm lang sein muss.

Die Führkette dient lediglich zum Aufmerksammachen des Pferdes, beispielsweise wenn der

Freies Bewegen ohne jegliche Beeinträchtigung durch Geschirre und Leinen sind für jedes Pferd ein gutes Training.

Pferdeführer stehen bleiben will. Ein leichtes Rütteln an der Kette mit der erhobenen Hand vor dem Pferd deutet das Rückwärtsrichten an. Für den weniger sensiblen Vierbeiner wird die Kette unter dem Kinn in das Halfter eingeschnallt.

Um sicher zu führen, hält man die in die Kette geklinkte **Führleine** mit der rechten Hand etwa in Höhe des Pferdehalses, die überschüssige Leine in Schlaufen zusammengelegt in der linken Hand.

Folgt das Pferd der ruhigen Führhand unwillig, wird es durch einen leichten Kettenruck erinnert. Auch hier merkt es bald den Unterschied zwischen gehorsamem neben dem Reiter Hergehen und Ungehorsam. Wie bei allen Übungen ist jedoch die wichtigste Einwirkung die menschliche **Stimme**. Das einmal benutzte Wort für eine Übung wird ein Leben lang beibehalten. Einmal „Halt" bedeutet immer Halt oder Stehenbleiben. Die Worte werden ruhig gesprochen, nicht im Befehlston – Pferde sind nicht schwerhörig.

Übungen wie zwischen Stangen hindurch gehen, um Stangen herum gehen und andere **Hindernisse** umgehen, können mit dem sicher am Führzügel gehenden Pferd als „fortgeschrittene Lektionen" absolviert werden. Dazu gehört auch ein Stangen-L vorwärts und rückwärts zu durchlaufen. Für diese beim Westernreiten im Trail zu reitende Disziplin ist der Einsatz einer **langen Gerte** erforderlich, die vor allem beim Rückwärtsrichten dem Pferd das Seitwärtstreten verständlich macht. In entspannter Haltung nimmt das Pferd den Kopf herunter, um zu sehen, wohin es tritt. Die lange Gerte als Hilfsmittel wirkt wie ein verlängerter Arm.

Grundsätzlich schadet es außerdem nicht, wenn ein Pferd auch für die Westernreiterei eine solide Grundausbildung erhalten hat.

Bewusstes Reiten nach Linda Tellington-Jones

Als in Kanada geborene und in den USA lebende Reiterin bevorzugt Linda Tellington-Jones den Westernreitstil. Er kommt ihrer Vorstellung von bewusstem Reiten am nächsten.

Ein Buch, das ihr ein alter Mann einst schenkte – er war Offizier bei der Kavallerie im Spanisch-Amerikanischen Krieg gewesen – zeigte ihr die Grundlagen zur Ausbildung eines jungen Pferdes auf. In der illustrierten Anleitung zur „Bodenarbeit" wurde die Möglichkeit der angenehmen Gewöhnung des Pferdes an den Sattel deutlich. „Die Theorie war, das verschreckte Tier nicht mit Gewalt an das ungewohnte Gewicht eines Reiters zu gewöhnen, sondern der Ausbilder sollte in kleinen Schritten vorgehen, indem er beginnt, mit dem Pferd vom Boden aus zu arbeiten."

Bald probierte Linda Tellington-Jones die im Buch beschriebenen Trainingsmethoden mit einer Vollblutstute aus: „Wie im Buch beschrieben, legte ich ihr einen leichten englischen Sattel auf und zog den Gurt nur leicht an, dann führte ich zwei lange Leinen durch die Steigbügel zum Gebiss. Mit diesen Leinen als Zügelersatz ging ich hinter ihr her, erst im Schritt, dann im Trab auf einem Zirkel in beide Richtungen. Nachdem sie sich sowohl mit den Zügeln als auch mit Sattel wohl fühlte, ließ ich sie ruhig neben einem Strohballen anhalten und stieg so oft in den Sattel und wieder hinunter, bis sie nicht mehr zurückzuckte. Nach einer Woche waren wir soweit – ich trieb sie leicht an und wir ritten los, ganz ruhig, ein friedlicher, ereignisloser Ritt, kein Buckeln, kein Geschrei, kein Schwitzen, keine Angst."

Um die Verständigung zwischen Reiter und Pferd und die Freude am Reiten zu vertiefen, liebt Linda Tellington-Jones es, ohne Sattel und Zaumzeug zu reiten. Das Pferd trägt einen Strick oder Ähnliches um den Hals, geht mit gesenktem Kopf ruhig vorwärts, was unter anderem auf die Hand der Reiterin zurückzuführen ist, die auf der Pferdekruppe ruht oder Bewegungen nach Tellington-Jones ausführt.

Die von Linda Tellington-Jones weltweit erfolgreich angewandte Methode **T**ellington TTouch **E**very **A**nimal **M**ethod – bekannt als TT.E.A.M.®, wobei das doppelte T für **T**ellington **T**ouch, auch TTouch, steht, fußt auf der Schulung von Bewusstsein und Körper des Pferdes. Linda Tellington-Jones ist der Meinung, dass Pferde, die mit „harter Hand" ausgebildet wurden, nicht aus wirklicher Kooperation, sondern vielmehr aus Angst dem Reiter zu Willen sind. Die dadurch erzeugte physische Anspannung im Pferd kann irgendwann umschlagen – das Pferd widersetzt sich, was in gefährlich aggressivem Verhalten gipfeln kann.

Linda Telllington-Jones gelang es, den Erfolg der so genannten **Feldenkrais-Methode** auch auf Tiere, besonders Pferde anzuwenden. Feldenkrais propagiert seine Lernprinzipien als „Bewusstsein durch Bewegung". Er lehrt, dass wenn nur irgend ein Gelenk im Körper auf ungewöhnliche oder ungewollte Weise bewegt werde, die anderen Gelenke im Körper mit betroffen seien. Diese Lehre wendet Tellington an, indem sie beispielsweise mit dem Schweif des Pferdes durch entsprechende Bewegungen versucht, das gesamte Skelett zu stimulieren. Kreisende Bewegungen, die TTouches, beginnend bei den Ohren und weiter über den ganzen Pferdekörper, bringen ein unruhiges Problempferd in eine erstaunliche Phase der Entspannung. Vermeintlicher Ungehorsam des Pferdes ist oft auf Verspannungen zurückzuführen – seien sie anatomisch bedingt oder durch reiterliches Unvermögen verursacht. Hier kann der Tellington Touch hilfreich angewendet werden.

Kaltblüter als Therapiepferde

Ab Mitte der 50er-Jahre des vorigen Jahrhunderts beschäftigten sich in Deutschland Humanmediziner im orthopädischen Bereich mit der Thematik **Therapeutisches Reiten**. Heute werden unter diesem Begriff drei verschiedene Sektoren verstanden: die Hippotherapie, das Heilpädagogische Reiten/Voltigieren und das Reiten als Sport für Behinderte oder Mittel zur Rehabilitation.

Hippotherapie

Die Hippotherapie ist eine medizinisch-therapeutische Krankengymnastik, die vom Arzt verordnet werden kann und von einer entsprechend ausgebildeten Fachkraft durchgeführt wird. Die früher gebräuchlichen Begriffe „Reittherapie", und „Reiten als Therapie" wurden von „Hippotherapie" abgelöst, da es sich eben nicht um Reiten im her-

Beim Heilpädagogischen Reiten kommt der besondere Zugang zu Tieren zum Tragen.

kömmlichen Sinn handelt, sondern um eine Nutzung des Pferdes als „Übungsgerät“ bei dieser Form der **Krankengymnastik**. Fachleute nennen die Hippotherapie auch „eine passive Behandlungsform der Physiotherapie“, wobei als therapeutisch als wirksame Elemente vor allem die in drei Ebenen ablaufenden Schwingungsimpulse des Pferderückens genutzt werden. Verständlich, dass der Pferderücken für diese Krankenbehandlung nicht zu breit sein sollte. Leichtere bis mittelschwere Kaltblutpferde sind durchaus geeignet, vor allem wenn es sich darum handelt, erwachsene, kräftige Patienten zu therapieren.

Heilpädagogisches Reiten und Voltigieren

Geistig behinderte Kinder, traumatisierte Kinder oder Erwachsene, aber auch psychisch kranke Erwachsene haben oft einen besonders innigen **Zugang zu Tieren**, wie er gesunden Menschen zuweilen verwehrt scheint. Diese Beziehung auch zu Pferden wird im heilpädagogischen Reiten und Voltigieren genutzt. Verhaltensauffälligen Jugendlichen kann das Pferd ebenfalls als „Erzieher“ in der heilpädagogischen Arbeit helfen. Während in der Hippotherapie die Krankengymnastin für das sinnvolle Arbeiten mit dem Pferd sorgt, ist es in der Heilpädagogik ein Pädagoge oder Psychologe, unterstützt von dem Reitlehrer mit Helfern.

Manche geistig Behinderten sind durchaus in der Lage, dem Pferd unter Anleitung Hilfen zu geben und sogar einfache Hufschlagfiguren zu reiten. Ohne Helfer ist ein selbstständiges Reiten jedoch meistens nicht möglich. Die Freude des Behinderten am Reiten und der Umgang mit dem Pferd allein haben viele positive Auswirkungen nicht zuletzt auch für die betroffene Familie, sein Verhalten in der Schule oder der Behindertenwerkstatt.

Geistig Behinderte können beim Therapeutischen Reiten recht bald in einer kleinen Gruppe gefördert werden, bei **psychisch Kranken** ist dies nur schwer möglich. Sie lassen sich kaum in Gruppen integrieren und brauchen deshalb Einzelunterricht.

Nicht nur die Pferde müssen für den Einsatz im Therapeutischen Reiten absolut ruhig und zuverlässig sein – weshalb die leichteren „Dicken“ für diesen Einsatz hervorragend geeignet sind – auch die **Ausbilder** sollten mit größter Ruhe und mit voller Konzentration „bei der Sache“ sein.

Das richtige Umgehen mit dem **Führzügel** ist für die Arbeit Grundvoraussetzung. Der Zügel wird mit einem Karabinerhaken in eine Kinnstütze eingehakt, das Ende der Schlaufe liegt in der Hand des Pferdeführers, der innen geht und **vor** dem Pferd die Hand wechselt. Seinen Schritt muss er dem des Pferdes anpassen, das heißt den Rhythmus des Pferdes aufnehmen.

Jeder geistig Behinderte erfordert einen **Helfer**. Nach der Grundausbildung der Reiter können diese die Zügel aufnehmen und ganz einfache Übungen reiten. Zur Sicherheit geht der Helfer immer nebenher und greift notfalls ein.

Therapiepferde müssen bei der Arbeit vor allem auf dem Zirkel gehen, sie benötigen besonders viel Kondition und sollten täglich auch „normal" geritten werden, damit sie die beidseitige Wendigkeit durch das verhältnismäßig lange Gehen auf einer Hand nicht verlieren.

Reiten als Sport für Behinderte

Die Paralympics beweisen, dass Menschen mit körperlichen Behinderungen kaum eine Sportart verschlossen bleiben muss. Das trifft auch für den Reitsport zu. Man weiß, dass Reiten auf den Gesamtorganismus und Körper des Menschen positive Auswirkungen hat und dass Reiter diesem Sport regelmäßig bis ins hohe Alter frönen können. Reiten bietet sich deshalb auch für Menschen mit **körperlichem Handikap** an, ob angeborenen, erworbenen, krankheits- und unfallbedingten Behinderungen. Ihre Lebensqualität kann sich dadurch erheblich verbessern.

Die Bewegungsimpulse, die vom Pferd ausgehen, spüren auch Menschen, die sich nie normal bewegen können. Geht das Pferd im Schritttempo, so ähneln seine Bewegungen dem Gangbild des Menschen. Man kann beispielsweise feststellen, dass sich die Bewegungsmöglichkeit eines Spastikers nach dem Reiten um einiges verbessert hat. Auf dem Rücken des Pferdes ist es einem von Geburt an Gehbehinderten möglich, **Gleichgewicht** und **Balance** zu finden. Das setzt natürlich ein vor allem im Schritt taktrein gehendes Pferd voraus.

Dann kennen wir die Gruppe jener Behinderten, denen zum Beispiel ein Bein oder ein Arm amputiert wurde, oder die zahlreichen durch Contergan geschädigten Menschen – oft mit verkürzten oder fehlenden Armen. Sie alle können durch Reiten Selbstvertrauen, Anerkennung und Kontakt zu anderen behinderten oder nicht behinderten Reitern finden. Freilich gehört dazu zunächst einmal Mut und Zuversicht seitens des

Das Reiten für Behinderte erfordert von allen Beteiligten viel Einfühlungsvermögen.

Behinderten – aber noch mehr der Zuspruch des Reitlehrers und dessen Einfühlsamkeit in die Probleme des Reiters. Entsprechende Hilfsmittel wie Veränderungen am Sattel, Steigbügel oder besondere Zügel erleichtern den Einstieg und die weiterführende Förderung.

Vor dem Einsatz des Pferdes als „Therapeut" muss es bis zur **Losgelassenheit** longiert oder geritten werden; nur ein gut durchlässiges Pferd ist für diesen anspruchsvollen „Job" geeignet. Ganz wichtig ist die **Gewöhnung des Pferdes** etwa an Krücken oder Rollstühle oder andere Dinge, die für das Reiten des Behinderten notwendig sind.

Schlechtes Verschnallen des Geschirrs kann den Arbeitswillen des Pferdes stark beeinträchtigen.

Die Ausbildung des Pferdes umfasst wie bei jedem anderen Reitpferd auch, eine korrekte **Longenarbeit**.

Das Rückepferd – ökologischer Waldprofi

Mit dem Einsatz von schwerem Gerät bei der Waldarbeit schienen die schweren Kaltblutpferde überflüssig geworden zu sein. Doch hat in den letzten Jahren das **traditionelle Arbeitsfeld** des Holzrückens mit Pferden eine erfreuliche Wiederbelebung erfahren.

Man musste erkennen, dass die eingesetzten Maschinen weit mehr **Schäden** im Wald verursachten als Holz rückende Pferde. Die Leistungsfähigkeit der schweren Zugmaschinen ist unbestritten, die hinterlassenen Spuren im Wald eher beängstigend. Obwohl besondere Reifen den Druck auf den Waldboden herabsetzen sollen, müssen Bodenverdichtung und Bodenverletzung in Kauf genommen werden. Dagegen richten die großen Hufe des ehemaligen Waldpferdes weniger Schaden an. Das Rückepferd beschädigt zudem weniger stehende Bäume durch Verletzung der Rinde – neben dem ökologischen ein nicht zu unterschätzender **ökonomischer** Faktor. Tonnenschwere Zugmaschinen sind weit weniger wendig als Pferde. Die **Trittsicherheit** macht das Kaltblutpferd auch in schwierigem Gelände, etwa am Berg, den Maschinen überlegen. Dass seine „Abgase“ umweltfreundlich sind, ist Zugabe beim Einsatz des „ökologischen Waldprofis“.

Nicht immer ist das ganz schwere Kaltblut für das Holzrücken geeignet. Die großen, schweren Rassen passen gut mit ihren stärkeren Kraftreserven in das ebene Gelände. Bei zu bergigem Gelände wird das mittelschwere Kaltblut mit gutem Gangvermögen, entsprechender Wendigkeit und ausreichender Zugkraft bevorzugt.

Für die Arbeit als Rückepferd eignen sich Pferde, die auf Grund eines fast phlegmatischen Wesens durch nichts aus der **Ruhe** zu bringen sind. Auf die **Zugbereitschaft** darf sich dies allerdings nicht auswirken. Schreckhafte Pferde sind für die Beschäftigung im Wald nicht am Platz und, nebenbei gesagt, ebenfalls für andere Verwendungsmöglichkeiten auch ein zu riskantes Unterfangen.

Pferde, die recht jung an die Rückearbeit gewöhnt wurden, sind mit den Geräuschen, die brechendes Reisig verursacht oder auch mit im Wege liegendem vermorschten und knackendem Holz vertraut. Auch kennen sie die verschiedenen Bodenbeschaffenheiten und damit einhergehende wechselnde Zugwiderstände. Ackerpferde, die später bei der Waldarbeit Einsatz finden, müssen all dies erst noch lernen.

Während vor Jahrzehnten das Holzrücken für die Pferde Schwerstarbeit bedeutete, sind sie heute nicht mehr völlig auf sich allein gestellt. Maschinen und Pferde ergänzen einander. An gekennzeichneten Rückegassen werden die von den Pferden aus den Waldbeständen gerückten Stämme abgelegt und von dort mit dem Schlepper weiter zu den Waldwegen geschafft. Durch den Einsatz über relativ kurze Strecken werden die Pferde nicht überbeansprucht.

Beim Schleppen von Schwachholz sind dem Einzelpferd, je nach Rasse, Stämme bis zu 0,4 Festmeter oder ungefähr 350 bis 450 kg, dem Gespann das Doppelte zuzustehen. Im Winter auf einer Schneeunterlage darf diese Grenze etwas

Kaltblutpferde werden immer mehr im biologischen Landbau eingesetzt.

überschritten werden. Dicke und sehr lange Stämme oder verkantete Bäume befördert der Schlepper.

Bundesländer und vor allem die Forstämter begrüßen das Pferderücken in ihren Revieren. In einzelnen Ländern erhält der Pferdehalter als Lohn für den höheren Aufwand einen Zuschuss in Form eines erhöhten Tarifes gegenüber dem Rücken mit einem Schlepper.

Kaltblutpferde in der Landwirtschaft

Landwirtschaftliche Betriebe, die ausschließlich Pferde für die zu verrichtenden Arbeiten einsetzen, sind recht selten, aber doch immer mehr anzutreffen. Vor allem **biologisch ausgerichtete** Höfe bedienen sich der traditionellen Bewirtschaftung durch echte Pferdestärken. Die entscheidende Rolle für den Einsatz von Pferden in der Landwirtschaft dürfte aber die Liebe zum Pferd spielen. Bauern, die noch mit Tieren groß geworden sind, bevorzugen die Arbeit mit Pferden. Mit der Anschaffung von Maschinen für die Bewirtschaftung eines kleinen Betriebes sind sie oft finanziell überfordert. Die Berechnungen der **Rentabilität** sind ohnehin pro Pferd ausgerichtet.

15 ha zusammengelegte landwirtschaftliche Fläche lassen sich von zwei mittelschweren Kaltblutpferden arbeitsmäßig bewältigen – vorausgesetzt, es handelt sich um zugwillige Tiere und die dazu gehörigen Geräte entsprechen den zeitgemäßen Entwicklungen. Die Industrie hat sich dem Trend des Einsatzes von ein oder zwei Pferdestärken angepasst und bietet die **moderne**

HINWEIS

Veranstaltungen wie Fuhrmannstage rund um das Kaltblut- oder Arbeitspferd mit Wettbewerben und attraktiven Schaueinlagen locken viele Besucher an und bringen den Menschen die Symbiose Bauer – Arbeitspferd wieder näher.

Technik an. So lassen sich aber nicht nur fast alle Arbeiten im landwirtschaftlichen Betrieb vom Pferd verrichten, auch in **Gärtnereien** und im **Gemüseanbau** sind Pferde tätig.

Kaltblüter im Tourismus

Sanfter Tourismus – das Schlagwort unserer Zeit! Wie könnte er besser als mit Pferden realisiert werden? Erfreulich, dass viele Gemeinden diesen Gedanken aufnehmen.

Es werden Kutsch- oder auch Planwagenfahrten angeboten, die vom Tagesausflug bis zu einer mehrtägigen Reise reichen können. Landschaftlich reizvolle Routen und Plätze, die es sich lohnt, anzufahren und anzuschauen, bieten dem Reisenden ein abwechslungsreiches Programm. Dabei genießt man den Aufenthalt an der frischen Luft – fernab von Hauptverkehrsstraßen und der Hektik des täglichen Lebens.

Beliebt besonders bei Familien mit Kindern sind Ferien auf dem Bauernhof. Wer gerne bei einem Bauern, der Kaltblutpferde hält, Urlaub machen möchte, muss sich rechtzeitig kundig machen. Die Kleinen und natürlich auch die Großen genießen die Ferien und lernen im Umgang mit Pferden deren artgerechte Handhabung. Planwagen- und Kutschenfahrten gehören sowieso fast immer dazu und vielleicht werden sogar Reitstunden auf den gemütlichen „Dicken" angeboten. (Unter anderem kann man bei **www.land-tourismus.de** Auskünfte einholen.)

Ritterpferde

Im Mittelalter wurden großwüchsige und vor allem kräftige Pferde gezüchtet, welche die Ritter samt ihren schweren Rüstungen tragen konnten. Im Kampf mussten diese Streitrösser aber trotzdem noch entsprechend beweglich sein. Die Vorfahren des Shire Horse beispielsweise entstammen diesem Zweck.

Die Rüstung oder der Harnisch diente schon seit dem 2. Jh. v.Chr. dem Schutz des Kriegers. Der „Panzer" hat zahlreiche Entwicklungsstufen durchlaufen und erreichte im 15. Jh. höchste Vollen-

Für die „Dicken" vor dem Planwagen und die Gäste ist die Ausfahrt kein allzu anstrengendes Vergnügen.

dung. Auch der Streithengst wurde zum Schutz vor Verletzungen mit einer Eisenrüstung ausgestattet.

Obwohl vom Typ her prädestiniert, die schwere Eisenrüstung für Pferd und Reiter zu tragen, waren die Ritterpferde nicht immer Kaltblüter und vom Kaliber her eher einem schweren Warmblutpferd zuzuordnen. Die von den Ritterorden während der Kreuzzüge benötigten Pferde hatten Schwerstarbeit zu leisten. Mit Rüstung und Waffen kam der Ritter mit gut drei Zentner in den Sattel. Da die Truppen bis zu ihrem „Einsatzgebiet" täglich oft 50 bis 65 km zurücklegten, wurden die Kampfrösser vor der Schlacht nicht geritten, ein Knappe führte sie als Handpferd. Der Ritter saß leicht geharnischt auf seinem Paradepferd, einem leichteren Reitpferd. Die schwere Rüstung trug unterdessen ein Klepper. Im Kampf musste das Ritterpferd mit Ritter gegen den Feind galoppieren, den Gegner mit wuchtigem Anprall überrennen oder der gegnerische Ritter wurde aus dem Sattel gestochen.

Zur Zeit des Ritterstandes hatte die Zucht des schweren Kriegspferdes ihren Höhepunkt erreicht. Ein Orden in Preußen hielt in seiner Blütezeit 7000 Streitrösser, ausschließlich Hengste, die in 30 Gestüten gezüchtet wurden. Von der Größe und Macht der Ritterorden zeugt noch die Marienburg in Westpreußen. Sie war 1309 bis 1457 die Residenz des Hochmeisters des Deutschen Ordens.

Die in den Küstenländern der Nord- und Ostsee gezüchteten Kaltblutpferde wie der Däne, auch Jütländer genannt, waren als mächtige, kraftvolle Streitrösser geschätzt. In dem mittelalterlichen Heldenlied von Parzival werden diese Pferde besungen als: „Nicht zu groß, doch stark genug, War das Pferd, das ihn trug, Um Pferdeschöne nicht betrogen, Am Zaum aus Dänemark hergezogen, Oder auf dem Meer gebracht".

Mit der Erfindung des Schießpulvers im 14. Jh. und veränderten ökonomischen Gegebenheiten im 16. Jh. ging der Verfall des Rittertums einher. Die Streithengste des Deutschen Ordens wurden nicht mehr gebraucht und fanden in der Zucht schwerer Zugpferde Verwendung. Die Ermländer Pferde, die von den ostpreußischen Bauern und auf Gütern als Ackergäule gehalten wurden, gingen aus der Nachzucht der Ordenspferde hervor.

Ritterspiele

Ein Publikumsmagnet sind mittelalterliche Ritterspiele und Mittelaltermärkte, die vielerorts durchgeführt werden. Veranstaltungskalender finden sich im Internet unter: Mittelalterliche Feste, Mittelalterliche Märkte, Ritterturniere.

Kauf

Wie vor der Anschaffung eines jeden Lebewesens müssen auch dem Kauf eines Kaltblutpferdes gründliche Überlegungen vorausgehen. Es darf nie aus einem spontanen Entschluss heraus erworben werden, denn nur nach Abwägen des Für und Wider zum eigenen Pferdebesitz kann man sich über die künftigen Aufgaben, Freuden und auch Belastungen Klarheit verschaffen.

Überlegungen zuvor

Mit dem Kauf allein und dem „Besitzen" ist es nicht getan. Das Pferd will gefüttert, gepflegt und bewegt werden – und das regelmäßig und pünktlich, zumindest was das Füttern anbelangt. Neben der großen **Verantwortung**, die der Halter dem Tier gegenüber hat, muss er auch die nötige **Zeit** erübrigen, um die anstehenden Arbeiten, die mit dem Pferdebesitz nun einmal verbunden sind, sorgfältig zu erledigen.

Dann gilt es zu bestimmen, wer sich künftig des neuen „Familienmitgliedes" annimmt. Mit einer vernünftigen **Arbeitsteilung** lassen sich die Aufgaben aber gut bewältigen.

Vor allem anderen muss natürlich vor dem Kauf überlegt werden, wo das Pferd künftig leben soll. Bauliche und rechtliche Vorschriften sind bei der **Unterbringung** zu beachten, die vor dem Kauf abgeklärt werden müssen. Das innigste Verhältnis zwischen Halter und Pferd entwickelt sich zweifellos dann, wenn sich der Stall direkt am Haus oder in unmittelbarer Nähe befindet. Wird dem Stall noch ein genügend großer Auslauf angegliedert, würde das schon einer optimalen Haltung entsprechen.

Beim Vorhandensein einer **Weide** braucht das Pferd, entsprechend der vorausgegangenen Haltung beim Vorbesitzer, einen windgeschützten Unterstand, der auch Nässe abhält. Auch gegen große Hitze müssen genügend Schattenspender vorhanden sein. Häufig nehmen Landwirte auch Pferde in Pension. Meist ist dann auch das Füttern des Pferdes und das Ausmisten der Box im Pensionspreis enthalten.

Bei all den genannten Möglichkeiten der Unterbringung fehlt jedoch in der Regel eine **Reithalle**. Wer allerdings bei Wind und Wetter und auch in praller Sonne draußen reiten möchte, braucht diese freilich nicht. Eine Reithalle zu benutzen, ist bei Einstellung des Pferdes bei einem privaten Reitstall oder Reiterverein gegeben. Die Anmietung einer Box im Verein oder bei privaten Reitanlagenbesitzern ist dabei die kostspieligste der verschiedenen Unterbringungsmöglichkeiten.

So ganz ohne jegliche Gesellschaft möchte auch ein Kaltblutpferd nicht untergebracht werden. Es ist ein **Herdentier**, und wenn es schon der Möglichkeit beraubt wird, sich in der Herde mit seinesgleichen aufzuhalten, dann müssen ihm die Menschen weitgehend den Anschluss verschaffen, den ein Tier, das seit Urzeiten gewohnt ist, in der Gemeinschaft zu leben, dringend braucht, um vom Gemüt her gesund zu bleiben. Das heißt nun aber nicht, dass unbedingt ein zweites Pferd angeschafft werden müsste. Es wäre zwar eine ideale Lösung, dürfte jedoch oft aus mancherlei Gründen nicht realisierbar sein. Als Alternative bietet sich die Gruppenhaltung in einer Pferdepension oder in Haltung mit einem zweiten Kaltblutpferd bei einem Landwirt.

Bei der Haltung verschiedener Pferderassen ist zu beachten, dass die Tiere nicht nur vom Temperament her zusammen passen, sondern auch von Größe und Gewicht in etwa stimmig sind.

Rechte Seite: Durch das gegenseitige Beknabbern pflegen Pferde den Sozialkontakt untereinander.

Zur Fütterungszeit kommt es in Gruppenauslaufhaltungen manchmal zu Eifersuchtsszenen.

VORSICHT BEI GRUPPENHALTUNG!

Ein junger, womöglich spät kastrierter Kaltbluthengst kann in eine bestehende Warmblutherde ganz schön **Unruhe** bringen, wenn er versucht, sich die leichteren Pferde „untertan" zu machen.

Ein zartes Araberstütchen ist bei Machtkämpfen mit einem XXL-Typen ziemlich verloren und sowohl der Betreiber eines Offenstalles mit **Gruppenhaltung** als auch der Kaltblutbesitzer müssen überlegen, wie sie den schweren Kaltblüter am besten vergesellschaften.

Ideal in einer Gruppe sind natürlich etwa gleichgewichtige und sich ebenbürtige Pferde. Es gibt aber auch Freundschaften zwischen ganz unterschiedlichen Rassen!

Neben Besitz und Unterbringung muss Klarheit über den **Verwendungszweck** des Tieres bestehen. Die meisten Kaltblutpferderassen sind sehr vielseitig und nahezu für jeglichen Gebrauch einsetzbar. Naturgemäß eignen sich die leichteren Kaltblutrassen eher als Reitpferd als die ganz schweren XXL-Typen. Zum Reiten schlechthin ist freilich auch ein ganz Dicker zu gebrauchen, wer eventuell aber schon Dressurambitionen hegt, sollte sich doch lieber einer leichteren Rasse zuwenden. Wer ein Reit- oder Fahrpferd sucht, ist mit einem Vierbeiner, der nie ernsthaft „gearbeitet" wurde, schlecht beraten. Er muss erst einmal von Grund auf lernen, was es heißt, unter dem Sattel oder Reiter zu gehen oder eingespannt zu werden.

Ein ungleiches Paar bei der Fellpflege: Schwarzwälder Wallach und Ponystute.

Wenn beim Kaufinteressenten selbst aber fundierte reiterliche und fahrtechnische Fähigkeiten zur Ausbildung eines Pferdes fehlen, sollte er sich lieber nach einem Tier mit entsprechendem Ausbildungsstand umsehen, es sei denn, es steht ihm eine qualifizierte Kraft zum Anreiten oder Einfahren seines Pferdes zur Verfügung.

Wo kauft man ein Kaltblutpferd?

Eine Anzeige mit einem zum Verkauf stehenden Kaltblutpferd gibt oft den letzten Anstoß, lang gehegte Kaufabsichten zu realisieren, besonders dann, wenn das Pferd in der Nähe zu besichtigen ist. Bei ernsthaftem Erwerbsvorhaben nimmt man aber auch eine weitere Anreise in Kauf. In **Verkaufsannoncen** bieten sowohl Hobbypferdehalter, die sich aus welchen Gründen auch immer von ihrem Pferd trennen wollen, als auch Züchter ihre Kaltblüter an. Der Kauf beim **Züchter** hat den unbestreitbaren Vorteil, in der Regel auch die Mutterstute des angebotenen Pferdes vor Ort mit ansehen zu können.

Ein größerer Züchter hält vielleicht sogar das Vatertier selbst. Bei einem älteren Pferd ist diese Möglichkeit allerdings meist nicht gegeben, weil die Elterntiere nicht mehr am Leben sind. Adressen seriöser Züchter vermitteln die einzelnen Kaltblutzuchtverbände, deren Anschriften bei den Porträts der einzelnen Rassen wiedergegeben sind.

Neben dem **privaten** Pferdeangebot steht das des **Händlers**. Als Drittes bieten noch Fohlen- und **Pferdemärkte** Gelegenheit zum Erwerb eines Kaltblutpferdes. Einerlei, wo man nun zu kaufen beabsichtigt, für das erstbeste Pferd sollte man sich nicht entscheiden. Erst das Ansehen mehrerer zum Verkauf stehender Tiere bietet die Möglichkeit, Vergleiche zu ziehen, um dann erst nach reiflicher Überlegung die endgültige Wahl zu treffen.

Worauf zu achten ist

Wenngleich Pferdekauf in erster Linie eine Vertrauenssache ist, sollte doch der Käufer einige wichtige Punkte nicht außer Acht lassen. Hat er irgendwelche Zweifel an der Glaubwürdigkeit der Aussagen des Verkäufers, empfiehlt es sich, dort lieber nicht zu kaufen. Wer selbst nicht genügend **Fachkenntnis** zur Beurteilung eines Pferdes besitzt, bittet eine kompetente Person seines Vertrauens, ihn beim Pferdekauf oder schon beim vorherigen Besichtigen fachmännisch zu beraten.

Auf einem Pferdemarkt bietet sich die Gelegenheit, mit Züchtern der ins Auge gefassten Rasse zu reden und sich bezüglich der Haltung zu erkundigen.

Der Sozialkontakt zwischen Mensch und Pferd sollte nicht nur beim Putzen stattfinden.

Da stellen sich zuerst die Fragen nach dem Grund des Verkaufs und wie lange das Pferd im Besitz des Verkäufers war. Häufige **Besitzerwechsel** sprechen meist nicht dafür, dass es sich um ein in allen Punkten einwandfreies Tier handelt. Das Pferd sollte einen guten **äußeren Eindruck** machen, das heißt, im Sommer soll das Fell kurz und glänzend sein, im Winter kann dies vor allem von robust gehaltenen Tieren nicht erwartet werden. Bei kurzgeschnittener Mähne könnte ein **Sommerekzem** vorliegen. Darüber sollte die Frage an den Verkäufer Aufschluss geben, ob sich das Pferd im Sommer häufig scheuert.

Befindet sich das Pferd zum Zeitpunkt der Besichtigung auf der Weide, kann beobachtet werden, ob es sich leicht und ohne Schwierigkeiten **einfangen** lässt. Man streiche ihm über den Kopf und über den Rücken bis zur Kruppe. Wenn es den Kopf abwehrend wegdreht, bereitet es möglicherweise auch beim Auftrensen Schwierigkeiten, ebenso wie das Nichtstreichelnlassen und **Abwehrreaktion** bei etwas Klopfen der Sattellage auf Sattelzwang schließen lässt. Das Pferd muss **ruhig** stehen, sich rundherum **anfassen** lassen und auch das Heben der vier Beine darf kein Problem darstellen.

Beim Aufheben der Beine ergibt sich die Gelegenheit, die **Hufe** auf ihre Beschaffenheit und Gesundheit zu überprüfen. Dazu ist es notwendig, einen Hufkratzer bei sich zu haben.

Den **Beinen** des Pferdes ist besonderes Augenmerk zu widmen, da nur klare, gesunde Beine leistungsfähig sind. Ferner ist auf **Gebäudefehler** zu achten, die möglicherweise die Gebrauchsfähigkeit beeinträchtigen. Die Vorführung des Pferdes geschieht an der Hand in allen **Gangarten**. Der Schritt soll nicht übereilt, ruhig und frei sein, der Trab geschmeidig und raumgreifend, der Galopp ruhig und springend. Wird ein bereits **angerittenes** und **eingefahrenes** Kaltblutpferd präsentiert, ist zu beobachten, wie es den Reiter aufsitzen lässt, ob es dabei ruhig stehen bleibt und sich nach **Hilfengebung** wegreiten lässt. Es darf nicht an anderen Pferden, sofern vorhanden, „kleben", was ein Herdentier gerne tut. Auf einer belebten Straße sieht der Kaufinteressent, ob das Pferd **verkehrssicher** ist, vor Autos und anderen, Lärm verursachenden Fahrzeugen nicht scheut.

Schließlich reite oder fahre der künftige Besitzer das Pferd selbst, um festzustellen, ob er sich mit ihm in voller Übereinstimmung finden kann. **Unarten** wie Steigen, Ausschlagen, Beißen und Ausbrechen aus der Koppel lassen sich während einer Besichtigung nicht ohne Weiteres erkennen. Hier muss man der Versicherung des Verkäufers Glauben schenken und auch nachfragen, wie sich das Pferd beim **Schmied** verhält. Das schlechte Benehmen eines Pferdes spricht sich meist in Pferdekreisen schnell herum und der Verkäufer müsste schon sehr skrupellos handeln, wenn er eine Unart bewusst verschweigt.

Auch über die **Fressgewohnheiten** sollte man sich beim Vorbesitzer erkundigen. Erwünscht sind gute Fresser und ebensolche Futterverwerter. Eine vor dem Kauf durchgeführte tierärztliche **Ankaufsuntersuchung** gibt weitgehend Sicherheit über den Gesundheitszustand des Pferdes und die Beschaffenheit der Extremitäten.

Über das Ergebnis der Untersuchung wird ein Protokoll gefertigt. Eine Ankaufsuntersuchung räumt unter Umständen beiden am Kauf beteiligten Parteien späteren Ärger aus dem Weg und sollte vom Käufer stets verlangt werden.

ANKAUFSUNTERSUCHUNG

In der Ankaufsuntersuchung durch den Tierarzt wird der äußerliche Zustand des Pferdes dokumentiert:
- die Stellung der Beine,
- der Zustand der Hufe,
- der Futterzustand und die Qualität des Fells,
- der optischen Eindruck im Stehen und in der Bewegung,
- die Beine und Gelenke,
- die Lunge und das Herz (abhören und mit dem Pulsschlag vergleichen),
- die Zähne und die Augen.

Der Verkäufer muss der Ankaufsuntersuchung zustimmen.

Durch Einsicht in die **Abstammungspapiere** des Pferdes lässt sich feststellen, ob die darin angegebene Farbe, Abzeichen und andere Besonderheiten mit dem angebotenen Pferd übereinstimmen.

Altersbestimmung durch die Zähne

Beim Kauf eines Pferdes ohne Abstammungspapiere kann das Alter am Gebiss ziemlich genau ermittelt werden. Kleine Abweichungen sind rasse- oder fütterungsbedingt. Ständige Weidegänger haben durch mit dem Gras aufgenommenen Sand schneller abgenutzte Zähne als Pferde aus Stallhaltung.

Man unterscheidet zwischen Milchzähnen und bleibenden Zähnen. Außer den drei letzten Backenzähnen (Molaren) wechseln alle Zähne. Die mittleren Zähne des Gebisses heißen Zangen, beidseitig davon liegen die Mittelzähne, anschließend die Eckzähne = 6 Schneidezähne. Je drei Prämolare (Vordere Backenzähne) und drei Molare (Backenzähne) vervollständigen das Gebiss. Der Hengst oder Wallach besitzt zwischen den Schneide- und Backenzähnen einen so genannten Hakenzahn, der ganz selten auch bei Stuten auftreten kann. Das bleibende Pferdegebiss weist beim Hengst 40 und bei der Stute 36 Zähne auf.

Die Zahnformeln lauten:

Hengst/Wallach

$$\text{Oberkiefer: } \frac{3\ 1\ 3\ 3}{3\ 1\ 3\ 3} \text{ :Unterkiefer}$$

Oberkiefer: 3 1 3 3
Unterkiefer: 3 1 3 3

Stute

Oberkiefer: 3 0 3 3
Unterkiefer: 3 0 3 3

Innerhalb der ersten Lebenswoche erscheinen beim Fohlen die Milchzangen des Ober- und Unterkiefers (manchmal sind sie beim neugeborenen Fohlen schon vorhanden), ebenso wie die Milchprämolare. Nach vier bis sechs Wochen kommen die Mittelzähne durch und im Alter von sechs bis neun Monaten treten die Eckzähne in Erscheinung. Das Milchgebiss des Hengstfohlens besteht aus 28, das des Stutfohlens aus 24 Zähnen. Im Alter von einem Jahr bricht der erste bleibende Backenzahn durch, mit etwa zwei Jahren der zweite und mit etwa vier Jahren der dritte sowie der bleibende Hakenzahn.

Die Milchzähne unterscheiden sich von den bleibenden Zähnen in Größe, Form und Farbe. Während erstere von glänzend weißer Farbe und relativ klein sind, weisen die großen bleibenden Zähne eine gelbliche Verfärbung auf. Eine Verjüngung zur Basis zeichnet den Milchzahn aus, der bleibende Zahn zeigt von der Basis bis zur Reibefläche den gleichen Durchmesser.

Das Alter des Pferdes wird anhand der Schneidezähne (Zangen, Mittelzähne und Eckzähne) festgestellt. Die einzelnen Schneidezähne wechseln zu verschiedenen Zeitpunkten und zwar mit zweieinhalb Jahren die Zangen, mit dreieinhalb Jahren die Mittelzähne und mit viereinhalb Jahren die Eckschneidezähne. Bis der neue Zahn seine volle Größe erreicht hat, vergeht jeweils ein halbes Jahr. Danach erst tritt eine Reibung der sich

Schwarzwälder Kaltblutpferde mit Fohlen auf der Koppel.

gegenüberliegenden Schneidezähne auf. An dieser Reibefläche zeigen sich an den Zähnen so genannte Kunden, Einstülpungen in die Zahnmasse. Die Vertiefungen des Unterkiefers sind nur halb so ausgeprägt wie die des Oberkiefers. Man rechnet mit einer Abnutzung von 2 mm pro Jahr. Demnach wären die Kunden des Oberkiefers nach sechs Jahren und die des Unterkiefers bereits nach drei Jahren nicht mehr vorhanden. Da Zangen, Mittelzähne und Eckschneidezähne unterschiedlich wechseln und demzufolge verschieden lang in Reibung stehen, verschwinden auch die Kunden nicht zur gleichen Zeit. Die Kunden der Unterkieferzangen sind mit sechs Jahren abgerieben, die der Unterkiefermittelzähne mit sieben Jahren, während die Eckschneidezähne des Unterkiefers mit acht Jahren keine Kunden mehr aufweisen. Infolge der doppelten Länge der Oberkieferkunden sind diese an den Zangen mit neun Jahren abgerieben, an den Mittelzähnen mit zehn und an den Eckschneidezähnen mit elf Jahren. Die dann noch über der Reibefläche etwas hervorragende Kundenspur verschwindet zwischen dem 13. und 15. Lebensjahr.

Danach kann das Alter des Pferdes nur noch durch die Form der Reibeflächen im Unterkiefer ermittelt werden, die sich zwischen dem zwölften und 17. Jahr noch rundlich und später dreieckig und bei ganz alten Pferden längsoval darstellen.

Beim jungen Pferd schließen die Schneidezähne des Ober- und Unterkiefers wie eine Zange. Dieses Zangengebiss verändert sich im Laufe der Zeit. Zwischen dem achten und 17. Lebensjahr nehmen die Zähne eine mehr vorwärts gerichtete Position ein. Dieser Übergang endet schließlich in einem so genannten Winkelgebiss bei einem Pferd über 18 Jahre. Infolge der Zahnstellungsänderung tritt mit neun Jahren etwa an den Eckschneidezähnen des Oberkiefers ein Einbiss auf, der aber im Alter von elf bis zwölf Jahren wieder verschwindet.

Kaufvertrag

Ein Pferdekauf wurde früher durch Handschlag besiegelt. Das mag allenfalls für den ausgehandelten Kaufpreis auch heute noch Gültigkeit haben, der sich aber in dem unabdingbar abzuschließenden Kaufvertrag ohnehin wiederfindet.

Ein Kaufvertrag sollte auch im Hinblick auf die neue Gesetzeslage abgeschlossen werden, da der Pferdehandel jetzt den Regeln des Verbrauchsgüterverkaufs folgt. Ob das Pferd frei von Mängeln ist, wird durch die „vereinbarte Beschaffenheit“ des Pferdes geregelt und sollte unbedingt schriftlich festgehalten werden.

Rossmarkt in St. Märgen. Bewertung der Stuten 1997.

Das neue Recht

Die Vorschriften des Viehkaufrechts des Bürgerlichen Gesetzbuches (BGB) mit den §§ 481 bis 492 unter dem Begriff „Kaiserliche Verordnung betreffend die Hauptmängel und Gewährsfristen beim Viehhandel“ vom 27.03.1899 sind mit Wirkung vom 01.01.2002 ersatzlos weggefallen. Nach dieser alten Regelung konnte aus folgenden Gründen ein Pferdekauf rückgängig gemacht werden: bei Rotz, Dämpfigkeit, Dummkoller, Kehlkopfpfeifen, periodischer Augenentzündung, Koppen.

An die Stelle der so genannten **Gewährsmängel** ist eine Garantieleistung für **Sachmängel** getreten. Das Pferd muss beim Handel/Kauf frei von Sachmängeln sein. Das ist dann der Fall, wenn das Pferd eine vereinbarte Beschaffenheit hat, es sich für den Zweck eignet, den beide Vertragsparteien im Vertrag vorausgesetzt haben und sich das Pferd für die üblichen Zwecke eignet oder wie sie beispielsweise bei ähnlichen Tieren (Sachgegenständen) üblich sind.

Die zweiwöchige **Gewährsfrist** bei den genannten Hauptmängeln und auch die Gewährsfrist bei Nebenmängeln, soweit sie vertraglich vereinbart waren, entfällt. Nach dem novellierten Schuldrecht hat lt. § 433 Abs. 1 Satz 2 BGB – neu – der Verkäufer die Verpflichtung, dem Käufer eine mangelfreie „Sache“ zu verschaffen. Ein Tier ist dann mangelfei, wenn es bei Gefahrübergang (Übergabe des Pferdes) die vereinbarte Beschaffenheit hat. Im Falle eines Mangels kann nach §§ 437, 439 BGB – neu – der Käufer zunächst Nacherfüllung verlangen, entweder in Form der Beseitigung des Mangels oder Ersatzlieferung. Kommt der Nacherfüllungsanspruch (Mängelbeseitigung oder Ersatzlieferung) nicht zustande, dann kann der Käufer gem. § 437 Nr. 2 und Nr. 3 BGB – neu – vom Vertrag zurücktreten, den Kaufpreis mindern, Schadensersatz gem. §§ 440, 280, 281 BGB – neu – verlangen. Rücktritt vom Vertrag heißt Rückgängigmachung des Vertrages durch Rückgewähr der jeweils ausgetauschten Leistungen (Geld zurück/Pferd zurück).

Die Beweislast, dass ein Mangel besteht und dass er bereits bei Gefahrübergang bestand, liegt grundsätzlich beim Käufer – eine Beweislastregel, die nicht neu ist. Neu ist im neuen Schuldrecht die Verjährung geregelt; sie beträgt jetzt zwei Jahre (§ 438 Abs. 1 Nr. 3 BGB – neu). Zeigt sich bei einem von einem gewerblichen Verkäufer erworbenen Pferd innerhalb von sechs Monaten seit Gefahrenübergang ein Sachmangel, wird vermutet, dass das Pferd bereits bei Gefahrübergang (Übergabe) mangelhaft war. Der Verkäufer müsste das Gegenteil beweisen.

Ausbildung des Reit-, Fahr- und Zugpferdes

Die Ausbildung des Pferdes richtet sich nach dem späteren Verwendungszweck. Als Vorbereitung erhalten alle Pferde eine ähnliche **Grundausbildung**. Danach aber wird beispielsweise das ausschließlich als Zug- und Arbeitstier eingesetzte Kaltblut anders weiter ausgebildet als das Fahr-, Reit- oder Rückepferd.

Der Umgang mit Kaltblutpferden

Je mehr sich der Mensch mit seinem Vierbeiner beschäftigt, um so intensiver und unkomplizierter gestalten sich die Beziehung und das Verhältnis zwischen beiden. Bereits das Fohlen darf menschlichen Kontakt nicht entbehren, wenn es sich dem Menschen voller **Vertrauen** anschließen soll. Der Pferdehalter muss versuchen, sich in das Pferd hineinzudenken und herauszufinden, welche Ursachen einem bestimmten Verhalten zugrunde liegen.

Widersetzlichkeiten treten nicht deshalb zutage, weil das Pferd bösartig wäre. Kein Pferd wird bösartig geboren, und wenn es später störrisch und widerspenstig reagiert, ist dies in der Regel das Resultat falscher Behandlung. Aber auch Angst und Schreckhaftigkeit können ein Pferd scheinbar ungezogen reagieren lassen. Die ganze Einfühlsamkeit des Pferdehalters ist nötig, um das Verhalten des ihm anvertrauten Tieres genau zu interpretieren.

Niemals darf ein Pferd für eine aus Angst oder Erschrockenheit begangene **Widersetzlichkeit** bestraft werden – dies ruft letztlich nur noch mehr Angst hervor. Nur gütiges Zureden und Geduld können dem Pferd so viel Vertrauen geben, dass es seine Angst schließlich überwindet. Vielleicht ist das Pferd aber auch einfach nur übermütig als Ausdruck von zu wenig Beschäftigung. Übermut lässt sich zwar weitgehend durch entsprechende Fütterung regulieren, das darf aber auf keinen Fall die regelmäßige Betätigung ausschließen.

Nur wirklicher Ungehorsam verdient eine **angemessene Reaktion**, die der „Tat" aber auf dem Fuße folgen muss, denn nur dann kann das Pferd folgerichtig verknüpfen, wofür die Korrektur stattfand. Falsche oder zu spät einsetzende Strafen verunsichern das Pferd und rufen weitere unerwünschte Reaktionen hervor. Wird dem Pferd in ihm verständlicher Weise der Wille des Halters übermittelt, so folgt es auch entsprechend.

In der Erziehung spielen Worte eine wichtige Rolle. Des Wortes eigentliche Bedeutung begreift das Pferd natürlich nicht, wohl aber den Tonfall der **Stimme**. Kurz und energisch gesprochene Worte verfehlen ihre Wirkung nicht, wenn sie anfangs noch von einem leichten Klaps begleitet werden. Infolge ihres sprichwörtlichen „Pferdegedächtnisses" für unangenehme Dinge kann der Klaps bald unterbleiben. Der Hörlaut allein führt dann bereits zum Wohlverhalten. Eine beruhigende Stimme, begleitet von Klopfen am Hals des Pferdes, übermittelt ihm Vertrauen.

Allein dieses Vertrauen macht die glückliche Beziehung Mensch/Pferd aus. Um dies zu erreichen, braucht man schier unendliches **Einfühlungsvermögen** und viel **Geduld**. Bei dem zwar eigenwilligen, charakterlich aber doch unkomplizierten Kaltblutpferd ist dies nicht immer leicht. Die rasche Auffassungsgabe des Pferdes kommt dem Halter aber sehr entgegen.

Das **Herdenverhalten** der Pferde bereitet zuweilen Probleme. Das merkt man am ehesten beim Versuch, ein einzelnes Tier aus der Herde herauszunehmen. Es klebt an seinesgleichen. Als nützlich erweist es sich, bereits das Fohlen kurz

Rechte Seite: Zwei fleißige Vertreter des Süddeutschen Kaltbluts mit Kummetgeschirr beim Holzrücken.

Größere Kinder können mit leichten Aufgaben in der Pferdehaltung betraut werden.

Vor jeder Ausbildung steht die Halfterführigkeit; die Halterhand sollte schon kräftiger zupacken.

von seiner Mutter zu trennen, auch wenn damit natürlich der Herdentrieb nicht unterbunden werden kann und auch nicht soll.

Ein Pferd ist nicht in der Weise wie ein Hund dem Menschen gegenüber anhänglich und untertan. Trotzdem muss auch im Zusammenspiel von Mensch und Pferd ersterer der dominierende Teil sein. Mit viel Verständnis, aber doch energisch und sicher auftretend, muss er seinen Platz behaupten. Dabei hilft Geschick und manchmal sogar ein wenig Überlistung. Über die Belohnung lässt sich fast alles, mit Gewalt hingegen nichts erreichen.

HINWEIS

Kinder sollten zunächst nur unter Aufsicht an den Umgang mit Pferden gewöhnt werden, weil vor allem jüngere Kinder noch nicht die nötige, verstandesmäßige Einstellung zur Kreatur besitzen.

Zum artgerechten Umgang mit den Kaltblutpferd gehört auch, dass es genügend beschäftigt wird. Ausschließlicher Weidegang ohne Abwechslung macht ein Pferd träge. Hier wie auch bei der Übermütigkeit durch zu reichlich Kraftfutter, ist Arbeit, sei es an der Longe, unter dem Reiter oder im Geschirr, dringend indiziert.

Zunächst muss das Pferd mit dem **Anlegen der Trense** vertraut gemacht werden. Am häufigsten wird die so genannte Wassertrense mit einem dicken Mundstück verwendet. Das Gebiss muss an den Maulwinkeln anliegen, ohne diese hochzuziehen. Zwischen Kehlriemen und dem Kehlgang findet bei ausgestrecktem Pferdekopf noch eine flache Hand Platz. Etwa vier Finger breit über dem oberen Nüsterrand liegt der Nasenriemen. Beim richtigen Verschnallen des Kinnriemens kann das Pferd noch kauen. Der **Nasenriemen** darf weder zu weit geschnallt sein (er soll das Aufsperren des Maules verhindern), noch darf er zu eng sein: die richtige Lage ist unter den Backenknochen. Zum Auftrensen spricht man das Pferd zuerst an und

Süddeutsches Kaltblut bei der Arbeit an der Doppellonge. Hier wird das Pferd langsam an das Geschirr gewöhnt und die Doppellonge ersetzt die Leinen.

geht von links an das Tier heran. Während die rechte Hand das Kopfstück hält, legt die linke das Gebiss ein. Bei Pferden, die nicht willig das Maul öffnen, empfiehlt es sich, den linken Daumen in die obere Maulspalte hineinzuschieben. Dann legt man das **Kopfstück** über die Ohren und zieht den Schopf nach vorne. Zuletzt werden Kehlriemen und Reithalfter geschlossen. Das alles muss mit größter Ruhe vor sich gehen und das Pferd darf sich nicht eingeengt fühlen.

Vor jeglicher Arbeit mit dem Kaltblutpferd sollte dieses **aufgewärmt** werden. Dabei kann das Zugpferd im Schritt fünf bis zehn Minuten geführt werden, bevor es angespannt wird. Das Reitpferd führt man vor dem Aufsitzen einige Zeit außerhalb oder in der Halle oder reitet es einige Runden im Schritt am langen Zügel. Pferde aus Offenstallhaltung benötigen weniger Aufwärmung, sie sind im Vergleich zum Boxenpferd mehr und ständig in Bewegung. Die ersten zehn Minuten sollte aber auch ein Offenstallpferd in jedem Fall Schritt gehen.

Die Grundausbildung

Allen Pferden, einerlei ob späteres Reit- und Fahrpferd, Arbeits- oder Zugpferd, kommt eine Ausbildung an der Hand entgegen, die übrigens eine lange Tradition hat.

Bodenarbeit

Die Bodenarbeit hat den Vorteil, dass sie überall ausgeführt werden kann, keine Reithalle oder ein besonderer Platz sind dazu nötig. Ein Stück Wiese erfüllt völlig ihren Zweck. (Zur Ausrüstung für die Bodenarbeit siehe auch unter „Führtraining".) Bei der Bodenarbeit gewinnt das Pferd Vertrauen zu seinem Ausbilder. Es erkennt, dass nichts von ihm verlangt wird, das ihm Angst bereiten könnte. Die beruhigende Stimme des Menschen ist hier wieder das wichtigste Mittel zur Vertrauensbildung.

Während dieser Ausbildungsphase kann man das Pferd auch mit den verschiedensten **Geräu-**

schen konfrontieren, die es später vielleicht einmal aus der Ruhe bringen könnten, zum Beispiel auch laute Musik. All das wird häppchenweise „serviert“; es darf nicht versucht werden, das Pferd an einem Tag lärmunempfindlich zu machen.

Verschiedene **Gegenstände** wie Eimer, Tonnen, Plastiksäcke können zur Aufstellung eines Parcours genutzt werden. Zwischen seitlichen **Begrenzungen** durchgehen ist eine ganz wichtige Vorübung für das spätere Zugpferd. Es lernt so die Breite abzuschätzen, die nötig ist, um auch noch mit angehängtem Zug unbeschadet „durch“ zu kommen.

Über auf dem Boden liegende **Stangen** soll das Kaltblut nicht hinweg stolpern; es muss hinsehen, damit es Abstände einzuschätzen lernt und dann seine Hufe gezielt darüber setzen kann. Den späteren Rückepferden kommt die Bodenausbildung besonders zugute. Sie entwickeln ein feines Gespür für den besten Weg und dafür, ob der zu rückende Stamm zwischen den Bäumen problemlos hindurch passt.

Das bei Widersetzlichkeiten angewandte **Rückwärtsrichten** hat nur in Maßen einen erzieherischen Effekt. Der „Rückwärtsgang“ ist für Pferde durch die tief gesenkten Hanken äußerst anstrengend. Man sollte statt dessen vielmehr versuchen, die Ursache etwa für verweigertes Anziehen zu ergründen und abzustellen, denn ohne Grund verweigern sich die zug- und arbeitswilligen Kaltblüter nicht.

Longieren

In der Anfangsausbildung kann das Pferd an der Longe, einer etwa 7 m langen Leine arbeiten. Für das Anlongieren wird ein **Kappzaum** benutzt, damit das junge Pferd – im Maul ungestört – lernt, sich auf dem Zirkel vorwärts zu bewegen. Als Zirkel eignet sich anfangs eine entsprechende kreisförmige Fläche. Erst nachdem das Pferd gut gymnastiziert wurde, wird es mit Zaumzeug und Ausbindezügeln ausgerüstet. Ferner braucht man eine Longierpeitsche.

Der Kappzaum ist ähnlich einem stabilen Stallhalfter, wobei der Nasenriemen gut gepolstert sein muss; er ist mit Beschlägen und einem Ring zum Verschnallen der Longe versehen. Das eine Ende der Longe wird in das Kinnstück der Trense eingeschnallt, während das andere Ende und die je nach der Größe des Longierzirkels übrig bleibende Schlaufen in der Hand des Longierenden liegen. Beim Longieren auf der linken Hand wird die Longe mit der linken, beim Longieren auf der rechten Hand mit der rechten Hand geführt.

Die **Longenhaltung** ist derart, dass sie jederzeit eine Verlängerung oder Verkürzung ermöglicht, wobei die Longe nie durchhängen darf. Zum Longieren des jungen Pferdes finden Ausbindezügel Verwendung, die durch einen Gummiring oder ein kräftiges Gummiband in der Mitte elastisch gehalten werden. Man schnallt die Ausbindezügel in die Trensenringe und befestigt sie am Longiergurt oder am Sattelgurt, falls das Pferd bereits an das Tragen eines Sattels gewöhnt ist.

Das Verkürzen des inneren Zügels bewirkt eine leichte Biegung des Pferdes auf der Kreislinie des Longierzirkels. Da sich ein junges Pferd aber noch nicht zu biegen vermag, ohne dass die noch weichen Muskeln und Gelenke geschädigt würden, darf der innere Ausbindezügel höchstens um ein Loch verkürzt werden. Der Longierende befindet sich in der Mitte des Kreisbogens und dreht sich dabei stets mit Front zum Pferd. Anfangs erweist es sich als nützlich, wenn eine Hilfsperson das Pferd führt und beruhigt. Ebenso wichtig wie die vorgenannten Hilfen ist beim Longieren der Einsatz der beruhigenden Stimme, die gegebenenfalls auch aufmunternd wirken kann.

Geht es linksherum im Zirkel (auf der linken Hand), hält die linke Hand des Longierenden die Longe, während in der rechten Hand die Longierpeitsche liegt, die für gleichmäßige Vorwärtsbewegung des Pferdes sorgt, indem sie mit der Spitze in Richtung Sprunggelenk des Pferdes von hinten nach vorn bewegt wird. Das Longieren des Pferdes geschieht sowohl links als auch auf der rechten Hand, um es gleichmäßig zu gymnastizieren. Das anfänglich nur etwa 15 Minuten dauernde Longieren kann allmählich bis auf eine halbe Stunde ausgedehnt werden.

Durch die Longenarbeit soll das junge Kaltblutpferd ruhig und entspannt zu taktmäßigen Bewegungen in allen Gangarten kommen. Hier lernt es auch, sich dem Willen des Ausbilders unterzuordnen und dessen Kommandos zu verstehen.

Arbeit an der Doppellonge

Die Arbeit an der Doppellonge ist auch für das künftige Fahr- und Rückepferd eine gute Vorbereitung. Wenn es später in der Lage ist, Zugleistung zu erbringen, wird zunächst ein Baumstamm angehängt.

Mit der Doppellonge können dem Pferd vom Boden aus richtungsweisende **Zügelsignale** gegeben werden, weil sie auf beiden Seiten des Pferdes wirkt. Das Pferd ist auf Wassertrense gezäumt. Bei dem schon an den Sattel gewöhnten Pferd sollte man während des Longierens mit dem Sattel die Steigbügel fixieren, das Scheppern könnte das Pferd unruhig reagieren lassen. Die Longen sollen hingegen den Pferdeleib berühren, besonders das künftige Fahr- und Arbeitspferd kann sich so an das Gefühl gewöhnen, wenn Teile der Anspannung von Wagen oder Gerät Kontakt mit seinem Körper haben.

Das Pferd kann sowohl auf einem großen Zirkel, als auch geradeaus gearbeitet werden. Das Longieren auf einem kleinen Zirkel ist für die schweren Kaltblutpferde ohnehin eher beschwerlich wegen der, je nach Rasse, nur beschränkt möglichen Biegung. Während der Arbeit mit der Doppellonge werden die gleichen Zügelhilfen wie beim Reiten zusammen mit Kommandos angewandt.

HINWEIS

Der Umgang mit der Doppellonge ist nicht ganz einfach und es sollten sich nur Pferdeführer mit genügend Erfahrung daran wagen. Fachkundig gehandhabt ist die Doppellonge ein hervorragendes Ausbildungsinstrument, in falschen Händen kann sie aber großen Schaden anrichten.

Anreiten

Bevor sich das Pferd an das Reitergewicht gewöhnt, wird es mit dem Sattel vertraut gemacht. Das erste Auflegen des Sattels muss ebenso wie das Auftrensen mit größter Behutsamkeit und Ruhe vor sich gehen. Prinzipiell ist es gut, wenn das erste **Aufsatteln** in einer dem Pferd gewohnten Umgebung geschieht. Man muss jedoch bedenken, dass in der Box beispielsweise eine Verletzungsgefahr viel eher gegeben ist, wenn das Pferd sich vielleicht hinwirft, um sich des Sattels zu entledigen. Ein Reitplatz oder eine Halle sind deshalb doch geeigneter. Hier kann das Pferd nach dem Auflegen des Sattels ruhig auch einmal

Vierjähriger Ardenner Wallach, der gerade angeritten wird.

Freiberger Wallach, westerngeritten.

buckeln, ohne dadurch größeren Schaden anzurichten.

Zum Aufsatteln halten eine oder zwei **Hilfspersonen** das Pferd unter ständigem Klopfen und Beruhigen an der Trense, während ein Dritter vorsichtig den Sattel auflegt. Die Bügel sind hochgezogen und der Gurt übergeschlagen. Das Pferd soll sich zuerst lediglich an das ungewohnte Gefühl des aufgelegten Sattels gewöhnen. Eine Person hält den Sattel fest, um das Pferd nicht durch ein Herunterrutschen des Sattels zu erschrecken. Nach einigen Minuten der Gewöhnung kann man den Gurt anziehen und zwar nur so viel, dass der Sattel Halt hat. Durch zu starkes Angurten entsteht bei dem Pferd leicht **Sattelzwang**. Der Sattel liegt am Widerrist, er drückt aber nicht auf diesen. Der Sattelgurt befindet sich etwa eine Handbreit hinter dem Ellbogengelenk des Pferdes.

Kaltblutpferde sind spätreif

Kaltblutpferde können im Alter von vier Jahren langsam angeritten werden. Größere Leistungen kann man jedoch erst verlangen, wenn das Pferd voll entwickelt ist.

Lässt sich das Pferd ruhig mit dem Sattel longieren, ist der Zeitpunkt gekommen, da ein leichter Reiter vorsichtig in den Sattel gehoben werden kann. Mit dem aufgesessenen Reiter wird das Pferd an der Longe auf der linken Hand angeritten.

Ein anderes ruhiges Reitpferd kann sich hier als Führpferd für den Neuling als sehr beruhigend erweisen und man darf die Longe schon bald weglassen.

Beim ersten **Anreiten** nimmt der Reiter grundsätzlich das Tempo und die Gangart an, die das Pferd anbietet. Er soll zunächst ohne jegliche Einwirkung reiten, den Rücken des Pferdes durch leichten Sitz entlasten und sich geschmeidig den Bewegungen des Pferdes anpassen. Trabt das Pferd, muss der Reiter eine leichte, gleichmäßige Verbindung suchen, während im Schritt fast ohne Verbindung geritten wird. An den Zügel gestellt wird das Pferd erst viel später. Auch wenn das Pferd buckeln sollte, der Reiter muss alles daran setzen, nicht abgeworfen zu werden. Das Pferd würde sonst jede Gelegenheit nutzen, sich der lästigen Reiterschwere zu entledigen. Festhalten darf sich der Reiter, wenn nötig, nur am Sattelriemen oder an der Mähne, niemals am Zügel. Während des Auf- und Absitzens soll das Pferd lernen, ruhig stehen zu bleiben.

Nach einigen Tagen der Gewöhnung an das **Reitergewicht** kann allmählich vom passiven Reiten dazu übergegangen werden, das Pferd auf die treibenden und verhaltenden **Hilfen** des Reiters hin zu arbeiten. Das Berühren der Schulter mit einer etwa einen Meter langen **Gerte** veranlasst das Pferd zu einer stärkeren Vorwärtsbewegung. Zur Einstimmung auf die treibender Schenkelhilfen wird das Pferd später mit der Ger te hinter dem Schenkel berührt, wobei der Schenkel des Reiters gleichzeitig stärker einwirkt. Die vortreibenden Hilfen werden sofort eingestellt, wenn das Pferd darauf reagiert hat. Allmählich entfällt die Gertenhilfe ganz.

Bei **Übergängen** vom Trab zum Schritt und vom Schritt zum Halten erlernt das Pferd die verwahrenden Hilfen. Während dieser Übergänge verstärkt der Reiter seinen Knieschluss und vermindert die Gewichtseinwirkung, wobei die Zügel leicht angenommen werden und wieder nachgeben, bis das Pferd in den Schritt oder zum Halten kommt. Auch hierbei ist die beruhigende Stimme nützlich, denn das Pferd hat die vortreibenden und verhaltenen Hilfen der Stimme bereits beim Longieren kennen gelernt und kann darauf reagieren.

Nun geht das Pferd auf **geraden Linien** vorwärts und der anfänglich schwankende Gang verschwindet allmählich ebenso wie die Anspannung. Der Takt wird gleichmäßiger und bald bewegt sich das Pferd zwanglos im Gleichgewicht und in natürlicher Selbsthaltung.

HINWEIS

Zurückfallen in den Schritt und häufiges Stolpern deuten darauf hin, dass das Pferd überfordert ist. Deshalb darf das tägliche Reitpensum von anfänglich 10 Minuten nur langsam bis auf eine halbe und später eine Stunde gesteigert werden.

Ein einfühlsamer Reiter weiß, wieviel er seinem Pferd zumuten kann. Das gut gerittene Pferd soll voller Vertrauen überall hingehen, wenn es der Reiter von ihm verlangt. Willig geht es in allen Gangarten vorwärts und auf die entsprechenden Hilfen führt es Wendungen aus und es lässt sich rückwärtsrichten. Dabei steht es stets leicht am Zügel. Beim Halten verhält es sich ruhig, und wenn es angaloppiert wird, versucht es nicht davon zu stürmen.

Das ideale Freizeitkaltblutpferd überwindet ohne Zögern kleine Hindernisse und sollte möglichst nicht scheuen. Die Vorarbeit zum **Springen** kann bereits an der Longe erfolgen, indem zunächst eine auf dem Boden liegende Stange überschritten wird. Als nächstes folgt die Arbeit über so genannte Bodenricks – auch unter dem Reiter. Bodenricks sind knapp über dem Boden liegende und an beiden Enden mit einem Holzkreuz befestigte Stangen. Es handelt sich hierbei nicht um eigentliches Springen, denn die Ricks werden in der Bewegung, das heißt im Schritt und Trab überwunden. Wohl aber lernt das Pferd hier bereits auf Hindernisse zu achten, sie abzuschätzen und möglichst so zu nehmen, dass es sich die Füße nicht anschlägt.

TIPP

Das Arbeiten mit Bodenricks stärkt beim Pferd die Rückenmuskulatur und fördert die Losgelassenheit. Dem Reiter verhilft es zu einem elastischen, geschmeidigen Sitz.

Nur ganz allmählich darf die Höhe der Hindernisse gesteigert werden, wobei stets darauf zu achten ist, dass das Pferd freudig springt und nicht zu hohe Anforderungen schließlich dazu führen, dass es verweigert. Kaltblutpferde sind nun einmal nicht die geborenen Hochspringer. Sie müssen jedoch imstande sein, ein unverhofft im Gelände auftauchendes Hindernis, etwa ein Baumstamm zu überwinden, wenn er nicht umgangen werden kann. Was für das Reiten auf ebener Erde gilt, hat erst recht beim Springen Bedeutung: Der Reiter darf das Pferd im Maul nicht stören. Wenn er sich während des Springens festhalten muss, dann nur an der Mähne oder besser an einem, dem jungen Pferd umgelegten Halsriemen, der dick genug sein sollte, damit er nicht einschneidet.

HINWEIS

Niemals wird ein Pferd nach dem Aufsitzen angaloppiert. Der Ausritt beginnt und endet im Schritt, so dass das Pferd möglichst trocken nach Hause kommt.

Freiberger Wallach, englisch geritten. Das Mädchen trabt leicht, das Pferd steht noch nicht an den Hilfen.

Kleine Reitlehre

Wenngleich Kaltblüter vom Äußeren her nicht unbedingt bei den beliebten Reitpferderassen gesucht werden, so schwört so mancher Besitzer eines XXL-Pferdes auf die Rittigkeit seines Dicken. Das Einmaleins der Reitkunst findet auch hier wie bei allen anderen Reitpferden Anwendung.

Der Sitz des Reiters

Der Reiter sitzt bequem und entspannt im Sattel. Die Oberschenkel liegen mit der Innenseite so an, dass das Knie flach den Sattel berührt. Erwünscht ist ein möglichst tief liegendes Knie; das Ruhen auf dem Gesäß darf aber nicht beeinträchtigt werden. Der Reiter hält seinen Oberkörper senkrecht, das Kreuz ist mäßig angezogen und die Schultern befinden sich in natürlicher Lage. Infolge des Zueinanderdehnens der Schulterblätter wölbt sich die Brust leicht. Der Kopf wird frei und aufrecht getragen, und der Blick ist über den Pferdekopf hinweg nach vorne gerichtet. Die Oberarme hängen senkrecht nach unten; die Unterarme mit leichter Winkelung halten in der Mitte eine leichte Fühlung mit dem Körper des Reiters. Die geschlossenen Fäuste stehen eine Handbreit so über dem Widerrist des Pferdes, dass die kleinen Finger etwas näher zueinander stehen als die Daumen, wobei der Zwischenraum zwischen den kleinen Fingern weniger als eine Handbreit beträgt. Unterarme und Handrücken bilden eine gerade Linie. Die Unterschenkel des Reiters hängen je nach der Beinlänge gewinkelt am Pferdeleib herab, wobei die flache Wade Fühlung mit dem Pferdekörper hat. Schultergelenk, Hüfte und Ferse des Reiters bilden eine senkrechte Linie. Die Fußspitzen sind leicht vom Pferdeleib abgewendet und die Absätze herabgedrückt. Der Absatz bildet den tiefsten Punkt des Reiters. Die Steigbügel werden so verschnallt, dass der Reiter bei tiefem Knie und tiefem Absatz mit den Unterschenkeln Fühlung am Pferdeleib hat. Der Ballen des Fußes hält den Steigbügel.

Beim Springen befindet sich der Reiter im **leichten Sitz**; das Gesäß hat nur noch eine leichte Verbindung mit dem Sattel. Der Reiter verlagert mit leicht vorgebeugtem Oberkörper sein Gewicht nach vorne. Im Sprung selbst ist das Gesäß vom Sattel völlig losgelöst. Die Steigbügellänge beträgt zwei bis drei Loch weniger als beim Dressurreiten, wodurch die Knie etwas höher zu liegen kommen. Die Unterschenkel zeigen leicht nach schräg rückwärts und liegen am Pferdeleib an; der untere Teil befindet sich dicht hinter dem Sattelgurt. Um dem Pferd im Sprung die volle Dehnung in Hals und Kopf nach vorwärts zu gewähren, geht die geschlossene Zügelfaust im Sprung in Richtung Pferdemaul. Immer soll eine Anlehnung – Verbindung zwischen Reiterhand und Pferdemaul – gegeben sein.

Zügelhaltung

Die Trensenzügel sind zwischen dem kleinen und dem Ringfinger so zu fassen, dass die glatte Lederseite nach außen zeigt. Die miteinander verbundenen Zügelenden bilden eine Schlaufe, die unter dem rechten Zügel herunterhängt. Bei geschlossenen Fäusten und leichter Krümmung der Daumen werden die Zügel auf die Zeigefinger gedrückt. Sind die Fäuste nicht geschlossen, so können die Zügel nicht fest in der Hand liegen und die Zügellänge verändert sich ständig, so dass der

Reiter gezwungen ist, häufig nachzufassen. Eine unruhige und störende Hand kann jedoch nicht die feine erwünschte Anlehnung bewirken. Soll sich das Pferd im Hals dehnen, gehen die Zügelfäuste etwas vor, ohne die Winkelung der Ober- und Unterarme zu vernachlässigen. Zum Reiten am langen Zügel lässt der Reiter die Zügel nach vorwärts durchgleiten, um aber sogleich die Fäuste wieder zu schließen.

Hilfen

Von der vorschriftsmäßigen Anwendung der reiterlichen Hilfen sind die Haltung und letztlich die Leistung des Pferdes abhängig, und sie entscheiden, wie sicher der Reiter sein Pferd beherrscht. Man unterscheidet zwischen treibenden und verhaltenen Hilfen.

Gewichtshilfe

Über die **Gewichtshilfe** wirkt der Reiter mit seinem Körpergewicht ein, wobei der eigene Schwerpunkt mit dem des Pferdes stets übereinstimmen muss und zwar in allen Gangarten und auch beim Springen. Nur so kommt das Pferd in das Gleichgewicht, das für die Reinheit der Gänge, den Schwung und die Ungezwungenheit aller Bewegungen verantwortlich ist. Dabei muss der Reiter gefühlvoll mit den Bewegungen des Pferdes mitgehen. Ein Anziehen des Kreuzes bewirkt eine Verstärkung der Gewichtshilfen, wodurch sich der Druck auf die Gesäßknochen und somit auf den Pferderücken verstärkt. Das Pferd wird vom Reiter buchstäblich vorwärtsgeschoben. Bei Wendungen und gebogenen Linien ist das Reitergewicht nach jener Seite zu verlagern, in der die Abwendung erfolgen soll. Das Gewicht wird auf den jeweiligen Gesäßknochen verlagert und hat nichts mit einem Abknicken in der Hüfte zu tun.

Schenkelhilfe

Nur flach am Sattel beziehungsweise Pferdekörper anliegende Oberschenkel, Knie und Unterschenkel können einwirken. Die treibenden Unterschenkel liegen am Sattelgurt, das heißt der vordere Rand des Stiefelschaftes schneidet mit dem hinteren Rand des Sattelgurtes ab. Durch Schenkeldruck wird die treibende Wirkung erzielt, er kann ein- oder beidseitig erfolgen. Durch den Druck wird das gleichseitige Hinterbein des Pferdes angeregt, vorwärts zu treten. Liegen die Unterschenkel etwas hinter dem Sattelgurt, so wirken sie verwahrend, das heißt sie hindern das Pferd beispielsweise von einer geraden Linie abzuweichen oder auf zwei Hufschlägen zu gehen. Verwahrend werden die Schenkel auch eingesetzt, um das Pferd rückwärts zu richten und Vor- und Hinterhandwendungen einzuleiten.

Bruno Isliker auf einem seiner Freiberger ohne Sattel im Gelände.

TIPP

Das Pferd soll auf feinste Schenkelhilfen reagieren. Es stumpft ab, wenn die Schenkel ständig pressend oder klopfend am Pferdeleib arbeiten.

Zügelhilfe

Zusammen mit den treibenden Hilfen Schenkel und Gewicht erreicht man die so genannte Beizäumung des Pferdes, das heißt das Pferd steht mit natürlich geformtem Hals und mit der Stirnlinie an der Senkrechten an den Hilfen des Reiters. Es besteht eine feine Verbindung zwischen Reiterhand und Pferdemaul, wobei das Pferd zufrieden am Gebiss kaut.

Die Zügelhilfen wirken meist verhaltend oder einseitig entweder verwahrend oder seitwärts weisend. Durch Drehung des Handgelenkes nach innen und Zurücknehmen des Unterarmes oder Verkürzen der Zügel durch Nachfassen kann die Zügelhand den Zügel annehmen; mittels einer Drehung im Handgelenk oder Vorgehen der Hand kann sie nachgeben oder aber durchhalten, wenn das Zügelmaß und der Anlehnungsgrad unverändert bleiben. Die vortreibenden Hilfen von Gewicht und Schenkeln treiben bei angespanntem Kreuz des Reiters das Pferd an die zum Nachgeben bereite Zügelhand. Jeder annehmenden Zügelhilfe muss eine nachgebende folgen.

Hilfengebung

Halbe oder ganze Paraden dienen dem Zweck, das Pferd aufzunehmen, sei es, um das Tempo zu verringern oder um anzuhalten. Mit der **halben Parade** soll man das Pferd auf eine bevorstehende Lektion vorbereiten. Die halbe Parade wird durch das Kreuzanziehen unter Mitwirkung des vorwärts treibenden Schenkels und des verhaltenden Zügels bewirkt. Sie findet Anwendung, um die verloren gegangene Haltung und das Gleichgewicht des Pferdes wieder herzustellen, und um es beispielsweise auf einen Gangartwechsel oder eine Wendung aufmerksam zu machen. Einer **ganzen Parade** zum Halten geht stets eine oder mehrere halbe Paraden voraus.

Anreiten aus dem Halten zum Schritt

Der Reiter verstärkt das Anziehen des Kreuzes und den gleichmäßigen Druck beider Schenkel. Ohne die Verbindung zwischen Reiterhand und Pferdemaul aufzugeben, gehen beide Zügelfäuste ganz fein vor.

Übergang aus dem Schritt zum Trab

Wiederum zieht der Reiter verstärkt das Kreuz an und er verstärkt den Druck beider Schenkel gleichmäßig. Mit den Zügelfäusten geht der Reiter leicht vor, ohne die Verbindung zum Pferdemaul aufzugeben. Nach dem Antraben des Pferdes bedient sich der Reiter wieder der feinen Hilfen.

Übergang vom Schritt zum Galopp

Eine halbe Parade kündigt den Übergang an. Der Reiter zieht das Kreuz an, verlagert sein Gewicht auf den rechten Gesäßknochen und geht mit der rechten Hüfte leicht vor, wenn er einen Rechtsgalopp beabsichtigt. Die Hüfte darf dabei nicht einknicken. Der rechte Unterschenkel liegt vermehrt treibend am Sattelgurt, während der linke Unterschenkel, leicht zurückgenommen, verwahrend wirkt. Der rechte Trensenzügel geht fein vor, der linke steht gut an. Durch den rechten Trensenzügel wird dem Pferd eine leichte Rechtsstellung gegeben (im Linksgalopp umgekehrt). Die Schenkellage des Reiters bleibt während des Galopps unverändert.

Die Hilfengebung vom Trab in den Galopp ist die gleiche. Die Kunst der Hilfengebung besteht darin, sie den Beschauer so wenig wie möglich erkennen zu lassen.

Einfahren

Die Vorarbeit für das Einfahren des Pferdes beginnt damit, den Longiergurt oder Sattel durch das Geschirr zu ersetzen. Beim Anlegen des Geschirrs muss größtmögliche **Ruhe** herrschen, begleitet durch die beruhigende **Stimme** und lobendes Klopfen. Schweifriemen und Gurte werden anfangs ganz vorsichtig angezogen.

Durch Hin- und Herführen an den Trensenzügeln gewöhnt man das Pferd an das **Geschirr**, das aus weichem, anschmiegsamem Leder gearbeitet ist. Erst nach der Gewöhnung an das Geschirr darf die Einspännerleine eingeschnallt werden. Eine **Hilfsperson** führt das Pferd am Kopf, das erst nach und nach mit den Berührungen durch die Leine am Körper vertraut gemacht wird.

Hat das Pferd die Hilfengebung, auch die Peitschenhilfe, verstanden, kann das Anführen unterbleiben. Die **Zugübungen** gestalten sich derart, dass ein oder zwei Gehilfen an den verlängerten Leinen einen Gegenzug bewirken. Danach wird ein **Schleppbalken** eingehängt.

ZWEISPÄNNER

Zum Einspannen am Zweispänner erweist sich ein erfahrenes, zugfestes Pferd als nützlich. Das junge Pferd kann von diesem lernen und wird gelassener reagieren.

Erst allmählich geht man zum Ziehen eines Wagens über, zunächst ohne Belastung. Auch beim Einfahren ist oberstes Gebot, das Pferd nicht zu überfordern. Es darf nicht mehr von ihm verlangt werden, als es ohne große Anstrengung zu leisten imstande ist. Der nächste Schritt kann immer erst getan werden, wenn das Pferd das Vorausgegangene verstanden hat und sicher ausführt. Bei einem Training von täglich je zweimal eine dreiviertel Stunde sollte in vier bis acht Tagen das Pferd auf der Straße gefahren werden können.

Die Leinen sind die Hilfen zur **Richtungsänderung** beim Fahren. Wendungen werden durch Nachgeben der Außenleine eingeleitet und nicht etwa durch Ziehen an der Innenleine. Vor jeder Wendung muss das Tempo verringert werden. Unruhiges Hantieren mit der Leine macht das Pferd unsicher und nervös, denn es kann darin keine Absicht erkennen.

Wenn das eingespannte Pferd vor etwas ihm Unbekanntem oder einem ihm Furcht einflößenden Gegenstand scheut und beruhigendes Zureden allein nicht hilft, führt man es ruhig an das Ärgernis heran. Es beruhigt sich rasch, wenn es merkt, dass ihm nichts geschieht. Ein Pferd aber, das bestraft wird, weil es scheut, wird die Strafe mit dem Angst auslösenden Gegenstand verknüpfen und wird das nächste Mal erst recht sowohl vor dem Gegenstand als auch schon in Erwartung der Strafe scheuen.

Bei diesem Anblick schlagen die Zuschauerherzen höher: Shire in Kummetanspannung vor einem Gig.

Fertig zur Ausfahrt: Schleswiger Kaltblutpferde in Brustblattgeschirranspannung.

Ausbildung des Arbeitspferdes

Während die Kaltblutpferde in früheren Zeiten sehr vielseitig eingesetzt wurden, erfahren sie heute oft eine Ausbildung zum Spezialisten. Zu keiner Zeit war ein Pferd arbeitslos: Gab es im Winter in der Landwirtschaft nichts zu tun, rückte das Kaltblut Holz im Wald. Land- und Forstwirtschaft bildeten stets eine ökonomische Einheit; zudem besaß oft der Bauer selbst ein Stück Wald, in dem die anstehenden Arbeiten im Winter erledigt wurden. Das Kaltblutpferd war zum Ziehen von landwirtschaftlichem Gerät wie auch zum Rücken von Stämmen trainiert.

Der Landarbeiter

In der Grundausbildung zum Einfahren wurde das Pferd mit einem einfachen Brustblattgeschirr vertraut gemacht. Durch die Arbeit an der Doppellonge gewöhnte es sich schon an die Zugstränge und es kann auch eine, wenn noch geringe Last schleppen. Jetzt geht man zum Ziehen größerer Lasten über. Dabei sind ein Zugschlitten, ein Autoreifen oder auch schon einmal ein leichterer Baumstamm nützlich. Es sollen zunächst noch keine schwereren Gewichte angehängt werden, der Wille des Pferdes am Ziehen muss mit „Leichtgewichten" Stück für Stück gefördert und aufgebaut werden.

Bei all diesen Ausbildungsschritten sollten mindestens zwei kräftige, umgängliche Helfer zugegen sein, falls doch eine Situation eintritt, die beherztes Eingreifen erforderlich macht. Wer beim Einfahren eines Pferdes geholfen und die weiter führenden Schritte begleitet hat, weiß zumindest, woher der Ausdruck „über die Stränge schlagen" kommt: davon, dass Pferde sich auch plötzlich umdrehen können und dabei über die Stränge treten und womöglich noch die Zuglast mit der Hinterhand mitnehmen. Solche Gefahrenquellen sollten möglichst erst gar nicht aufkommen, deshalb ist ruhiges Vorgehen der Helfer wichtig. Durch verschiedene Zugwiderstände lernt das Pferd seine eigene Kraft einzuschätzen und damit umzugehen. Aber auch der Fuhrmann selbst muss sich dieses Wissen aneignen.

Deichsel und Schere

Pferde, deren Eltern und Großeltern bereits als Zugtiere gearbeitet haben, machen in der Regel wenig Schwierigkeiten, sich an Deichsel und Schere zu gewöhnen. Es sollte nicht verkannt werden, dass Fahr- und Zugeignung auch zu einem großen Teil „im Blut" stecken. Solche Pferde lassen sich in die Schere stellen und ziehen an, was jedoch nicht unbedingt die sicherste Vorgehensweise ist, vor allem kann das Geräusch des fahrenden Wagens auch das mit wenig Misstrauen ausgestattete Pferd plötzlich verunsichern und dann ist es schwierig, ihm klar zu machen, dass hinter ihm nichts Gefährliches bollert.

Eine Methode, die für die bevorstehende Zugarbeit Sicherheit verspricht, ist es, eine stabile Fichtenstange in der Pferdebox von der Wand zum Trog anzubringen, wobei das Pferd sicherheitshalber angebunden sein sollte. Hat es nach einer Weile der Beobachtung die Stange akzeptiert, wird eine zweite Stange hingelegt, so dass sich schon eine Schere bildet, in welcher das Pferd stehen muss. Ein hinten auf den Stangen befestigtes Brett und das vorsichtige Hochziehen der Stangen an zuvor angebrachten Seilen machen das System nahezu perfekt. Einen Schritt weiter geht man, indem man die Stangen hin- und herpendeln lässt, so wird die spätere Berührung der Wagenschere am Pferdeleib simuliert. Für diese „Boxenarbeit" eignet sich die Futterzeit am besten.

Hat man die Möglichkeit, ein Jungpferd mit einem alten Routinier einzuarbeiten, sollte dies unbedingt genutzt werden. Dabei muss sich das Selbstbewusstsein des jungen Pferdes so weit entwickeln, dass man vom zweispännigen „Lernen" auf einspänniges Fahren übergehen kann. Dies geschieht nicht abrupt, sondern langsam Schritt für Schritt.

Kommandos

Kommandos werden nicht mehr verändert; sie müssen dem Pferd in Fleisch und Blut übergehen. Die „Pferdesprache" ist oft regional unterschiedlich, aber ein „Hüh" bedeutet allerorten so viel wie Anhalten. „Komm" für Anfahren. „Haa" steht für links und „Hott" für rechts. Auf ein lang gezogenes „Zuuurück" geht das Pferd rückwärts. „Hüh hott" heißt also auf der Stelle rechts drehen.

Pferde, die die ruhige Stimme ihres „Herrn" hören, arbeiten willig, während ein hektischer, nervöser Fuhrmann mit laut gegebenen Kommandos auch das ruhigste Pferd aus der Fassung bringen kann. Da ein Fuhrmann nicht gerade einmal wie ein Reiter zur Belohnung auf den Pferdehals klopfen kann, ist seine Stimme Belohnung und zuweilen auch Beruhigung.

Besonders beim jungen Pferd muss dem Ausführen der gegebenen Kommandos stets das Lob folgen. Bei etwaigen „Missverständnissen" sollte unverzüglich korrigiert werden, was dem Pferd durch einen leichten Zügelruck „mitgeteilt" wird.

TIPP

Schon in der Ausbildungsphase muss sich das für die spätere Arbeit so wichtige gegenseitige Vertrauensverhältnis entwickeln. Der Fuhrmann weiß, was er seinem Kamerad Pferd zumuten kann und das Pferd verlässt sich darauf, dass ihm nichts abverlangt wird, was es nicht zu leisten imstande wäre.

Geräte

Das Pferd des Bauern muss lernen, die Geräte, die in der Landwirtschaft eingesetzt werden, zu ziehen. Auch wenn diese im Lauf der Zeit nach dem Stand der Technik modernisiert worden sind, hat sich an ihren Einsatzmöglichkeiten wenig geändert, denn die bäuerlichen Feldarbeiten unterliegen einem festen jahreszeitlichen Ablauf. Ob Landbestellung und Ernte ein- oder zweispännig gefahren werden, hängt von der Verfügbarkeit der Pferde ab. Beim Abschleppen der Wiesen und Äcker mit der Balkenschleppe kann das junge Pferd gemeinsam mit einem Altpferd noch einmal zeigen, was es gelernt hat. Nach der Ackerschleppe tritt der Grubber in Aktion; mit der alten Faustregel „ein Pferd pro Meter Arbeitsbreite" wird geeggt und vielleicht muss nach dem Eggen noch eine Walze nachschönen. Säen, Kartoffelsetzen, Arbeiten in Rüben- und Maiskulturen, Pflügen, ein- oder zweispännig, den Grasmäher, Gabelwender und Schlepprechen anspannen und später die entsprechenden Geräte für die Ernte umfassen ein Pensum, das die Zuverlässigkeit und den Zugwillen des „Ackerpferdes" voraussetzen.

Arbeiten mit Brustblattgeschirr

Gegenüber dem Kummet hat das Brustblatt den Vorteil, dass man es durch Verschnallen für mehrere Pferde benutzen kann. Den Nachteil dieser Anspannung spürt das Pferd selbst, denn gerade beim Kaltblutpferd ist festzustellen, dass es ihm im Schulter- und Oberarmbereich an den im Zug stark beanspruchten Muskeln spannt.

Ebenso wie das Kummet muss auch das Brustblatt gut angepasst sein, um dem Pferd ein möglichst freies Arbeiten zu ermöglichen. So sollte

Kostbare Spitzkummetanspannung.

der untere Rand des Brustblattes etwa zwei Finger breit über dem Buggelenk liegen. Brustblattzugstrang bis Zugansatzpunkt sollten eine gerade Linie bilden. Das Brustblatt für das Arbeitspferd besteht aus einem 10 bis 12 cm breiten, doppelt gelegten Riemen, auf den noch ein etwa 6 cm breiter Verstärkungsriemen aufgearbeitet ist. Vom Brustblatt nach hinten zur Last finden verschiedene Zugelemente Verwendung. Gängig ist ein lederner Zugstrang bis zum Flankenbereich des Pferdes und weiterführende Ketten oder Seile. Zusätzlich zur Zäumung benötigt man auch Leinen- oder Führstricke, mit denen der Fuhrmann das Pferd unterstützend lenkt. Er geht neben, seitlich vom oder hinter dem Pferd her.

Kummet

Der Rahmen des Arbeitskummets ist aus Holz gefertigt. Der Holzrahmen liegt um den Pferdehals kurz vor der Schulter; er ist in der Regel mit einem strohgefüllten Lederleib abgepolstert. Zudem ist ein Unterkissen aus rosshaargefülltem Leinen oder Filz unterlegt. Regional unterscheidet man zwischen Spitzkummet, wobei eine spitze Lederhaube das Kummet „krönt" oder einem Kummet mit oben getrennten Hölzern. Das Kummet muss dem Pferd sorgfältig angepasst werden, denn die Halsform ist nicht bei jedem Pferd gleich. Das Kummetgeschirr muss am Pferdehals sanft anliegen, so dass im unteren Kehlgangsbereich noch eine flache Hand Platz findet. Ein passendes Kummet liegt auf einer relativ großen Fläche auf und ist für das Pferd im schweren Zug ein sicherer Gegenpol, in den es sich mit aller Kraft hineinstemmen kann. Deshalb ist die Kummetanspannung für die Kaltblutpferde, die Schwerstarbeit im Zug leisten müssen, das Mittel der Wahl. Zur Kummetanspannung gehören der Schweifriemen, der beim Senken des Pferdekopfes das Kummet festhält, ein **Rippscheit** (ein breiter über den Rücken laufender Lederriemen mit Zughaken), eine Kummetkette zum Befestigen der Steuerkette der Deichsel, zum festen Anspannen von Geräten ein Sellett und ein Hintergeschirr.

Zäumung und Anspannung

Was für die Passgenauigkeit von Brustblatt und Kummet gilt, gilt auch für das Gebiss. Eine alte Faustregel sagt, dass bei leicht angenommenen Zügeln zwischen Pferdemaul und Gebissring noch ein Fingerbreit Platz verbleibt. Am angenehmsten dürfte, vor allem für das junge Pferdemaul ein Gebiss aus Gummi sein. Werden andere Materialien wie Metall oder Leder, gebrochene Trensen oder Stangen verwendet, ist es sinnvoll, diese zumindest anfangs mit Streifen aus weichem Tuch zu umwickeln. Zum einen ermuntern diese Polster das Pferd, zu kauen und zum anderen wird dadurch der Druck im Maul gemindert. Um das Zugpferd „lenkungsfähig" zu machen, benötigt man Leinen oder Führstricke.

Die **Stoßleine** wird besonders beim Rückepferd gerne genutzt. Sie führt, ähnlich dem Reitzügel als stabiler Lederriemen von der Hand des Fahrers über Führungsösen am Kummet zum Pferdemaul.

Die Verbindung vom Kummet oder Brustblatt bis hin zum zu ziehenden Gerät bilden die **Zugstränge** als Seile oder Zugketten. Zwischenstation ist das 80 bis 100 cm breite **Ortscheit**, an dem die Stränge befestigt werden. Die am Pferd beidseits entlang laufenden Zugstränge werden vom Ortscheit auseinander gehalten. So können sie am Pferdebauch oder an den Beinen nicht scheuern. In der Regel werden die Zugstränge am Ortscheit befestigt; sie können aber auch fest damit verbunden sein. Dann sind sie vorne am Kummet oder Brustblatt einzuhängen.

Die in der Mitte des Ortscheits befindliche eiserne Schelle zeigt Richtung Last und muss jeweils am Wagen oder Ackergerät befestigt werden. Die Schulterbewegung des vorwärts gehenden Pferdes gleicht sich während des Zuges an der Einpunktaufhängung aus. Beim zweispännigen Fahren wird noch eine **Zugwaage** benötigt. Man nennt sie auch **Spielwaage** oder lose Waage. Die Zugwaage hat eine Breite von 100 bis 120 cm. An ihr sind die Ortscheite der beiden Pferde eingehängt. Die Zugwaage gibt den Pferden etwas Bewegungsspielraum unmittelbar vor der Last und fängt Stöße, die durch Unebenheiten auf der Fahrbahn auftreten können, durch die Anhängepunkte von Zugwaage und Ortscheit zur Entlastung des Pferdes ab.

Das Rückepferd

Da das Brustblatt in manchen Situationen einschneiden kann, wird für das Holzrücken das **Kummetgeschirr** verwendet. Auch für extreme Zugbelastungen scheint das Kummet besser geeignet. Das Rückepferd wird auf unterschiedliche Weise gelenkt. Häufig benutzt man einen in den Trensenring eingehängten Handstrick. Eine geschlossene Einspännerleine kann leicht hängenbleiben. Der **Handstrick** oder das **Führseil** ist weit verbreitet und gibt durch den nah am Pferd gehenden Fuhrmann dem Vierbeiner ein Gefühl der Sicherheit. Der Nachteil ist, dass der Fuhrmann wenig Augenkontrolle über die zu rückende Last hat. Besser kontrollierbar ist der kurz am Pferd angehängte Stamm, bei dem das Holz leichter der Zugspur folgt. Eine Stoßleine mit den entsprechenden Kommandos ist eigentlich nur dann sinnvoll, wenn die Pferde ausschließlich als Rückepferd arbeiten.

Pferde, die an Kreuz- und Einspännerleine gewohnt sind, werden durch die Handhabung der Stoßleine irritiert, wenn mit dem Zugsignal und dem Kommando „Hott“ ein Zug auf die gegenseitige Maulseite erfolgt. Man muss dem Pferd schon einen längeren Lernprozess zugestehen, wenn es auf die Zugsignale aus verschiedenen Stellungen

Zwei Waldarbeiter nach getaner Arbeit!

des Fuhrmanns entsprechend reagieren soll. Für den Pferdeführer entsteht im Handhaben der Stoßleine dadurch ein Nachteil, dass viel Reisig und andere Baumreste mitgeschleppt werden, was gewisse Risiken in sich birgt.

Bevor das Pferd mit schweren Stämmen arbeitet, wird es an das Ziehen von leichtem Holz in lichteren Waldstücken gewöhnt. Besonders in der Anfangsphase muss dabei das Anschlagen des Holzes an Hindernisse vermieden werden. Wenn der Fuhrmann in dieser Phase bedacht vorgeht, haben die Pferde schnell begriffen, was von ihnen verlangt wird. Und gut ausgebildete, routinierte Rückepferde arbeiten dann weitgehend selbstständig.

TIPP

Der Umgang mit der Stoßleine erfordert vom Fuhrmann besonderes Geschick. Ruhe und Geduld sind ohnehin für das Einarbeiten eines erfolgreichen Rückepferdes Voraussetzung.

Für einen angehenden Holzrücker ist es deshalb sehr empfehlenswert, einen Rückekurs zu belegen, um den richtigen Gebrauch der Stoßleine zu erlernen. Dabei soll während dieser Zeit das Pferd ausschließlich mit dieser Leinenführung vertraut gemacht werden.

Ausrüstung für das Reitpferd

Den größten Teil des Zubehörs für das Kaltblutpferd kann man im gut sortierten Pferdesportgeschäft erwerben, denn der Fachhandel hat auf die zunehmende Beliebtheit der „Dicken" mit einem entsprechenden Angebot reagiert. Aber nicht alles ist „von der Stange" erhältlich. Das Kaltblut, ausgenommen der Freiberger und auch noch der Schwarzwälder Fuchs, hat nun einmal ein anderes Format als das Warmblutpferd. Beim Kaltblut ist nicht nur der Kopf kräftiger, der Rumpf tonniger und das Maul breiter, auch mit der Sattellage hapert es mitunter, weil zu wenig Widerrist idealen Reitpferdepoints nicht entspricht. Ein rutschender Sattel bereitet Pferd und Reiter wenig Vergnügen.

Man ist sich heute sehr wohl der Wirkung unterschiedlichsten Zaumzeugs bewusst. Die Tendenz, das Pferd am bequemsten für die eigenen Zwecke zu beherrschen und zu nutzen, ohne die hierdurch dem Pferd oft zugefügten physischen und psychischen Leiden zu beachten, dürfte dem Streben nach artgerechter Pferdebehandlung gewichen sein.

HINWEIS

Für das gesamte Geschirr des Pferdes, ob nun für das Reitpferd oder das im Geschirr vor Kutsche oder Wagen gehende, ist unabdingbar: Alle Teile müssen perfekt sitzen und notfalls den anatomischen Gegebenheiten des Pferdekörpers angepasst werden. Was bei den Anschaffungen, die für das Reiten und Fahren notwendig sind, vermeintlich eingespart wird, kann sich auf das Wohlbefinden des Pferdes fatal auswirken.

Das Angebot an Gebissen ist im Fachhandel zahlreich.

Zaumzeug

Für den täglichen Reitgebrauch hat sich die einfache Trense mit einem gebrochenen Gebissstück, das nicht zu dünn sein soll, bewährt. Auch junge Pferde nehmen das **Trensengebiss** meist willig an. Das einfache Gebiss ist weder zu lang noch zu dünn oder zu sehr gebogen. Das Mundstück der Trense wird in Richtung der Ringe dicker und verjüngt sich zur Mitte hin, wo die beiden Gebissteile zusammen kommen. Ein Teil des Druckes wird dadurch auf die Laden übertragen und sofern das Mundstück die richtige Größe hat, erreicht man so die zweckmäßigste Verbindung zwischen Reiterhand und Pferdemaul. Das Mundstück darf weder zu hoch noch zu niedrig liegen; es hat die richtige Lage, wenn es weder die Hakenzähne berührt, noch die Mundwinkel heraufzieht.

Wichtigster Bestandeil des Trensenzaumzeugs ist neben dem Trensengebiss das **Kopfstück**. Bestandteile des Kopfstückes sind das Genickstück, der Stirnriemen und der Kehlriemen. Dieser ist so zu verschnallen, dass noch eine quergestellte Hand zwischen Riemen und dem Kehlgang des Pferdes Platz hat. Das Genickstück muss ausreichend breit sein, damit es nicht in die Haut einschneidet.

Die schmaleren seitlichen Backenstücke sind mit Schnallen versehen zum Verpassen des Gebisses in der Höhenlage. An den Trensenringen werden die **Zügel** mit Schnallen befestigt. Die Zügel sind wegen der besseren Handhabung im vorderen Teil aus Leder, der hintere Teil kann aus stabilem Gurt bestehen.

Das **Reithalfter** vervollständigt das Zaumzeug. Es besteht aus dem Kopfstück und aus einem Nasenriemen. Der Kinnriemen verhindert, dass das Pferd das Maul aufsperrt oder die Zunge über das Gebiss bringt. Er muss aber dem Pferd noch das Kauen ermöglichen. Bewährt hat sich das hannoversche Reithalfter, dessen Nasenriemen vier Finger breit über den oberen Nüsternrändern liegen soll. Andere gängige Reithalfter sind das deutsche, das englische, das mexikanische und das Kreuzbandhalfter. Das englische Reithalfter mit einem breit gehaltenen Nasenriemen ist noch mit einem verstellbaren Kopfgestell ausgerüstet, wohingegen das deutsche Reithalfter lediglich aus einem Nasenriemen besteht, der durch Schlaufen am Backenstück der Trense läuft. Typisch für das mexikanische Reithalfter ist der sich über dem Pferdekopf kreuzende Nasenriemen; dem Gebiss wird völlig freier Spielraum gegeben.

Nur für geschulte Reiterhände und bei entsprechendem Ausbildungsstand des Pferdes ist die **Kandarenzäumung** gedacht. Bei der Kandare ist das Gebissstück ungebrochen; die Wirkung beruht auf Hebelkraft, die durch die Kinnkette bewirkt wird. Um eine scharfe einseitige Wirkung der Kandare zu vermeiden, wird gleichzeitig eine Unterlegtrense benutzt. Zur Kandarenzäumung wird das englische Reithalfter benutzt.

Im Handel findet man die verschiedensten Gebissteile unter dem Namen „Palham". Meist handelt es sich dabei um Abwandlungen des ursprünglichen Palhams, dessen Gebissstück eine Trense war, deren Seitenteile in Verbindung mit einer Kinnkette eine Hebelwirkung verursachten.

Hilfszügel: Der einfachste Hilfszügel ist der Ausbindezügel. Dabei wird an jeder Seite des Pferdes einer der beiden Zügel am Sattelgurt unter den Sattelblättern eingeschnallt und an dem gleichseitigen Trensenring befestigt. Beim Longieren oder Reiten müssen die Ausbinder so lang sein, dass das Pferd mit der Nase nicht hinter die Senkrechte kommt. Das Ringmartingal besteht aus einem Riemen, der am Sattelgurt befestigt wird und zwischen den Beinen des Pferdes hindurch läuft. Das Martingal läuft durch einen Halsriemen, es teilt sich in zwei Riemen mit Ringen am Ende. Durch diese Ringe wird der Zügel geführt. Das Martingal darf den Kopf des Pferdes nicht gewaltsam nach unten ziehen.

Schlaufzügel sollen nur von erfahrenen Reitern benutzt werden. Die in Kniehöhe des Reiters am Sattelgurt befestigen Riemen des Schlaufzügels führen von innen nach außen durch die Trensenringe unterhalb der Trense hindurch und dann in die Hand des Reiters. Wer kein sicheres Gefühl für die Handhabung dieses Hilfszügels hat, zieht durch zu starkes Einwirken dem Pferd das Maul nach der Brust, was zu einer unnatürlichen Haltung des Pferdehalses führt.

Sattel

Dass Menschen zum Reiten des Pferdes einen Sattel nutzen, war nicht immer so. Die Germanen sollen noch auf ungesattelten Pferden geritten sein. Unbestritten ist, dass man auf dem bloßen Pferderücken fester, aber nicht weicher sitzt als auf einer rutschenden Unterlage. Um weicher zu sitzen, benutzen beispielsweise assyrische Großkönige und andere Edelleute kunstvoll gewirkte Unterlagen. Das älteste Bild eines Sattels mit Steigbügeln ist aus der Zeit um 300 v.Chr. überliefert. Das Wort Sattel kommt von dem lateinischen Wort „Silla“ und heißt so viel wie Sitz.

Manche Reitervölker und Krieger kannten wohl schon den Sattel, benutzten aber **Decken als Unterlage**, die breite Brustriemen auf dem Rücken der Pferde festhielten. Bei den Römern wurde erst um 340 n. Ch. der Sattel eingeführt. Ein Sattelzeug mit Steigbügel, Vorder- und Hinterzeug lässt sich in Illustrationen aus der Zeit Karls d. Gr. im 9. Jh. nachweisen.

Der im 11. Jh. gestickte Teppich von Bayeux zeigt Sättel, die sehr hohe Sattelbögen aufwiesen und aus lederbezogenem Holz gefertigt waren. Vorder- und Hinterzwiesel hatten die gleiche Höhe. Der Sattelknauf zeigte eine leichte Neigung nach innen, die Sattelblätter waren trapezförmig ausgebildet, am Sattelgurt befand sich eine Schnalle. Durch einen breiten Brustriemen wurde das Abrutschen des Sattels nach hinten verhindert.

Der typisch mittelalterliche **Kriegssattel** kommt mit dem Lehnstuhl-Hinterzwiesel gegen Ende des 12. Jh. auf, der den Reitern auch bei der Handhabung der Lanze im Stillstand guten Halt bot. Mitte des 14. Jh. versah man den Sattel mit Stahlplatten vor dem vorderen und hinteren Zwiesel.Auch die Pferde wurden mit einem Harnisch versehen, der zum Teil am Sattel befestigt war.

Zu Beginn des 16. Jh. setzten Bestrebungen ein, leichtere Sättel zu entwickeln. Eine Art Vorläufer des englischen Sattels kam auf. Der Sattelknauf war nicht mehr so hoch und der herzförmige Hinterzwiesel neigte sich nach hinten. In der „Kavallerieschule“ des Francois Robichon de la Guérnière findet sich eine Tafel mit verschiedenen Abbildungen von Sätteln aus dem 17. bis 18. Jh. Der **Selle Angloise** ist als Vorläufer des noch heute bei uns gebräuchlichsten Sattels zu erkennen. In dem Werk von Garsault (1692 bis 1778) „Le Nouveau Parfait Maréchal“ wird ein flacher oder halbenglischer Sattel erwähnt, wie ihn allgemein die Jäger und speziell die englischen Jagdreiter bevorzugten. Dieser **Hunting Saddle** dürfte eine Übergangsform zwischen dem ehemaligen Kriegssattel und dem traditionellen englischen Modell darstellen. Garsault beschreibt

Der Englische Reitsattel geht in seiner Entwicklungsgeschichte bis in das 16. Jh. zurück.

diesen Sattel: „Der flache oder halbenglische Sattel weist einen sehr kleinen Sattelbaum auf, die Blätter sind den Sattelstegen nachgezeichnet und laufen nach hinten aus. Der Sitz wird in zwei gleiche Teile zugeschnitten und mit Leder- oder Seidenpaspel rund um die Blätter aufgenäht. Nachdem Sitz und Blätter solcherart zusammengenäht sind, legt man das Ganze auf, bringt die doppelten Steigbügelriemenhalter und beidseitig zwei oder drei Strippen für die Gurte an; zu diesem Sattel gehören weder Brust- noch Kruppenriemen.“

Mit kleinen Veränderungen im Laufe der Jahre ist dieser Sattel das Modell des klassischen Sattels geworden und von den Engländern wird er noch heute „hunting saddle“ genannt.

Der Reiter unserer Tage verlangt nach einem Sattel, der ihm einen bequemen Sitz gewährleistet und der dem Pferderücken gut angepasst sein muss.

Der Orthoflex-Sattel ist ein hochwertiger Western- und Wanderreitsattel.

Der Aufbau eines Sattels

Ein gut sitzender Sattelbaum ist der wichtigste Teil. Man unterscheidet zwischen konventionellem Holzbaum, Kunststoffbaum und Federbaum – eine Kombination von Sperrholz, Leder und Naturrohr. Der Vorderzwiesel besteht aus behäutetem Holz mit einem eisernen Kopfeisen. Das Ober- und Unterteil sind angenietet, zur Verstärkung der Trachten dienen zwei Längsschienen, dadurch erhält der Sattel seine eigentliche Form. Das Sattelgestell besteht somit aus **Holz** und **Stahl**. Der **Sattelbaum** setzt sich zusammen aus: Kopf, Orte, Stege (auch Trachten genannt), After, Sturzfeder (auch Sturzöse genannt).

Im Innern des Kopfes befindet sich zur Verstärkung des Baumes ein stählernes Noteisen, welches das Brechen des Baumes verhindert. Der Kopf muss hoch genug sein, um am Widerrist nicht aufzuliegen. Damit das Pferd nicht gedrückt wird, müssen die Orte weit genug aufgestellt sein. Auch die Trachten sollen gleichmäßig am Pferd anliegen. Die Trachten können zur Verstärkung noch von unten mit Stahlschienen beschlagen werden. Über das Gestell werden der Länge nach zwei Gurte gespannt, anschließend die Quergurte. Der erste Quergurt befindet sich hinter der Sturzfeder. Damit die Form des Sitzes die richtige Schweifung bekommt, muss die Spannung der Gurte entsprechend reguliert werden. Form und **Federung** erhält der Sattel durch die Quergurte. Über die Spanngurte kommt eine Gummipolsterung. Rind-, Schweinsleder oder auch Wildleder über die Gummipolsterung genäht, vollenden den Sattel.

Bestandteile des Sattels

- Sattelkranz oder auch Hinterzwiesel genannt,
- Sitzfläche,
- Sattelpolster,
- Vorderzwiesel,
- Sattelkammer,
- Sattelblatt,
- Schweißblatt,
- Pauschen,
- Sattelgurtstrupfen,
- Sattelgurt,
- Steigbügel,
- Steigbügelriemen, der verstellbar ist und in einer waagerecht verlaufenden Öse, der so genannten Sturzöse, aufgehängt wird.

Welcher Sattel für das Kaltblut?

Der mit einem Kaltblutpferd berittene Freizeitreiter sitzt gerne auf einem **Westernsattel.** Für einen Kaltblutreiter, der sich mit seinem Pferd im allgemeinen nicht auf dem Turnierplatz präsentieren möchte, eignet sich der so genannte Arbeitssattel. Für ein dickes Pferd mit breiten Schultern lässt sich relativ preiswert ein einfacher amerikanischer Westernsattel erstehen. Besonders schwergewichtige Reiter sollten aber daran denken, dass der Kunststoffbaum dieser Sättel nicht der haltbarste und oft ein Billigstprodukt ist. Die Sitzfläche dieses Sattels ist mit

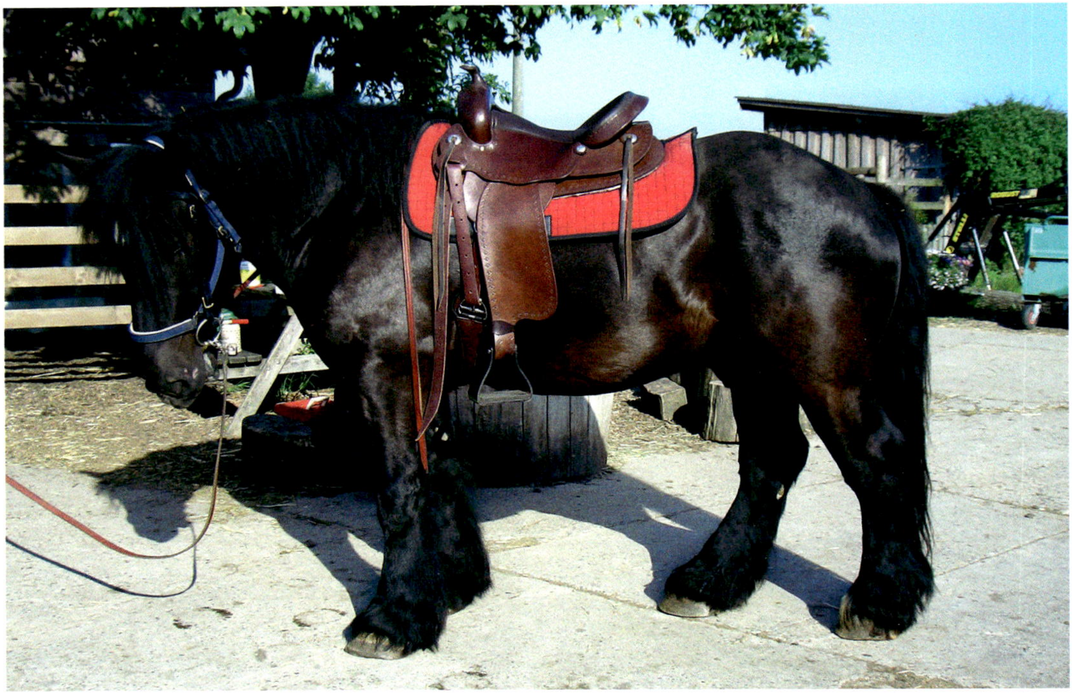

Der 4-jährige Ardenner Wallach hat sich gut an seinen Westernsattel gewöhnt.

38 cm Länge nicht besonders groß; sie lässt sich aber durch Längerschnallen der Bügelriemen etwas ausgleichen. So kann auch ein größerer Reiter damit umgehen. Interessant ist trotzdem, dass die US-Preiswert- oder Billigsättel eine recht gute Haltbarkeit aufweisen. Dafür bürgt die amerikanische Gesetzgebung: Kann in den Staaten ein Reitunfall auf mangelhafte Qualität der Ausrüstung zurückgeführt werden, wird der Hersteller für das Produkt haftbar gemacht. Bei manchen Westernsätteln sind Teile der Sitzfläche unterpolstert. Der normale Arbeitssattel ist mit einem Vollederhartsitz gearbeitet, was ihm eine besondere Robustheit auch gegen Witterungseinflüsse verschafft.

Will man lange Freude an seinem Westernsattel haben, gibt man von vornherein dem mit einem **Hartholzsattelbaum** den Vorzug. Dieser ist mit Rohhaut überzogen. Der Sattelbaum liegt beidseits des Widerrists sehr tief auf, was dem Sattel eine stabile Lage verschafft. Durch einen gut passenden Baum rutscht der Sattel auch bei einem schweren Reiter nicht. Die große Auflagefläche des Westernsattels, die sogar die Schulterpartie des Pferdes mit einbezieht, lässt das Gewicht von Reiter und Sattel flächig auf den Rückenmuskeln aufliegen. Auf dem Schulterblatt des Pferdes aufliegend, wird durch den Westernsattel die Schulter- oder Vorhandaktion des Pferdes nicht behindert. Anstelle von schmalen Bügelriemen ist der Westernsattel mit breiten Fendern ausgestattet. Sie halten die breiten und schweren Steigbügel in einer konstanten Lage. Die speziellen Unterlagen für den Westernsattel nennt man **Pads** und **Blankets**. Pads können aus allen möglichen Materialien gefertigt sein, Blankets sind doppelt oder einfach gelegte gewebte Decken. Dünne Blankets werden auf ein Pad gelegt, dickere, doppelt gelegte direkt auf den Pferderücken.

Der **Vielseitigkeitssattel** eignet sich für den allgemeinen und vielseitigen Gebrauch. Bei diesem Sattel sind die Sattelblätter etwas kürzer als bei dem reinen Dressursattel. Vorn und hinten ist der Sattelblattrand mit mehr oder weniger starken Pauschen versehen. Mit einer untergelegten Satteldecke wird der Sattel oder das Sattelpolster vor Schweiß geschützt. Dazu eignen sich die zahlreichen im Fachhandel erhältlichen **Satteldecken**. Lederstrippen verbinden die Satteldecke mit dem Sattel. Die Unterlagen können aus Leder, Filz, Wollstoff oder synthetischem Material gefertigt sein. Ist die Satteldecke nach der Form des Sattels geschnitten, so muss sie mit ihrem vorderen Teil genügend in die Sattelkammer reichen und darf keine Falten bilden, denn dadurch können Scheuer- und Druckstellen entstehen.

Da der **Dressursattel** ausschließlich für das Reiten mit gestrecktem, tiefen Dressursitz konzipiert ist und zudem dem Reiter im Gelände und im leichten Sitz wenig Halt bietet, ist er für das Freizeitreiten mit Kaltblutpferden wenig geeignet. Der Dressursattel hat sehr lange am Pferd liegende Seitenblätter, die dem Reiter einen engeren Kontakt mit dem Pferd erlauben.

Sowohl zum Dressur- als auch zum Vielseitigkeitssattel kann der klassische **Steigbügel** verwendet werden. Er ist auch als schwerer Dressurbügel oder englischer Jagdbügel bekannt. Eingesteckte Gummieinlagen in die Bügel verbessern den Halt für den Fuß. Im Handel werden auch so genannte Sicherheitsbügel angeboten, die sich im Falle eines Sturzes öffnen. Als **Sattelgurt,** der den Sattel in der gewünschten Lage hält, wird ein möglichst breiter Gurt aus saugfähigem Material verwendet.

Haltung, Fütterung und Pflege

Jeder Pferdebesitzer möchte verständlicherweise seinen Vierbeiner immer in seiner Nähe wissen und der Wunsch nach der Unterbringung direkt am Haus, wenn ein genügend großes Grundstück vorhanden ist, taucht auf. Bei den Planungen für einen Stall innerhalb eines Wohngebietes ist zu bedenken, dass außerdem auch ein entsprechender Auslauf vorhanden sein muss. Das Gartengrundstück eignet sich in der Regel nicht. Befindet sich aber die **Weide** anderenorts, kostet das Hin- und Herbringen des Pferdes vom Stall zur Weide zusätzlich Zeit.

Ein Problem besonderer Art stellt sich mit dem Anfall von **Pferdemist**, und das ist im Laufe der Zeit eine ganze Menge. Es muss deshalb abgeklärt werden, wohin der Mist gebracht werden kann, wenn nicht Kleingärtner oder andere ihn abnehmen. Auch kann Mistgeruch den Anrainern nicht ohne Weiteres zugemutet werden, wenn man ihn selbst in Kauf zu nehmen bereit ist.

Sattel- und Zaumzeug sollten auch für kurze Zeit „pferdesicher" aufbewahrt werden.

Vor Errichtung eines **Stalles** sind Erkundigungen einzuholen, ob baurechtliche Verordnungen und Vorschriften eine Pferdehaltung überhaupt gestatten. Ob das Pferd einen herkömmlichen, massiven Stall braucht oder in einem Offenstall gehalten werden kann, richtet sich nicht zuletzt nach seiner bisherigen Unterbringung beim Vorbesitzer.

Verordnungen zur Pferdehaltung

Jedwede Tierhaltung erfordert ein gewisses Maß an Verständnis und Rücksichtnahme gegenüber den Mitmenschen, die nicht unbedingt alle mit großer Tierliebe ausgestattet sind.

Schwierigkeiten **genehmigungspflichtiger** Art entstehen in der Regel nicht, wenn der Pferdestall im Außenbereich eines Wohngebietes, in dem bereits landwirtschaftliche Bausubstanz vorhanden ist (landwirtschaftliches Mischgebiet), erstellt werden soll. Unter bestimmten Voraussetzungen kann eine Pferdehaltung auch in einem Kleinsiedlungsgebiet erlaubt werden, innerhalb des Dorfgebietes ist sie nach **baurechtlichen Bestimmungen** meist ohne Einschränkung möglich.

Rechte Seite: Offenstallhaltung mit Fressständern. Die Ständer sind so lang, dass ranghohe Tiere keine Möglichkeit haben, die anderen Pferde aus dem Ständer zu verjagen. Die geschlossene Kette signalisiert: Dieses Pferd ist gerade nicht anwesend. Es wird später in seinen Fressständer geführt und erhält dann seine Ration.

Adria

Ein leer stehender Pferdestall berechtigt nicht ohne Weiteres zum Halten eines Pferdes. Die Genehmigung kann versagt werden, wenn ein bisheriger Ortsteil in Mischbauweise nun als Wohngebiet ausgewiesen wurde. In einem reinen Wohngebiet aber wird oft schon die Kleintierhaltung von Vermietern untersagt, weil dadurch andere Bürger belästigt werden könnten. Erst recht gilt das für die Pferdehaltung, da diese nun einmal mit einer nicht zumutbaren Geruchsentwicklung verbunden ist.

Städte und Gemeinden handeln nicht willkürlich bei der Genehmigung oder Ablehnung eines Baugesuchs für einen Pferdestall. Bundesbaugesetze, Baunutzungsverordnung und Bauordnung geben ihnen die Rechtsgrundlage. Vor dem Errichten eines Pferdestalles sollte sich der Bauherr bei der zuständigen Bauaufsichtsbehörde informieren, ob und in welcher Weise er bauen darf.

In kleineren Gemeinden empfiehlt es sich, bei der Gemeindeverwaltung vorzusprechen. Da eine mündliche Zusage bei einer eventuellen späteren gerichtlichen Auseinandersetzung, die beispielsweise von einem neuen Nachbarn angestrebt wird, keinen Bestand hat, muss der Bescheid schriftlich erfolgen.

Die im **Bauleitplan** enthaltenen Bestimmungen über die Nutzungsmöglichkeiten der Grundstücke und die Bauordnung geben vor, ob ein Stallneubau bis an die Grenze des Nachbargrundstücks errichtet werden darf. Der Gesetzgeber regelt auch in der Bauordnung die Fragen der Einfriedigung, das Fensterrecht und vieles andere. In einem bisher ungenutzten Stall kann die zuständige Kommunalverwaltung aufgrund bestehenden Baurechts das Halten von Pferden erlauben, wenn bestimmte Auflagen umweltschützender Art vom Pferdehalter eingehalten werden. Ob ein neuer Pferdestall massiv gemauert, aus Betonfertigteilen oder in Holzbauweise errichtet wird, immer bedarf er der Genehmigung durch die zuständige Baubehörde.

Mit der Erstellung des Bauprogramms sollte ein Architekt beauftragt werden. Für den geplanten Stallneubau sind die Lage des Projekts, der Verwendungszweck und die Maße anzugeben. Den Bauentwurf, die Baubeschreibung und die sonstigen für den Bauantrag notwendigen Unterlagen legt man der Baubehörde zur Genehmigung vor. Wenn der Bauantrag den gesetzlichen Vorschriften entspricht, wird die **Baugenehmigung** schriftlich erteilt. Dieser Bauschein enthält auch die möglichen Auflagen, die beim Bau berücksichtigt werden müssen.

Unterbringung

Ob die Pferde in einem geschlossenen oder Offenstall leben, immer sind entsprechende zusätzliche Räumlichkeiten nötig. Heu und Stroh müssen gelagert werden, eine Sattel- und Futterkammer ist vorzusehen, ebenso ein Unterstellplatz für eine eventuell vorhandene Kutsche oder einen Schlitten. Unumgänglich ist natürlich auch die Mist- oder Dunggrube.

Stall

Kaltblutpferde, die eine Primitiv- oder Robusthaltung nicht gewohnt sind, benötigen einen Stall herkömmlicher Art, der trocken und zugfrei sein muss und genügend licht- und lufteinlässig ist. Wenn es schon notwendig ist, Pferde in geschlossenen **Boxen** zu halten, müssen einige Mindestforderungen gestellt werden, die zum Wohle des Vierbeiners dringend angeraten sind. Bei etwas Überlegung kostet es nur wenig, das Eingesperrtsein des Pferdes in einer Box etwas erträglicher zu gestalten. Für das Kaltblutpferd sind zu der üblichen Berechnung doppelte Widerristhöhe im Quadrat mindestens zwei bis drei Quadratmeter mehr zu veranschlagen.

Das Herdentier Pferd fühlt sich sicher nicht wohl, wenn es durch hohe, undurchsichtige Wände von anderen, im Stall gehaltenen Pferden nicht nur getrennt, sondern auch des Sichtkontaktes beraubt wird. Pferde, die sich sehen und womöglich beschnuppern können, sind viel umgänglicher und weniger aggressiv gegenüber Artgenossen. Dies kommt letztlich wieder dem Halter und Reiter zugute.

Nicht für jeden Boxenstall können aus räumlichen Gegebenheiten **Ausläufe** vor den Ställen

Gitterstäbe lassen die Nachbarbox einsehen, verhindern aber Keilereien.

verwirklicht werden. Alternativ dazu sollten entweder genügend große (geöffnete!) Fenster dem Pferd erlauben, seine Nase in den Wind zu stecken, oder eine nach draußen führende Stalltüre in der oberen Hälfte offen sein. Gerade in großen Vereins- und auch renommierten Privatreitanlagen ist es meist so, dass die Fenster aus Angst vor Zugluft fast das ganze Jahr über geschlossen gehalten werden, eine Boxentür lediglich in die Stallgasse führt und von dort wiederum direkt die Reithalle zu betreten ist. Für den Reiter ist das alles sicher sehr nützlich, wurde aber auch an das Pferd und dessen Wohlergehen gedacht? Nicht von ungefähr leiden viele Pferde an **Atemwegserkrankungen**, was sicher auch auf die schlechten Luftverhältnisse in den Stallungen zurückzuführen ist.

In kleinen Anlagen für ein oder zwei Kaltblutpferde wird oft schon so geplant, dass unmittelbar an die Box ein Auslauf grenzt, den das Pferd bei jedem Wetter beliebig aufsuchen kann. Und es ist schon erstaunlich zu beobachten, wie die meisten Kaltblutpferde allenfalls dem Regen aus dem Weg gehen, Schnee und Kälte dagegen beinahe missachten. Ganz im Gegenteil: Sie wälzen sich wollüstig im Schnee, als sei er ihr ureigenstes Element. Wenn nun aber ein Pferdehalter auf die geschlossene Box angewiesen ist, dann muss er einen Weg finden, sein Pferd entweder auf eine wechselweise nutzbare **Koppel** zu bringen, und wenn das auch nicht möglich ist, ihm wenigstens durch Ausritte oder Einspannen in die Kutsche ausgiebig frische Luft im Grünen zu gewähren.

Ausschließliche Boxenhaltung sollte für das Pferd nicht angestrebt werden. Immer sollte die Haltung in der Box mit einer Möglichkeit zum Auslauf verbunden sein.

Der geschlossene Stall hat gegenüber einer Offenstallhaltung aber auch unverkennbare Vorteile. Wenn die Abtrennung der einzelnen Boxen aus einem Gitter besteht, kann das Pferd seine Sinnesorgane Auge und Nase voll einsetzen und es fühlt sich nicht einsam. Auch müssen die Trenngitter so stabil und hoch angelegt sein, dass Beißereien und Keilereien etwa aus Übermut von vornherein ausgeschlossen sind. Da die im geschlossenen Stall gehaltenen Pferde den Witterungsumschwüngen und vor allem der Nässe nicht ausgesetzt sind, brauchen sie weniger Futter als die im Offenstall gehaltenen, zumal sie weniger Bewegungsmöglichkeit haben und keine zusätzlichen Energien infolge klimatischer Gegebenheiten verbrauchen. Auch ist für jedes Pferd eine individuelle Futterrationierung möglich.

Wenngleich natürlich ein Pferd auch in seiner Box geputzt werden kann, etwa bei schlechtem Wetter, erweist sich eine entsprechend breite Stallgasse auch sonst von Vorteil.

Der Stall darf weder zu klein sein, weil er sich dann zu stark erwärmt und der Luftaustausch beeinträchtigt ist, noch zu groß, weil er sich dann wiederum zu wenig erwärmt. Der Baugrund für den Stall soll trocken sein, damit nicht von Anfang an kostspielige Drainagen notwendig werden. Es sollte darauf geachtet werden, dass der Stalleingang nicht zur Hauptwindrichtung und Wetterseite liegt, was aber nicht heißt, dass Licht, Luft und Sonne nicht ungehindert eindringen dürfen. Der Stall soll im Sommer angenehm kühl sein, doch an keiner Stelle zugig. Erwünscht sind ferner mildes Tageslicht und warmes Sonnenlicht, aber keine grelle Helligkeit und stechende Sonnenstrahlen.

Die wichtigste Kriterien für den Stallbau:

Er muss genügend groß, trocken, ausreichend temperiert, hell und luftig sein. Licht, Luft und Sonne sind für das Wohlbefinden des Pfleglings unerlässlich.

Als Maß für die **Stallhöhe** gilt: mindestens doppelte Widerristhöhe des Pferdes – also keinesfalls unter 3,50 m. Als Baumaterialien für den Stall eignen sich Holz, Fachwerk oder andere, wärmetechnisch erprobte neue Stoffe. Ungeeignet hingegen ist Beton für Wände und Decken, da er Kältestaus und Feuchtigkeitsbildung fördert. Für einen trockenen und gut temperierten Pferdestall bewährt sich immer noch der herkömmliche Ziegelstein. Wird Holz für die Stallwände verwendet, muss die Wandstärke mindestens 3,5 bis 4 cm betragen und bei Fachwerkbauweise sollen die Abstände zwischen den Pfosten 1 bis 1,5 m nicht überschreiten. Wenn es nicht zu umgehen ist, auf feuchtem Baugrund einen Pferdestall zu errichten, muss dieser Mangel durch eine entsprechende Drainage und eventuelles Höherlegen des Fußbodens, auf den eine Isolierschicht aufzubringen ist, behoben werden. Die Beschaffenheit des **Stallbodens** muss derart sein, dass weder Feuchtigkeit von unten – zum Beispiel Grundwasser – noch solche von oben (Kot und Urin des Pferdes und anfallendes Schmutzwasser) durchdringen kann. Der Stallboden muss trag-, rutschfest und wasserdicht sein. Einen warmen und zudem hygienischen und dauerhaften Belag fertigt man aus hochkant auf Kiesbettung eingesetzten und mit Zementmörtel ausgegossenen hartgebrannten Ziegelsteinen. Der Stallfußboden liegt 10 bis 20 cm höher als der Außenboden und schräg zu diesem. Aus Beton hergestellter Bodenbelag muss besonders in der Stallgasse angeraut werden, damit Pferd, Halter oder Pfleger nicht ausrutschen. Außerdem sollte der Betonboden mit einer Drainagerinne und zentralem Abfluss versehen sein. Zuweilen findet auch Holzpflaster als Stallboden Verwendung, wobei die Fugen mit Holzteer sorgfältig auszugießen sind. Besonders warm und leicht zu säubern sind perforierte Gummimatten als Boxeneinlage.

Robusthaltung

Der große Vorteil der Offenstallhaltung liegt darin, dass sich die Pferde uneingeschränkt bewegen können, was eine angenehme Ausstrahlung von Ruhe und Gelassenheit bewirkt. Bei so gehaltenen Kaltblutpferden kann sich kein Bewegungsdrang aufstauen und sie sind auch im Gebrauch vernünftig. Die täglich notwendige „Arbeit" kann freilich ein Offenstallauslauf nicht ersetzen. Ein anderer Vorteil ist, dass das Futter nicht wie bei der Nutzung eines Boxenstalles vorgegeben werden muss, denn bei einer Heuselbstbedienung ist nur ein Vorrücken des Heus vor die Fressluken einmal am Tag notwendig. Anders natürlich ist das Füttern von Kraftfutter zu handhaben.

Während die Stall- oder Boxenpferde von der ohnehin spärlichen Wintersonne nur wenig abbekommen, kann diese von den Pferden der Offenstallhaltung voll ausgekostet werden.

Für den Offenstall sprechen auch die niedrigeren Gestellungskosten, da der Stall einfach zu errichten und dementsprechend preiswert ist. Bei der Offenstallhaltung haben die Pferde die Möglichkeit, sich einen von Kot und Urin nicht beschmutzten Schlafplatz zu suchen, weshalb sie entgegen der landläufigen Meinung zumindest dadurch nicht schmutzig werden. Aber das Allerwichtigste dürfte doch der **gesundheitsfördernde** Aspekt sein: Die Lungen des Pferdes unterliegen keiner Belastung durch schlechten Stallgeruch oder Staub. An Frischluft mangelt es hier nicht.

Trotz aller Plädoyers für die Offenstallhaltung dürfen jedoch deren Nachteile nicht übersehen werden. Da die Pferde ja nicht nur Sonnenstrahlen, sondern mehr oder weniger auch Wind und Kälte ausgesetzt sind, brauchen sie mehr gutes Heu und Kraftfutter als die Boxentiere. Sie müs-

Liegehalle im Offenstall. Sie ist durch Gebäude und Bäume sehr windgeschützt und kann deshalb luftig gebaut sein. Der Raumteiler in der Mitte erlaubt rangniederen Tieren, den Ranghohen auszuweichen. Die Umzäunung des Offenstalles wird mit Strombändern zusätzlich gesichert.

sen sich bereits im Sommer und Herbst ein gutes Fettpolster für den Winter zulegen. Auch das Fell muss sich der Witterungsumstellung anpassen. Die Mehrzahl der Kaltblutrassen kann das ganze Jahr über im Offenstall gehalten werden.

Der **Boden**, auf dem der Offenstall stehen soll, muss so beschaffen sein, dass er sich für eine möglichst trockene Anlage eignet. Bei reinem Sandboden wird lediglich alle paar Tage der Mist abgelesen und von Zeit zu Zeit nach Entfernung der oberen Sandschicht diese durch eine neue ersetzt. Mangelhaft durchlässiger Boden muss 30 bis 60 cm tief ausgehoben und mit Grobkies, Asche und Sand aufgefüllt werden. Danach erfolgt eine Abdeckung mit Sägespänen. Diese Fläche sollte möglichst nahe an den Stall heranreichen.

Je nach Geschick des Pferdehalters, der seinen Stall selbst bauen möchte und den finanziellen Möglichkeiten, variiert die Ausführung des Offenstalls. Zumindest für die warme Jahreszeit erfüllt eine dreiseitig geschlossene und nach der windarmen Richtung ganz oder teilweise offene Schutzhütte voll ihren Zweck.

Ein Offenstall kann gemauert oder aus Holz gebaut werden. Bei Holzverarbeitung besteht das Gerüst des Schuppens aus Vierkantholz, das von außen mit Schwarten schuppig versetzt vernagelt wird. Die Innenseite kann man noch mit Hartfaserplatten verkleiden. Wichtig ist, dass keine Zugluft durch die Wände dringt. Mehrschichtige Bretterwände bieten eine bessere **Isolierung** als einschichtige, durch deren Ritzen es unter Umständen leicht zieht.

Das **Dach** des Stalls muss absolut wasserdicht und mit einer Regenrinne versehen sein. Wenn es an der offenen Seite etwa einen Meter vorspringt, bietet es zusätzlichen Schutz gegen Sonne und Regen. Bei einem größeren Offenstall empfiehlt es sich, wegen der besseren Luftzirkulation eine **Zwischendecke** einzuziehen. Dort kann Heu und Stroh gelagert werden. Für den Stallboden gilt das bereits beim Boxenstall Gesagte. Die Größe des Offenstalls soll so bemessen sein, dass sich die

In dieser Gruppenauslaufhaltung können die zwanzig eingestellten Pferde unterschiedlicher Rassen ohne Beschränkung Raufutter fressen. Die Futterraufe hat ein wellblechgedecktes Dach, das die Durchnässung des Futters verhindert. Das herausgezogene Stroh muss bei nassem Wetter regelmäßig entsorgt werden.

Pferde zum einen gut darin bewegen und sich auch einmal wälzen kann, ohne mit den Beinen an den Wänden anzuschlagen.

Es sollte bereits bei den ersten Planungen an die Möglichkeit einer Erweiterung gedacht werden. Denn es ist weniger kostspielig, den Grundriss des Offenstalls von vornherein großzügiger anzulegen, als spätere Anbauten, die sich zudem oft nicht gut in die Gesamtanlage einpassen, anzuhängen.

Da Holz von Pferden gerne benagt wird, sollten besonders die am meisten gefährdeten Teile des Schuppens mit Holzteer gestrichen werden. Das Heu kann auch getrennt von der Schutzhütte in einem separaten Raum aufbewahrt werden. Eine durch Bretter verstärkte kräftige Balkenkonstruktion trennt die Pferde vom Heu. Durch eine Selbstbedienungsheuwand wird dem Pferdehalter das Füttern wesentlich erleichtert. Der Lauf- und Schlafraum wird so auch weitgehend kotfrei gehalten und das Entmisten kostet nur einen Bruchteil der sonst üblichen Zeit.

Heuraufe

Eine Heuraufe ist weder im Offenstall noch im geschlossenen Stall unbedingt notwendig. Das Heu kann auch auf dem Boden oder in einem weder zu tief noch zu hoch aufgehängten Heunetz angeboten werden. Die Heufütterung vom Boden aus ist jedoch nicht zu befürworten, weil es in die Einstreu gerät und dort mit Schmutz, Kot und sogar mit Wurmlarven in Berührung kommen kann.

Die Heuraufe sollte so angebracht werden, dass das Pferd das Raufutter entnehmen kann, ohne sich verrenken zu müssen. Bei Haltung mehrerer Pferde ist entweder für jedes Tier eine eigene Raufe vorzusehen oder eine von solcher Breite, dass sie für alle Pferde gut erreichbar ist. Bei einem **Futtertisch** sind Raufe und Krippe miteinander verbunden. Eine Bodenraufe in Form eines Korbes sollte wenigstens 10 cm vom Stallboden entfernt sein, damit Staub und Heusamen hindurchfallen können. Um Platz zu sparen, kann die Raufe auch in der Ecke installiert werden. Die Stäbe der Raufe sollten so weit auseinanderlie-

Es ist angerichtet! Hier wird die individuelle Kraftfutterration drei Mal täglich in Fressständern von Hand gefüttert. Die Pferde erhalten im Sommer Heu und frischen Grasschnitt. Beim Füttern kontrollieren die Stallbetreiber mehrmals täglich die Tiere auf eventuelle Verletzungen.

gen, dass das Pferd das Heu bequem herausziehen kann.

Futterkrippe

Als Material für die Futterkrippe ist am ehesten glasierter Ton geeignet. Von größerer Haltbarkeit sind Krippen aus geschliffenem Eisenbeton, Gusseisen, feuerverzinktem Stahlblech und schließlich solche aus Kunststoff, der auch dem Knabberbedürfnis der Pferde stand hält. Da sich Holzkrippen nicht so gut wie die vorgenannten Materialien reinigen lassen und unsaubere Krippen Herde für Infektionskrankheiten sowie auch die Ursache einer Kolik sein können, sollte man sie nicht verwenden. Zudem würden sie von den Pferden angeknabbert und schon bald unansehnlich wirken. Neben den rechteckigen Futtertrögen gibt es im Handel auch Platz sparende Ecktröge. Kunststoffkrippen dürfen nicht aus gesundheitsschädigendem Material hergestellt sein, deshalb empfiehlt es sich, sie im Fachhandel für Stallzubehör zu kaufen.

Die Größe der Krippe soll so bemessen sein, dass das Pferd nicht gezwungen ist, außerhalb des Troges zu fressen und dabei das Futter zu verstreuen. Nach innen überstehende Ränder am Trog beugen dem ebenso vor. Alle Kanten der Krippe müssen abgerundet sein, damit sich das Pferd nicht daran verletzen kann. Die Krippe wird so angebracht, dass die Oberkante sich in Höhe des Buggelenks des Pferdes befindet, also der Größe des Pferdes entsprechend. Um die Pferde am Futtertrog fixieren zu können, empfiehlt sich eine Anbindevorrichtung, zum Beispiel fest verankerte Ringe.

Selbsttränkebecken

Nicht immer ist ein Wasseranschluss für eine Selbsttränke, die von den Pferden nach Bedarf bedient werden kann, in der Nähe des Offenstalles möglich.

Dann muss das Wasser mit dem Eimer herangeschafft werden. Halterungen für Wassereimer gibt es im Handel. Bei Vorhandensein entspre-

Die optimale Lösung: Beheizbare Selbsttränke im Offenstall. Die Pferde haben das ganze Jahr über Zugang zum Wasser und das zeitaufwändige Wasserschleppen entfällt...

chender Wasserleitungen kann die Selbsttränkevorrichtung sowohl in der Box eines geschlossenen Stalles als auch bei der Offenstallhaltung verwendet werden. Das Tränkebecken soll nicht in unmittelbarer Krippennähe angebracht werden, damit das Pferd erst gar nicht versucht ist, zu jedem Bissen einen Schluck zu nehmen. Es ist vielmehr wichtig, dass das Kauen vom normalen Vorgang des Einspeichelns begleitet ist und dazu ist kein Wasser aus dem Tränkebecken nötig. Die Tränke bleibt außerdem sauberer, wenn sie sich abseits der Krippe befindet. Das ist Voraussetzung für die Funktionsfähigkeit und auch, damit sich keine Keime in der Selbsttränke ansammeln. Angebracht wird sie wie die Krippe in Höhe des Buggelenkes des Pferdes, so dass es bequem Wasser zu sich nehmen kann.

Einstreu: Ob Stallhaltung oder Offenstall, immer muss die Einstreu gewährleisten, dass das Lager des Pferdes trocken, weich und vor allem in der kalten Jahreszeit weitgehend warm ist. Für das Pferdebett stehen verschiedene Materialien wie Stroh, Torfmull, Sägespäne und neuerdings auch Stallmatten aus Gummi oder Kunststoff zur Verfügung. **Stroh** als Einstreu schafft ein trockenes, behagliches und warmes Lager. Es wirkt bei einem kalten Fußboden isolierend und durch die Eigenschaft, Feuchtigkeit aufzusaugen, geruchsbindend und damit letztlich luftverbessernd. Da Stroh von den Pferden gerne geknabbert wird, beugt es im weitesten Sinne der Langeweile vor. Das Stroh darf nicht verregnet sein und wenn es eine goldgelbe Farbe aufweist und geruchlos ist, handelt es sich um gutes Stroh. Das beste Einstreustroh liefert Roggen und auch Weizenstroh wird gerne benutzt. Gerstenstroh ist wegen seiner Grannen nicht ganz so ideal. Bei Mangel an Stroh oder wenn das Pferd sich allzuviel von seiner Einstreu einverleibt, sollte auf **Torfmull** zurückgegriffen werden. Torf hat eine außerordentliche Saugfähigkeit. Er muss aber trocken gelagert und eingestreut werden. Wegen eventuell aufkommender Langeweile sollte neben Torf immer noch ein wenig Futterstroh zur Verfügung stehen. **Sägespäne** ergeben zwar ein weiches Lager, aber sie wärmen im Winter nicht so gut wie Stroh oder Torfmull. In Verbindung mit Stroh ergeben sie eine brauchbare Einstreu. Man unterscheidet zwischen Wechselstreu und Matratzenstreu. Manche Verfechter der Wechselstreu halten die Matratzenstreu für eine Brutstätte von Bakterien und Keimen. Bei einer mangelhaft gepflegten Matratzenstreu mag das zutreffen, ebenso gilt es aber auch für eine schlecht gewartete Wechselstreu: Bei dürftiger Reinhaltung des Lagers wird wohl aus beiden in kürzester Zeit ein Mistbett.

Die **Wechselstreu** wird täglich gewechselt und erneuert. Sie kann aber auch als Wochenstreu dienen, wobei die Einstreu eine Woche liegen bleibt. Das erspart nicht das tägliche gründliche Ausmisten, die Einstreu muss geglättet werden und frisches Stroh ergänzt sie wieder. Bei sorgfältiger Ausdüngung und entsprechender Lüftung kann mit der Wechselstreu zweifelsohne das Stallklima erheblich verbessert werden. Nur muss genügend Stroh vorrätig sein, wenn eine Wechselstreu Anwendung finden soll. Anders ist es bei Pferden, die sich den ganzen Tag über nicht im Stall aufhalten. Dann wird die saubere Einstreu nach vorn unter die Krippe geschoben, so dass die Box inzwischen gut austrocknen kann.

Liegehalle mit Stroheinstreu. Diese Matratze wird nach den Wurmkuren komplett herausgenommen. Die Pferde fressen das goldgelbe Weizenstroh gerne, das bei Bedarf nachgestreut wird.

Bevor das Pferd in den Stall zurückkommt, wird die Streu wieder in der trockenen Box verteilt und wo nötig, durch frisches Stroh ersetzt. Bei solcher Haltung ist der Strohverbrauch niedriger. Zu bedenken ist noch, dass durch das häufige Streuabtragen natürlich auch viel Mist anfällt, der gelagert und möglichst verwertet werden soll.

Als günstig im Strohverbrauch erweist sich die **Matratzenstreu**. Sie muss richtig angelegt und gepflegt werden, um die Stalluft sauber zu halten, denn der Urin soll nicht in den Stalluntergrund versickern und diesen mit der Zeit verseuchen. Vielmehr ist eine gute Matratze in der Lage, den Urin aufzusaugen und mitsamt den Geruchsstoffen zu binden. Beim Anlegen der Matratzenstreu aus Stroh darf nicht gespart werden. Der Fußboden muss mindestens 15 cm mit Stroh bedeckt sein. Es ist gut aufzuschütteln und gleichmäßig zu verteilen. Mit der Mistgabel wird es festgeklopft und zugleich festgetreten. Dadurch wird die Unterlage dicht und fest und nur so kann sie nachher alle Feuchtigkeit aufnehmen. Auf die so präparierte Unterlage gelangt dann erst die Einstreuschicht. Dazu wird das Stroh ebenfalls locker aufgeschüttelt und gleichmäßig verteilt. Aber auch andere Materialien anstelle von Stroh können als Matratzenunterlage verwendet werden. Wegen seiner guten Saugfähigkeit eignet sich besonders Torfmull, der zerkleinert in einer Schicht von mindestens 15 cm auf dem Boden verteilt wird. Zur besseren Verfestigung begießt man den Torf vor dem Anklopfen mit Wasser. Die obere Schicht besteht wieder aus Stroh.

Bei schlechten oder unebenen Untergrundverhältnissen, zum Beispiel bei Kopfsteinpflaster in alten Ställen, kann der Boden durch die Matratzenstreu ausgeglichen werden. Die Matratze muss dann allerdings besonders dick sein. Die eigentliche Matratze kann bei entsprechender Pflege bis zu einem halben Jahr liegen bleiben, öfteres Wechseln liegt im Ermessen des Verantwortlichen. Nur während der kalten Jahreszeit sollte die Matratze nicht erneuert werden, da sie jetzt eine heizende oder fußwärmende Funktion ausübt. Zweifelsohne ist der Arbeitsaufwand für eine Matratzenstreu geringer als bei der täglichen Wechselstreu. Es darf aber keinesfalls angenommen werden, das tägliche Ausdüngen könne nun entfallen. Kotballen werden morgens und abends entfernt und idealerweise jedes Mal beim Betreten des Stalles. Auch verschmutzte und stark durchnässte Streuteile muss man entfernen und

TIPP

Es darf nur gut trockenes, sauberes und einwandfreies Stroh als Unterlage oder Einstreu auf der Matratze verwendet werden. Langstroh eignet sich dazu ebenso wie gehäckseltes.

durch frisches Stroh ersetzen. Während dieser Arbeit stellt man das Pferd am besten vor den Stall oder lässt es hinaus in den Auslauf. Die Unterlage der Matratze darf nach Möglichkeit nicht beschädigt werden. Anderenfalls müsste die gesamte obere Streu abgeräumt werden, um die Unterlage wieder richten zu können.

Wer weder Stroh noch Torfmull zur Verfügung hat, muss auf Sägespäne zurückgreifen, wobei die Matratze wenigstens 15 bis 20 cm stark sein sollte. Auch hier ist tägliches Ausdüngen nötig. Besonders nasse Stellen in der Sägespänematratze werden herausgestochen und durch trockenes Material aufgefüllt.

Auslauf

Ein Auslauf mit direktem Zugang zur Box ist die Ideallösung der Pferdeunterkunft. Der Auslauf (Paddock) muss nicht einmal übermäßig groß sein, wichtiger ist, dass das Pferd sich an der frischen Luft aufhalten kann, wann immer es möchte. Die doppelte Boxengröße reicht zur Not schon für ein Paddock aus, je geräumiger, desto besser. Er kann sogar als Übungsplatz genutzt werden, wenn er mindestens 20 x 20 m misst. Da die natürliche Grasnarbe eines Auslaufs ohnehin bald den Pferdehufen anheim fällt, füllt man den Platz mit einer 5 bis 10 cm hohen Kies-Sandschicht auf. Das wiederum hat zur Folge, dass sich bei nasser Witterung das wälzende Pferd schmutzig macht und mehr geputzt werden muss. Deshalb sollte es rechtzeitig vor dem Reiten in den Stall gebracht werden. Bei Betonverbundsteinen bleiben die Pferde eher sauber. Bewährt hat sich auch eine Befestigung mit 50 x 50 cm großen Gehwegplatten aus Beton, wozu der Boden vorbereitend spatentief zu entfernen und eine Lage von etwa 20 cm Kies einzubringen ist. Im Winter muss ein solcher Auslauf bei Glätte mit Sand bestreut werden. Für einen befestigten Auslauf spricht nicht zuletzt die problemlose Reinhaltung und die Zeitersparnis durch den verkürzten Putzvorgang vor allem dann, wenn das Pferd geritten werden soll. Auch der Auslauf sollte mit einer stabilen Abgrenzung versehen sein (siehe Seite 144, „Weideeinzäunung").

Ein Auslauf kann sich nun etwas vom Stall entfernt befinden. Das heißt, dass das Pferd keinen direkten Zugang zur Box hat und zusätzlich Zeit für das Hin- und Herführen eingeplant werden muss. Bei einem abgelegenen Auslauf sollte außerdem für Schatten und Schutz vor Regen und Wind gesorgt sein.

Weide

Während der Auslauf lediglich der unbedingt notwendigen Bewegung des Pferdes und dem Aufenthalt an der frischen Luft dient, soll es sich auf der Weide zumindest teilweise auch ernähren. Nicht jedem Pferdehalter steht eine Weide direkt am Stall zur Verfügung, und auch die Kombination Offenstall mit Auslauf und daran angrenzende Koppeln ist meist nur eine Wunschvorstellung. Um aber die nötigen Wege möglichst effektiv bewältigen zu können, sollte die Entfernung der Weide zum Stall nicht zu groß sein. Wer kein eigenes Weideland nutzen kann, versucht durch Anpachtungen dem Pferd Weidegang zu ermöglichen. Bleibt das Pferd während der gesamten Sommermonate auf der Weide, braucht es einen Unterstand, der es vor Regen und Wind, aber auch vor zu starker Sonneneinwirkung schützt. Während der Zeit des vollen Futterangebots von Mai bis Juni empfiehlt es sich, einen Teil der Weide abzutrennen, damit dort das Futter als Heu geerntet werden kann. Durch ein Abteilen einer großen Weide in einzelne Parzellen ist ein gleichmäßigeres Abweiden gewährleistet. Das Problem eines Futterüberangebots stellt sich nicht, wenn vom Beginn der Weidesaison an andere Tiere (Rinder oder Schafe) die Weide mit begrasen. Dann werden auch die Stellen abgefressen, die

Auch auf der Weide klären die Dicken, wer der Boss ist! Der Ranghöhere beansprucht dann die saftigsten Stellen zum Fressen.

die Pferde stehenlassen (Geilstellen). Die Beweidung von Pferden und Rindern kann entweder im Wechsel geschehen oder aber in der Gemeinschaft. Jede Tierart bevorzugt oder verschmäht bestimmte Gräser und Pflanzen und besitzt eine spezielle Fresstechnik: Rinder zupfen mit Hilfe ihrer Zunge längeres Gras ab, die Pferde weiden kurz und scharf, was auf Dauer der Weide schadet. So wirkt sich **gemeinsame Beweidung** günstig auf den Bewuchs aus.

Durch das Abteilen der Weide in mehrere kleinere Stücke können in den Ruhepausen auch die bevorzugten Gräser wieder nachwachsen und ein Kahlfraß wird verhindert. Die stehen gebliebenen Geilstellen muss man abmähen und vor allem dort den Kot entfernen. Das Absammeln des **Pferdemistes** sollte mindestens zweimal wöchentlich erfolgen, schon um einer Verwurmung vorzubeugen.

Rinderkot hingegen wird lediglich auf der Weide verteilt und kann liegen bleiben. Da ein Pferdebesitzer in den seltensten Fällen auch gleichzeitig Rinder hält, bietet sich die Möglichkeit an, das Pferd bei einem befreundeten Landwirt mit auf der Rinderweide unterzubringen. Natürlich müssen die Tiere sorgsam aneinander gewöhnt werden. Dazu sollte man das Pferd die ersten Tage begleiten und es an der Longe halten, bis die Tiere allmählich gemeinsam zur Koppel gehen. Auch wenn die Vorteile einer Gastweide für den Pferdehalter gegenüber der eigenen Weide unverkennbar sind, so ist doch auch zu bedenken, dass Rinderkoppeln von der Einzäunung her den Bedürfnissen eines Kaltblutpferdes meist nicht entsprechen.

TIPP

Die Weide für das Pferd sollte trocken und nicht zu fett sein, lehmiger Sandboden ist sehr geeignet. Schwere, undurchlässige, feuchte Böden müssen mit Drainagen entwässert werden, da feuchte Weiden einen zu großen Bestand an sauren und nährstoffarmen Gräsern aufweisen. Trockene Weiden hingegen bieten überwiegend gehaltvolle Gräser, Kräuter und Kleearten.

Rheinisches-Westfälische Kaltblüter im vollen Galopp auf der Koppel.

Bewuchs

Auf einer Pferdeweide sollten eine vielseitige Pflanzendecke und reichlicher **Kräuterbesatz** vorhanden sein. Junge Disteln, Kamille, Brennnesseln, Kümmel, Spitzwegerich und Schafgarbe werden von den Pferden gerne aufgenommen. Kräuter und Klee besitzen einen höheren Nährwert als die Gräser. Weißklee und Löwenzahn sind hochwertige und nährstoffreiche **Futterpflanzen** mit einem hohen Gehalt an Eiweiß, Phosphorsäure, Kalk und Magnesium. Alle diese Pflanzen sorgen für die notwendige Vielseitigkeit auf der Weide. Als wertvolle **Obergräser** zeichnen sich Wiesenschwingel und Wiesenlischgras aus, als **Untergräser** Deutsches Weidelgras und verschiedene Rispengräser.

Für alle Standorte eignen sich Deutsches Weidelgras, Wiesenschwingel, Wiesenrispe; speziell für arme, trockene Sandböden ist Rotschwingel geeignet, für feuchte bis nasse Böden (keine stauende Nässe) passt Fioringras (Riesenstraußgras). Auf trockenen, trittfesten Weiden wachsen so gut wie keine giftigen Pflanzen, die sich lieber auf feuchten, sumpfigen Böden, die für das Pferd ohnehin als Weide ungeeignet sind, ausbreiten. Schwach giftig sind die Hahnenfußarten in grünem Zustand. Die Herbstzeitlose hingegen ist sehr giftig, wegen ihrer Trittempfindlichkeit jedoch auf den Pferdeweiden kaum zu finden. Dem Pferd gefährlich werden können auch Sumpfdotterblumen und der Sumpfschachtelhalm.

TIPP

Besonders giftige Gewächse, die zwar nicht direkt auf der Weide wachsen, mit denen das Pferd aber außerhalb dieser konfrontiert werden kann: Es sind dies Eibe, Akazie, Buchsbaum, Goldregen, Liguster und besonders die Tollkirsche sowie auch Schneeglöckchen, Maiglöckchen und Hyazinthen, Nachtschatten, Jakobskreuzkraut und teilweise der Schachtelhalm.

Auf der Weide nicht gern gesehen werden Großer und Mittlerer Wegerich, Gänseblümchen, Vogelknöterich, Ampferarten, scharfer Hahnenfuß, Rohrschwingel, Knaulgras und Binsen, die auf herkömmliche Weise zu vertilgen sind: durch den Wechsel zwischen der Nutzung durch verschiedene Weidetiere – Pferd, Schaf, Rind – mit nachfolgendem Schnitt, verstärkte Grasdüngung oder Aushacken. Vor dem Einsatz chemischer Unkrautvernichtungssmittel muss man sich unbedingt vom Fachmann beraten lassen.

Neuansaat der Weide

Wenn die Weide hartnäckig verunkrautet ist, hilft es meist nur, alles zu umbrechen und sofort danach neu anzusäen.

Die Wahl der Saatmischungen richtet sich nach der **Bodenbeschaffenheit**. Etwas feuchtere Standorte brauchen eine andere **Saatgutzusammenstellung** als trockene Böden. Wenn nach folgendem Saatmischungsvorschlag von Deutschem Weidelgras oder Wiesenschwingel die Rede ist, sollten davon jeweils zwei geprüfte Sorten Anwendung finden. Der Rat landwirtschaftlicher Fachleute ist bei der Weideansaat unbedingt einzuholen.

Saatmischung für Pferdeweiden **Gew.%**

Saatmischung für Pferdeweiden	Gew.%
Deutsches Weidelgras (*Lolium perenne*)	6/16
Wiesenschwingel (*Festuca pratensis*)	16/6
Wiesenlischgras, Timothe (*Phleum pratense*)	4/2
Wiesenrispe (*Poa pratensis*)	2/4
Weißklee (*Trifolium repens*)	2/2

In der ersten Zahl ist eine Empfehlung für feuchteren, mit der zweiten eine für frischen bis trockenen Boden wiedergegeben. Als Saatgut sollte nur beste Qualität verwendet werden; dann sind 30 kg pro ha ausreichend.

Eine **Vorratsdüngung** mit Phosphat und Kali verbunden mit einer ersten Stickstoffgabe – je nach den örtlichen Gegebenheiten muss auch eine **Kalkauffrischung** erfolgen – bereitet die Ansaat vor. Während anfangs 60 kg Stickstoff pro ha gegeben werden, nimmt man nach vier bis acht Wochen eine weitere **Stickstoffdüngung** in Höhe von 50 kg/ha vor. Später sollte man mit den Stickstoffgaben zurückhaltend verfahren. Die jungen Graspflanzen sollen sich rasch entwickeln und durch die Bildung zahlreicher Seitentriebe entsteht bald eine dichte Grasnarbe, die von Anfang an schonend beweidet werden kann. Dazu eignen sich am ehesten Rinder. Erst danach erfolgt die kurzzeitige Beweidung durch Pferde. Die volle Nutzung einer neu angelegten Pferdeweide ist bei ausreichender Düngung nach etwa einem Jahr gegeben.

HINWEIS

Vor der Verwendung von Pferdemist als Weidedüngung muss generell gewarnt werden, da er fast immer Eier oder Larven von Parasiten enthält, auch wenn der Mist heiß verrottet wurde. Selbst bei diesem Verfahren überleben stets einige Wurmindividuen, weil in den Randzonen der Verrottungshaufen die Temperaturen mitunter nicht hoch genug sind. Pferdemist sollte lediglich im Ackerbau oder auf ausschließlich von Rindern genutzten Weiden verwendet werden.

Düngung

Um einen optimalen Ertrag auf der Weide zu erreichen, muss **regelmäßig** Dünger ausgebracht werden. Dabei steht die Pferdeweide im Gegensatz zur Rinderweide nicht mit Höchsterträgen an Futter im Vordergrund, die Qualität ist wichtiger. Grundsätzlich eignen sich sowohl organische als auch mineralische Dünger.

Zur Kontrolle der Nährstoffversorgung empfiehlt sich eine Bodenuntersuchung alle drei bis vier Jahre. Ergibt sich daraus ein ausreichender Kalium-, Magnesium- und Phosphatvorrat, genügt bei reiner Pferdebeweidung mit mäßigem Besatz je Jahr eine Düngung mit

- 80 bis 100 kg/ha Reinstickstoff (N),
- 50 bis 60 kg/ha Phosphat (P_2O_5),
- 80 bis 120 kg/ha Kalium (K_2O).

Wenn im Frühjahr eventuell zum Futterausgleich ein Heuschnitt erfolgt ist, muss der dadurch entstandene Nährstoffentzug mit Dünger ergänzt werden.

Wann im Einzelnen gedüngt wird, richtet sich nach der Art der Nutzung und dem Bedarf der Weidenarbe. Ein Teil der **Grunddüngung** an Phosphat und Kali sollte schon im Herbst und Winter während der **Wachstumsruhe** ausge-

Grunddüngung

Bei einer Grunddüngung im Herbst und Winter hat sich folgendes Vorgehen bewährt:

- Zwischen November bis März: 4 dt/ha Thomasphosphat (15% P_2O_5) = 60 kg/ha P_2O_5, 3 dt/ha 40er Kalisalz = 120 kg/ha K_2O;
- Mitte Juni: 1 dt/ha Kalkammonsalpeter (26% N);
- Anfang Juli: 1 dt/ha Kalkammonsalpeter;
- Ende August: 1 dt/ha Kalkammonsalpeter;
- Anfang Oktober: 1 dt/ha Kalkammonsalpeter, wobei die letzte Stickstoffgabe im Oktober die Grasnarbe vor Einbruch des Winters noch kräftigen hilft und ebenso den Austrieb im nächsten Frühjahr beschleunigt.

bracht werden und ein Teil während der Vegetationszeit, um eine gleichmäßige Versorgung des Aufwuchses zu gewährleisten. Es ist aber auch möglich, die gesamte Düngung im Verlauf der Vegetationszeit zwischen April und Oktober auszubringen, dann vorwiegend mit NPK-Volldünger.

Aus der winterlichen Mineralisation steht den Weideböden für den ersten Aufwuchs meistens genug Stickstoff zur Verfügung, deshalb kann die erste Frühjahrsdüngung erst nach zweimaligem Abweiden erfolgen. Normalerweise soll Dünger gleichmäßig ausgebracht werden. Bei stark verbissenen Weideteilen düngt man diese aber verstärkt und andere schwächer, was die Stickstoffdüngung in der Wachstumszeit betrifft.

Düngung

Die Düngung während der Vegetationszeit geht wie folgt vor sich:
- Mitte Mai: 2 dt/ha Volldünger, blau;
- im Juli: 1 dt/ha Kalkammonsalpeter (26%);
- im August: 1 dt/ha Volldünger;
- Ende September: 2 dt/ha Volldünger.

An reinen Nährstoffen wurden pro Jahr verabfolgt: 112 kg/ha N, 60 kg/ha P_2O_5, 85 kg ha K_2O, 10 kg/ha MgO.

Mit ausrangierten Eisenbahnschwellen lässt sich eine sichere Einzäunung schaffen.

Einzäunung

Ganz gleich, mit welchem Material die Einzäunung für die Pferdeweide hergestellt wird, eines ist unabdingbar: Sie muss absolut **ausbruchsicher** sein. Zu groß sind die Gefahren durch ausgebrochende Pferde für die Vierbeiner selbst und für Menschen oder Verkehrsteilnehmer. Wenn ein Pferd beispielsweise in ein Auto läuft, tröstet es den Pferde- und den Pkw-Besitzer wenig, wenn eine Haftpflichtversicherung für den Schaden aufkommt, vor allem dann nicht, wenn es sich nicht nur um einen Sachschaden handelt.

Wenn auch etwas teurer und arbeitsaufwendiger, am sichersten ist die Einzäunung einer Weide mit Holz, meist Fichten- und Lärchenholz. Eichenholz scheint im Moment teurer in der Anschaffung, weil es aber auch ohne Imprägnierung wesentlich haltbarer ist als andere Holzarten, macht es sich letztlich doch bezahlt. Leider wird Holz von Pferden gerne benagt, so dass bei einem **Holzzaun** ständig Ausbesserungsarbeiten nötig sind. Um dem Nagebedürfnis etwas entgegenzuwirken, kann man das Holzwerk gründlich mit einem Gemisch aus Karbolineum und Holzteer im Verhältnis 10:1 streichen. Die in den Boden zu versenkenden Pfostenteile müssen, damit sie nicht zu schnell faulen, besonders gut imprägniert werden. Die **Imprägnierung** sollte noch 20 bis 30 cm über den Erdboden hinausreichen.

Befestigt werden der Eckpfähle mit seitlichen Holzverstrebungen. Wer ausgediente **Eisenbahnschwellen** bekommt, kann damit eine stabile Einzäunung schaffen. Unverwüstlich aber teuer ist eine **Weidezaunanlage** aus verzinktem Stahl-

Das Koppeltor muss ausreichend gesichert sein und unbefugtes Öffnen verhindern.

rohr. Zur stärkeren Absicherung eines Holzzaunes dienen Elektrolitzen oder **Elektrobänder**. Das **Weidetor** soll so breit sein, dass landwirtschaftliche Maschinen zu Pflegearbeiten einfahren können. Es muss sich nach innen öffnen, sodass die Pferde es nicht aufdrücken. Außerdem sollte es gut verschließbar sein, damit Unbefugte es nicht öffnen können.

Wasserversorgung auf der Weide

Eine feste Wasserstelle muss dem Kaltblutpferd ständig zugänglich sein. Mit einer Selbsttränke ist die Wasserversorgung weitgehend gewährleistet. Wer keine Pumpe auf der Weide oder in unmittelbarer Nähe nutzen kann, muss mit dem Fahrzeug regelmäßig Frischwasser anfahren. Ausgediente Badewannen auf Weiden sind die Wasserbehälter schlechthin. Es soll Kaltblutpferde geben, die ihre Füße in der „Tränke“ baden, dann muss für eine zusätzliche Trinkwasserquelle gesorgt werden. Je 100 kg Körpergewicht benötigt das Kaltblut, wie übrigens ein Warmblutpferd auch, 5 bis 12 l Wasser, bei einem „Dicken“ ergibt sich so ein ganz beachtlicher Wasserbedarf.

Ernährung

Die Fütterung des Kaltblutpferdes, das überwiegend im Stall gehalten wird, ist natürlich eine andere als die des Weidepferdes. Auch spielen der allgemeine körperliche Zustand und besonders die **Arbeitsleistung** eine große Rolle, sowohl bezüglich der **Futtermenge** als auch der Futterqualität. Hier muss der Pferdehalter seine Tiere gut beobachten, denn auch die einzelnen Individuen verwerten das Futter unterschiedlich.

Das Futter muss sauber und frei von Erde und Schmutz sein. Niemals darf gefrorenes oder faules Futter gegeben werden. **Grünfutter** wird täglich frisch gemäht. Was nicht gleich verfüttert wird, breitet man in einer dünnen Schicht im Schatten aus, denn es darf sich nicht erhitzen. Für das Weidepferd sind **Heu** und Gras die Hauptnahrungsmittel, aber ohne zusätzliches **Kraftfutter** kommt das Kaltblutpferd nicht aus, besonders dann nicht, wenn es zwischenzeitlich noch arbeitet. Der Nährwert von Heu ist hoch und es enthält reichlich Vitamine, Mineralstoffe und Spurenelemente. Als Ballastfutter füllt es zudem den Magen des Pferdes und gibt ihm das Gefühl der Sättigung.

Wiesenheu

Nährstoffreiche, mit Süßgräsern, Klee und vielen Kräutern bewachsene und vor der Blüte geschnittene Wiesen ergeben das beste Heu. Verfüttert werden darf Heu erst, wenn es drei bis vier Monate gelagert – durchgeschwitzt – hat. Dann sollte es zunächst in kleinen Gaben oder zusammen mit altem Heu oder gutem Futterstroh gegeben werden.

Heu von sauren Wiesen kann ebenso wie verschimmeltes beim Pferd eine Kolik verursachen. In **Ballen** gepresstes Heu muss vor dem Verfüttern auf schlechte Stellen im Inneren des Ballens überprüft werden. Ballenheu wird gut aufgeschüttelt, bevor das Pferd es zum Fressen bekommt. Kleeheu und Luzerneheu zeichnen sich durch einen sehr hohen Nährwert aus, bei zu großen Gaben führen sie jedoch leicht zu Verdauungsstörungen in Form von Blähsucht und Kolik. Deshalb empfiehlt es sich, dieses mit Wiesenheu oder gutem Futterstroh zu mischen. Den höchsten **Nährwert** besitzt Esparsetteheu, der Kaufpreis ist allerdings beachtlich.

Heubedarf

Ein ausgewachsenes Kaltblutpferd benötigt 10 kg Heu täglich, bei schwerer Arbeit auch bis zu 15 kg.

Wiesengras, Klee und Luzerne eignen sich auch zur **Grünfütterung**, die sich günstig auf die Darmtätigkeit des Pferdes auswirkt. Es ist jedoch notwendig, das Pferd allmählich daran zu gewöhnen. Klee hat einen solch hohen **Eiweißgehalt**, dass die Verfütterung nur mit der zusätzlichen Gabe kohlenhydratreicher, eiweißarmer Futtermittel wie Stroh empfohlen wird. Junges Grünfutter vermischt man mit bis zu 5 cm langem gehäckseltem Stroh.

HINWEIS

Sofort nach der Grünfütterung sollen die Pferde keine Gelegenheit zum Trinken haben. Man muss sie vorher tränken oder erst eine Stunde nach dem Füttern von Grünfutter. Besonders gefährlich ist ein Tränken unmittelbar nach Kleefütterung.

Stroh wird vor allem als Einstreu verwendet. Aber auch als Ergänzung zu eiweißreichen Futtermitteln und als Häckselbeimischung zu Hafer zwingt es das Pferd zum besseren Kauen und Einspeicheln. Wenngleich **Stroh** als Nahrungsmittel nur von geringer Bedeutung ist und der Nährwert nur etwa ein Drittel des Heus beträgt, hat es als magenfüllendes, das Futterbudget schonendes **Beifutter** noch einen ganz anderen Nutzeffekt. Pferde, denen die Möglichkeit gewährt wird, auf gutem Stroh herumzukauen, neigen viel weniger zu Unarten, die sonst aus Langeweile entstehen wie Weben, Koppen oder andere. Die Pferde bevorzugen das Stroh von Sommerweizen, Hafer und Weizen, doch kann auch Gerstenstroh verwendet werden. Zum Verhäckseln eignet sich besonders Roggen- sowie auch Hafer- und Weizenstroh. Da sehr gefräßige Pferde zuweilen auch das eingestreute Stroh ihres Lagers fressen, muss dies ebenso gesund und einwandfrei sein wie das Futterstroh. Bei übermäßigem Strohverzehr sollte jedoch ein anderes Material als Einstreu in Erwägung gezogen werden (siehe auch Seite 137, „Einstreu“).

Das herkömmliche Pferdekraftfutter ist **Hafer** – ganz, geschrotet oder gequetscht. Gequetschten erhalten Pferde mit schlechtem Gebiss. Wenn der Pferdemist sehr viele unverdaute Haferkörner aufweist, ist dies ein Zeichen für eine ungenügende Verdauung des ganzen Haferkornes und Quetschen erweist sich hier vielleicht als empfehlenswert.

Haferqualität

Der Hafer muss frei von Verunreinigungen jeglicher Art sein, sein Geruch ist nicht stickig und er darf natürlich keinen Schimmel aufweisen. Hafer wird erst nach drei- bis viermonatiger Ablagerung verfüttert, weil sonst die Gefahr von Koliken groß ist. Ein großes und rundes Haferkorn besitzt den höchsten Energiegehalt.

Ein gutes Pferdemischfutter ist der **Reformhafer** aus einschlägigen Futtermittelfirmen. Allerdings enthält er gewalzte Körner, und es muss jedem einzelnen Pferdebesitzer überlassen bleiben, ob er sein Pferd von vornherein an dieses, zudem noch recht teure Futter gewöhnen möchte. Die

Das Angebot an Pferdekraftfutter ist vielfältig; Äpfel und Möhren sollten in der Ration nicht fehlen.

Inhaltsstoffe des Reformhafers sind meist 40 bis 50% Hafer, Melasse, Weizenkleie, Malzkeime, Leinsamenschrot und Haferschalen und er ist angereichert mit Vitaminen, Spurenelementen und Mineralstoffen.

Kraftfutter wird auch in gepresster Form angeboten, die Gestehungskosten sind jedoch recht hoch. Sowohl reiner Hafer als auch ein Kraftfuttergemisch, als Fertigfutter im Handel erhältlich, sollten unter Zugabe von etwas trockener Kleie oder zwei Handvoll gehäckseltem Heu oder Stroh gegeben werden. Anderenfalls frisst das Pferd vielleicht zu gierig und speichelt das Futter nicht genügend ein, was leicht zu Verdauungsstörungen führt. Das Verhältnis von Kraftfutter zu Raufutter hängt vom Einsatz des Pferdes ab.

Wie schon erwähnt, kann Weizenkleie (trocken oder leicht angefeuchtet) einen Teil der Haferration ersetzen. Dies wirkt sich nervenberuhigend und gesundheitsfördernd auf das Pferd aus. Dazu ist das Beifüttern von kalziumhaltigen Mineralstoffen notwendig, denn Weizenkleie ist relativ arm an Kalk. Sie zeichnet sich aber durch einen hohen Eiweißgehalt aus und ist reich an Vitaminen und Phosphorsäure. Von den Pferden wird dieses wertvolle Futtermittel gerne genommen. Bei säugenden Stuten regt die Gabe von Weizenkleie die Milchsekretion an und sie wirkt allgemein verdauungsfördernd.

Gerne fressen Pferde **Mash**, ein Diätfutter, das sich vor allem dann eignet, wenn sie nach Krankheiten besonders aufgebaut werden müssen. Auch während des Haarwechsels und in Zeiten besonderer Beanspruchung empfiehlt sich Mash.

Die Herstellung von Mash

Eine Hand voll Leinsamen wird 24 Stunden eingeweicht und dann gut gekocht (umrühren, sonst brennt er an!) und etwas ziehen lassen, dann siedend über ein Futtergemisch aus gequetschtem Hafer und Weizenkleie geben, durchrühren und mit einem Sack oder Ähnlichem abdecken, nach einigen Stunden noch lauwarm füttern.

Das Pferd sollte, wenn möglich, regelmäßig **Karotten** erhalten. Wegen ihrer Süße fressen die Pferde sie mit Wonne. Karotten sind sehr vitaminhaltig, recht nährstoffreich, enthalten aber wenig Eiweiß. Die Mohrrüben sollten schon deshalb auf dem Speisezettel des Pferdes stehen, weil sie nicht nur verdauungsfördernd, sondern auch auf den Abgang von Würmern einwirken. Möhren werden zuvor gut geputzt und von Kraut und grünem Kopf befreit.

Auch **Zuckerrüben** können als Beifutter dienen und wegen des hohen Zuckergehaltes nehmen die Pferde sie gerne. Zuckerrüben müssen gut gereinigt werden und, da sie relativ hart sind, vor dem Füttern etwas zerkleinert werden. Sie dürfen nur in ganz kleinen Mengen verfüttert werden, weil die Pferde bei zu großer Gabe leicht schwitzen und Durchfall auftreten kann. Zuckerrüben als Schnitzel verarbeitet, können dem Futter ebenfalls beigefügt werden. Es sollten immer nur so viel Zuckerrübentrockenschnitzel aufgeweicht werden, wie für eine Mahlzeit nötig sind. Der **Quellvorgang** muss vor dem Füttern abgeschlossen sei, weil durch Nachquellen im Pferdedarm schlimme Koliken auftreten können.

Der sirupartige Rückstand aus der Zuckerrübenverarbeitung, **Melasse**, kann in Verbindung mit Stroh, Kleie und Ähnlichem gereicht werden. Melasse wirkt appetitanregend und fördert die Darmbewegung. Fertigem Mischfutter ist sie meist schon zugesetzt, ebenso wie dem Reformhafer.

Kartoffeln kommt in der Pferdefütterung keine besondere Bedeutung zu. Sie können aber, sauber gewaschen, entkeimt und von den Augen befreit, roh mit der Schale verfüttert werden. Kartoffelkraut und grün gewordene Knollen sind wegen des für Tiere schädlichen Solaningehaltes zu meiden. Besser eignen sich gut eingeweichte Kartoffelflocken als Beifutter. Von jedem Pferd ist ein **Apfel** als Leckerbissen begehrt.

HINWEIS

Die Zubereitung sämtlicher schnell säuernder Futtermittel erfolgt erst unmittelbar vor der Fütterung. Die Futterkrippe muss vor und nach dem Verabreichen des Futters sorgfältig gereinigt werden und alle Futterreste sind zu entfernen.

Zur Deckung des Mineralstoffbedarfs haben sich die von Futtermittelherstellern angebotenen **Mineralbeifutter** für Pferde bewährt. Wichtige Mineralstoffe sind Kochsalz, Kalk und Phosphor. Eisen, Mangan, Kupfer und Jod zählen zu den Spurenelementen, die meist mit der üblichen Fütterung abgedeckt werden. Jod, Aminosäuren, Vitamine und die verschiedensten Spurenelemente sind im Algenmehl enthalten. Anstelle von Würfelzucker als **Belohnung** erhält das Pferd so genannte Leckerwürfel, die wertvolle Spurenelemente, Mineralien und Vitamine enthalten. Durch den Zusatz von Traubenzucker sind die Pferde geradezu versessen auf diese Würfel. Da sehr verschiedenartige Zusammensetzungen auf dem Markt sind, wird hier die eines bewährten Präparates wiedergegeben. Die Angaben beziehen sich auf den Gehalt je kg:

- Vitamin A (für Sehkraft, Bindegewebe, Widerstandskraft gegen Infektionen) 100.000 I.E.,
- Vitamin D3 (für Knochenaufbau, fördert den Kalzium-Phosphor-Stoffwechsel) 8.000 I.D.,
- Vitamin B1 (für Nervenstärke, Stoffwechsel) 60 mg,
- Vitamin B2 (für Energie, Verdauung) 100 mg,
- Vitamin B6 (für Zähne, Nerven, schönes Fell) 30 mg,
- Vitamin B12 (für Stoffwechsel, bessere Futterausnutzung, Blutbildung) 300 mg,
- Vitamin E (für Muskelbildung, Kreislauf, Drüsenfunktion) 1.000 mg,
- Folsäure (für Blutbildung, Vitalität) 30 mg,
- Nikotinsäure (für Nerven, Magensalzsäurebildung, Hautorgane) 300 mg,
- Pantothensäure (für Futterverwertung, Muskelfunktion) 120 mg,
- Vitamin C (für Leistungssteigerung, Zahnfleisch, Widerstandskraft) 1.500 mg,
- Vitamin PP (für Vitalität, Verdauung, Nerven) 350 mg,
- Cholinchlorid (für Wachstum, Knochenbau, Fettstoffwechsel) 850 mg.

Beispiele für die Rationsgestaltung

Das Kaltblut sollte besser etwas dünner als zu fett sein, weil Knochen und Sehnen unter zu viel Gewicht leiden.

Ein Kaltblutpferdebesitzer berichtete, dass sein Pferd, seit es weniger eiweißhaltiges Futter bekommt, keine Mauke mehr hat.

Schwarzwälder Kaltblut

Ohne Arbeitsbelastung (Alter bis zu drei Jahre und Weidegang im Sommer):

- lediglich Mineralfutter in Form von Lecksteinen
- fast kein Kraftfutter.

Bei Aufstallung:
- 2 kg Hafer, 4 kg Grassilage, 4 kg Heu,
- 100 g Mineralzusätze.

Rheinisch-Deutsches Kaltblut

Bei leichter Belastung (täglich eine Stunde reiten oder fahren) und ganztägigem Weidegang:
- außer Mineralien kein Zufutter.

Bei starker Belastung steigt der Futterbedarf, z.B. bei einem mehr als 3-tägigen Wanderritt:
- 2 bis 3mal am Tag zusammen etwa 8 kg Kraftfutter, Raufutter satt.

Im Winter bei leichter Belastung und freiem Zugang zum Raufutter:
- in 10 Tagen ein Rundballen Heu, 1 kg Kraftfutter am Tag.

HINWEIS

Rassen, die zur Fleischproduktion gezüchtet werden (Frankreich, Belgien), legen sehr schnell an Gewicht zu; der Privatpferdehalter möchte jedoch lange Freude an seinem Pferd haben und muss es nicht in zwei Jahren zum „Schlachtgewicht" hochfüttern.

Futterzeiten

Die Fütterung sollte auf drei Gaben täglich aufgeteilt werden. Da während der Nacht die längste Futterpause entsteht, erfolgt abends die **Hauptfuttergabe**, die etwa zwei Drittel der **Gesamtfuttermenge** ausmacht. Als Richtschnur für die Futterzeiten dient ein seit langem bewährter Zeitplan. Zwischen der Morgen-, der Mittags- und der Abendfütterung liegen jeweils sechs bis sieben Stunden, zwischen der abendlichen Mahlzeit und der dem Morgenfutter entstehen dadurch 10 bis 14 Stunden Pause. Die Einhaltung eines Futterplanes richtet sich natürlich nach den persönlichen Verpflichtungen beruflicher oder anderer Art des „Futtermeisters" oder nach der zur Verfügung stehenden Freizeit. Wichtig ist jedoch das **regelmäßige Füttern**, das heißt das Futter sollte immer zur gleichen Zeit verabreicht werden. Wenn das Pferd frisst, darf es nicht von der vollen Krippe weggezerrt werden, weil gerade zu diesem Zeitpunkt der Pferdehalter Zeit und Lust zum Reiten oder Einspannen des Pferdes hat. Dass dann ein Pferd während der Arbeit nicht „bei der Sache" sein kann, ist nur verständlich.

Pflege

Ob das Kaltblutpferd nun in den Sommermonaten überwiegend auf der Weide oder hauptsächlich im Stall gehalten wird, für sein gesundheitliches Wohlergehen sind sorgsame pflegerische Maßnahmen unbedingt nötig.

Putzen

All zu viel ist ungesund – diese Aussage gilt auch für den Putzvorgang. Das Pferd darf seines natürlichen Fettschutzes gegen Kälte und Nässe nicht beraubt werden. Bei den auf der Koppel gehaltenen Pferden sorgt die Natur für eine gesunde Haut- und Fellpflege. Pferde, die geritten werden, müssen natürlich vom gröbsten Weideschmutz befreit werden, Mähne und Schweif werden mit der **Kardätsche** gebürstet und per Hand verlesen. Das Putzen des Weidepferdes kann man sich dadurch erleichtern, dass man es, wenn ein Ausritt oder eine Kutschfahrt beabsichtigt ist, rechtzeitig vorher in den Stall holt, wo der Schmutz abtrocknen kann und dann besser zu entfernen ist.

Auf der Weide können sich die Pferde **wälzen** und danach **scheuern**, sie haben keine zusätzliche Körpermassage nötig. Deshalb sollten für das Pferd immer Bäume nicht nur als Schattenspender, sondern auch zum Scheuern auf der Koppel zur Verfügung stehen, sonst müssen leicht die Zaunpfähle herhalten.

Bei zu starkem und ständigem Scheuern vornehmlich der Schweifrübe muss nach den Ursachen gesucht werden. Vermehrtes Scheuern tritt bei starker Verwurmung auf, aber auch, wenn der Schweif durch vernachlässigte Pflege verfilzt ist sowie bei Befall durch Läuse, Milben oder Pilze und bei Ekzemen. Bei Ungezieferbefall hilft freilich einfaches Putzen nicht mehr, hier muss mit speziellen Mitteln behandelt werden.

Ein gut gepflegtes Kaltblutpferd zeigt ein glänzendes Fell und strahlt Wohlbefinden aus.

Das dicke **Winterhaar** darf nicht durch übermäßiges Putzen entfernt werden, es soll dem Pferd ja Schutz vor strenger Kälte bieten. Starker Schmutz lässt sich auch leicht mit einem Strohwisch entfernen. Im Frühjahr ist intensives Putzen um so mehr vonnöten. Das Ausfallen des Winterhaares ist zuweilen von starkem Juckreiz begleitet und durch tägliches **Bürsten** kann zum Wohlbefinden des Pferdes beigetragen werden.

Beim Putzen mit der Kardätsche, dem Hauptputzgerät, wird diese in die linke Hand genommen, der Striegel in die rechte, da der Putzvorgang auf der linken Seite beginnen soll. Auf der rechten Seite verfährt man dann umgekehrt. Die Kardätsche wird in langen Putzbewegungen von vorn nach hinten geführt. Der dabei ausgeführte Druck muss am Kopf und an empfindlichen Körperstellen etwas schwächer sein. Mähne und Schweif werden ebenfalls mit der Kardätsche gebürstet und mit der Hand verlesen. Danach tritt die angefeuchtete Wasserbürste in Aktion. Ab und zu werden Mähne und Schweif mit warmem Wasser und einem milden Waschmittel gewaschen. Ein Schwamm dient dem Reinigen der Au-

Pflege

Zum Putzen werden Striegel, Kardätsche, Wasserbürste, Mähnenkamm, Hufkratzer, Hufwasserbürste, Bürste zum Einfetten der Hufe und zwei Schwämme benötigt.

Ein eiserner Striegel dient in erster Linie dem Abstreifen der Kardätsche. Er kann aber auch bei Verschmutzung des Winterhaares benutzt werden, jedoch niemals am Kopf, an den Beinen und überhaupt an den nicht mit Fettpolstern versehenen Körperteilen. Mit einem Gummistriegel kann man nichts am Körper des Pferdes verletzen.

gen und Nüstern; den anderen benutzt man zum Säubern des Afters.

Wenn es unumgänglich erscheint, dürfen Pferde im Sommer auch eine Vollwäsche erhalten. Das Wasser muss lauwarm sein und es kommt ein im Handel erhältliches **Pferdeshampoo** zur Anwendung. Scharfe Waschmittel würden das Hautfett angreifen, das aber nicht entfernt werden darf. Eingeseift wird mit einem Kunststoffschwamm und zum Abspülen dient eine Gießkanne. Keinesfalls darf man das Pferd mit kaltem Wasser aus der Leitung mit dem Wasserschlauch abspritzen. Nach dem Waschen schabt das Schweißmesser so viel Wasser wie möglich ab, bevor das eigentliche Trockenreiben mit einem Strohwisch beginnt.

Fliegensprays schützen das Pferd im Sommer vor Fliegen- und Mückenplagen. Es ist aber immer darauf zu achten, dass nichts davon in die Augen des Pferdes gelangt. Den Kopf kann man besser vorsichtig mit einem spraygetränkten Tuch abreiben.

Ein auf der Weide sehr nass gewordenes Pferd, das sich vielleicht noch auf nasser Erde gewälzt hat, kann natürlich so nicht geritten oder gesattelt werden. Es kommt zuerst einmal in den Stall und wird mit Stroh abgerieben und zwar gegen den Haarstrich, um die Nässe nicht in die Haare hineinzureiben. Bis das Pferd vollständig trocken ist, wird es etwa eine Stunde lang mit Stroh vom Hals bis zum Schweif eingedeckt. Darauf legt man einen mit einem Gurt befestigten Sack oder eine luftdurchlässige Decke.

Wenn Mähne und Schweif üppig und naturbelassen bleiben, beim Schwarzwälder Fuchs beispielsweise sind sie typische Rassemerkmale, muss zuweilen der **Mähnenkamm** zum Ausdünnen der gar zu üppigen Mähne benutzt werden. Im Bereich der Fesseln dürfen die Haare nicht geschnitten werden, denn sie schützen wirksam gegen Hautverletzungen und -infektionen. Ebenso haben die kurzen Haare um den Schweifansatz herum eine schützende Funktion. Würde der Schweifansatz aus irgend einem Schönheitsempfinden heraus beschnitten, könnte der an der Kruppe hinabrinnende Regen ungehindert an beiden Hinterbeinen und zwischen diesen herunterlaufen. Auf Dauer hätte dies eine Erkältung des Pferdes zur Folge.

Jedwedes Putzen des Pferdes muss unterbleiben, während es frisst, auch wenn die Zeit einmal sehr knapp sein sollte. Besondere Aufmerksamkeit ist dem Vierbeiner nach dem Reiten zu widmen. Auch wenn es selbstverständlich sein sollte, das Pferd wenigstens die letzten zehn Minuten des Heimweges im Schritt zu reiten, kann es doch einmal schweißnass zu Hause ankommen. Vor allem im Winter kann mangelnde Nachsorge schwerste gesundheitliche Schäden verursachen. Kein Pferd verträgt es, nass geschwitzt abgestellt zu werden. Das Stallpferd schwitzt im Stall noch nach, wohingegen das sich draußen aufhaltende Pferd friert. In jedem Fall lautet die Devise: trocken führen und trocken reiben. Auf den Rücken gelegte Strohrollen und eine Decke darüber sorgen dafür, dass durch das Nachschwitzen aufsteigender Dampf abziehen kann.

Hufpflege

Um das Kaltblutpferd leistungsfähig zu erhalten, ist eine sorgfältige Hufpflege notwendig. Dazu muss es möglichst früh, bereits im Fohlenalter, an das willige Aufhebenlassen der Beine gewöhnt werden. Nur dann wird sich das erwachsene Kaltblutpferd bei der Hufpflege und auch beim eventuell nötigen Hufbeschlag nicht störrisch verhalten. Auch bei dem gut erzogenen Pferd, das seinen Fuß sofort gibt, sollte man immer dicht seitlich stehen, denn selbst ein frommes Pferd kann einmal erschrecken und in einem Abwehrreflex austreten.

So wie das Fohlen schon im Alter von ein bis zwei Wochen an das Auflegen eines kleinen Stallhalfters gewöhnt wird, das natürlich nur kurze Zeit anbehalten werden soll, beginnt auch im Alter von zwei bis vier Wochen die Pflege und eventuelle Korrektur der Hufe. Dabei ist ein ruhiges Vorgehen wichtig, und die ruhige Stimme des Pferdehalters trägt zur Vertrautheit und Zutraulichkeit des Fohlens bei. Anfangs legt man nur die Hand an den Hals des Fohlens, streicht allmählich über den Mähnenkamm, die Schulter und die Kruppe, was sich bis zum leichten Klopfen steigert. In gleicher Weise wird das Aufheben der Beine vorbereitet, indem die Hand von der Schulter kommend über das Vorderfußwurzelgelenk und von der Kruppe über das Sprunggelenk und schließlich nach unten zur Fessel und zum Huf gleitet. Verhält sich das Fohlen dabei ruhig, kann der Vorderfuß kurz aufgehoben werden, wobei ein festes, sicheres Zupacken nötig ist, weil das Fohlen natürlich versuchen wird, sein viertes Bein aufzusetzen, um das Gleichgewicht nicht zu verlieren. Von Vorteil ist die Hilfe einer zweiten Person, die das Festhalten des Fohlens übernimmt. Beim Aufheben eines Vorderfußes dient der abstützende innere Oberschenkel des Haltenden als Hilfe für die Hände. Zum Halten des Hinterfußes umgreifen beide Hände die Fessel, der Hinterfuß wird nach hinten hinausgezogen und auf dem als Stütze dienenden Oberschenkel des Aufhaltenden abgesetzt.

Bereits beim Fohlen säubert man die Hufe von Stroh, Mist und möglichen Fremdkörpern mit einem **Hufräumer** mit stumpfer Spitze. Unter leichtem Druck führt man den Hufräumer von den Eckstreben zur Zehe und durch die Strahlfurchen. Nach und nach wird das Fohlen durch Beklopfen der äußeren Hornwand, der Tragränder und der Hufsohle auf das spätere Ausschneiden und den Beschlag vorbereitet. Da fehlerhafte Hufformen und Fehlstellungen vom Pferdehalter nicht ohne langjährige Erfahrung zu erkennen sind, sieht der Schmied alle vier Wochen die Hufe des Fohlens nach und führt nötige Korrekturen durch.

Weidehaltung und die damit verbundene regelmäßige Bewegung kommen der gesunden Entwicklung des Fohlenhufes sehr entgegen, wobei ein mäßig eindrückbarer, trockener Boden einen regelmäßigen Huf fördert. Bei einem Pferd mit korrekter Stellung der Gliedmaßen nutzen sich die Hufe gleichmäßig ab und keine **Korrektur** ist nötig. Anders ist es jedoch bei weichem, feuchtem Boden, der die Ursache für weiche Hufe sein kann. Bei ausschließlicher Stallhaltung sind die negativen Auswirkungen auf den Fohlenhuf besonders gravierend. Enge und hornarme Hufe kommen am häufigsten bei Stallhaltung vor und durch den Bewegungsmangel nutzt sich das Horn nicht genügend ab. Daraus resultieren lange Zehen, was wiederum zu einer vermehrten Belastung der hinteren Hufabschnitte führt. Auch rollen die Trachtenwände ein, und wenn der Strahl verkümmert, entsteht ein **Trachtenzwanghuf**. Durch feuchte, mistige Einstreu in der Stallbox kann leicht Strahlfäule entstehen. Bei vorwiegend im Stall gehaltenen Fohlen müssen deshalb die Hufe mindestens alle 14 Tage kontrolliert werden.

Später gehen Putzen und Hufpflege des Kaltblutpferdes Hand in Hand. Nach dem Putzen oder nach einem Ausritt steht die Untersuchung der Hufe an. Die Strahlfurchen werden mit einem Hufräumer von Schmutz und eventuell eingetretenen Steinchen oder anderen Fremdkörpern befreit. Hornwände und Sohle werden täglich abgewaschen und mit einer Wurzelbürste gereinigt. Mitgewaschene Gliedmaßen müssen gründlich abgetrocknet werden, weil sich sonst das ablaufende Wasser in der Fesselbeuge sammelt, von dort in die mittlere **Strahlfurche** gelangt und die Strahlfäule begünstigt. Mit säurefreiem Fett werden die gereinigte Hornwand und die Hornsohle in einer dünnen Schicht eingefettet, um dem gewaschenen Huf die Feuchtigkeit lange zu erhalten.

Während **Holzteer** als feuchtigkeitsabweisendes Mittel nur an gesunden Hufen gerne verwendet wird, ist er bei Strahlfäule nicht zu empfehlen. Der Holzteer würde die Fäulnisprozesse luftdicht verschließen und darunter könnten die Bakterien weiter gedeihen. Vielmehr sollten milde, austrocknende und desinfizierende Mittel wie **Jodtinktur** und Jodoformpulver benutzt werden. Ebenso hat sich Jodoformäther als 10%ige Lösung bewährt, da er in alle Risse und Spalten gut eindringt. Strahlfäule ist in der Regel die Antwort auf mangelhafte Hufpflege und unhygienische Stallverhältnisse.

Wenn es die Bodenverhältnisse und die Arbeitsleistung des Pferdes zulassen, sollte man es möglichst **barfuß** gehen lassen. Ein Pferd, das sich zum Beispiel meist auf fester Straße bewegen muss, nutzt sein Hufhorn so stark ab, dass ein Beschlag vielleicht nur auf den Vorderhufen nötig wird.

Der **Beschlag** beeinträchtigt den Hufmechanismus und mindert das Hornwachstum. Da sich das Horn an der Zehenwand nicht abnutzt, wird der Huf an der Zehe zu lang. Das Wachstum der Zehe hat schließlich eine unphysiologische Belastung des hinteren Hufabschnittes, der Sehnen und Gelenke zur Folge.

Aus all dem wird ersichtlich, dass zum einen eine regelmäßige **Hufkontrolle** und ein Umbeschlagen alle sechs bis acht Wochen erfolgen sollte. Die beschlagenen Hufe sollten täglich daraufhin kontrolliert werden, dass die Eisen festsitzen, die Nieten nicht vorstehen und der Tragrand nicht über das Eisen herausragt. Dann wäre der Beschlag überfällig. Auch wenn die Robusthaltung natürlichere Lebensbedingungen schafft, so kommen manche Kaltblutpferde, die während der Aufzucht vielleicht keine idealen Bodenverhältnisse hatten, aber nicht ohne Beschlag aus

Bei Barhufpferden muss man regelmäßig, auch zwischen den Terminen mit dem Hufpfleger, überstehende Kanten abraspeln und die weiße Linie auf eingetretene Steine überprüfen.

Gesundes Kaltblutpferd

Viele Krankheiten der Pferde entstehen durch die Nachlässigkeit des Besitzers und wären bei sorgfältiger Haltung und Pflege vermeidbar. Beispiele dafür sind Satteldruck, Kolik oder Kreuzverschlag. Infektionskrankheiten wie Tetanus, Pferdeinfluenza, „Pferdehusten", Rhinopneumonitis, Virusabort und Tollwut können durch eine rechtzeitige Schutzimpfung verhindert werden.

Krankheitsvorsorge

Pferde sind wahrscheinlich nie völlig frei von Darmparasiten. Um ihre Anzahl möglichst gering zu halten und ernsthafte Erkrankungen durch starke **Verwurmung** auszuschalten, sollte das Pferd nach erfolgter Kotuntersuchung unbedingt zweimal jährlich entwurmt werden.

Die **Kotuntersuchung** ist deshalb erforderlich, weil mit den herkömmlichen Wurmmitteln nicht alle Wurmarten zugleich bekämpft werden können. Die sechs wichtigsten Wurmarten sind: Spulwürmer (Ascariden), Palisadenwürmer, auch Blutwürmer genannt (Strongyliden), Zwergfadenwürmer (Strongyloiden), Pfriemenschwänze (Oxyuren), Magenfliegenlarven (Gastrophiluslarven), Bandwürmer (Taenien).

An den Backenzähnen des Pferdes können mit der Zeit scharfe Kanten entstehen. Hier ist ein Abraspeln der **Zähne** durch den Tierarzt erforderlich. Um eine entstehende Krankheit rechtzeitig zu erkennen, sollte im Rahmen der mehrmaligen täglichen Betreuung das Pferd gut beobachtet werden. Einige Symptome geben zu Beunruhigung Anlass und erfordern dringend einen Tierarzt. Es sind dies: mangelnder Appetit, Futterverweigerung, Teilnahmslosigkeit, Fieber über 38,2 °C, Nasenausfluss, Husten, Schweißausbruch, Bewegungsstörungen, Abmagerung. Erste Alarmzeichen in dieser Richtung dürfen nicht auf die leichte Schulter genommen werden.

Erste Hilfe

Neben dem Erkennen von Krankheitssymptomen kann mitunter Erste Hilfe nötig sein, bis der Tierarzt eintrifft.

Offene Verletzungen

Bei Verletzungen unterhalb des Vorderfußwurzelgelenkes oder des Sprunggelenkes muss ein Verband angelegt werden. Schmutz sorgfältig mit sterilem Gazestreifen abtupfen und Wundrand mit Jodtinktur desinfizieren (nicht die Wunde selbst!). Mit Verbandmull abdecken. Einige Lagen Watte um das Bein legen und mit einer Bandage oder Binde fixieren. Der Verband darf weder zu locker noch zu fest sitzen. Zwischen Verband und Hautoberfläche muss man noch einen Finger stecken können. Nie die Wunde waschen oder mit Wasser kühlen. Ätzen oder Jodieren der Wunde hemmt die Abwehrkraft des Gewebes – deshalb unbedingt unterlassen. Anwendung von Antibiotika bei Bagatellfällen ist nicht nötig. Der Notverband soll die Blutung stillen und weitere schädliche Einflüsse abhalten. Wunden, die nur die Haut betreffen, heilen schnell.

Ballen- oder Kronentritt

Wunde behandeln wie bei offener Verletzung. Gut gepolsterten Watteverband anlegen, der auch Huf und Fesselgelenk einschließt. Tiefer reichende Verletzungen muss in jedem Fall der Tierarzt versorgen.

Verletzungen der Mundschleimhaut

(durch Gebiss) Spülung mit Kamillenextrakt oder Betropfen mit Jodtinktur.

Rechte Seite: Ein junger Noriker schaut interessiert, was in seinem Umfeld geschieht.

Nasenbluten

Kann bei starker Belastung der Pferde auftreten. Meist hört die Blutung nach der Ruhigstellung auf. Sonst macht man kalte Umschläge auf Stirn und Nasenrücken.

Überbeine

Im Anfangsstadium können Überbeine mit feuchtwarmen Umschlägen und heißen Bädern (40 bis 50 °C) behandelt werden.

Durchfall

Dem Pferd darf kein Hafer angeboten werden, nur gutes, langes Heu. Das Wasserangebot ist zu reduzieren, jedoch darf man das Pferd nicht dursten lassen.

Schürfwunden

Schürfwunden leichterer Art können mit Blauspray oder Lebertransalbe zur Abheilung gebracht werden.

Angelaufene Beine

Besonders ältere Pferde bekommen nach längerer Ruhe häufig dicke Beine, die meist nach kurzer Bewegung wieder verschwinden. Vorbeugend wirken über Nacht angelegte feuchtwarme Umschläge.

Bandagendruck

Zu fest angelegte Stallbandagen oder solche, die zu lange nicht entfernt wurden, können so starken Druck erzeugen, dass winzige Hautteile über dem Röhrbein absterben, was eine Schwellung in diesem Bereich verursacht. Später wachsen dort weiße Haare. Bis die Entzündung abgeklungen ist, sollte ein weicher, mit Rivanol ausgegossener Polsterverband angebracht werden.

Die häufigsten Krankheiten

Kolik

Symptome: Stampfen mit den Hinterbeinen, Versuch des Schlagens mit den Beinen gegen den Leib, Scharren mit den Vorderbeinen, zum Bauch sehen, Hinlegen und Wälzen, Schweißausbruch, Versuch Wasser zu lassen oder zu misten.
Ursache: Magenüberladung, zu wenig Bewegung, Darmlähmung, Verstopfung, Darmaufgasung, Darmverschlingung, Würmer.
Therapie: Bis zum Eintreffen des Tierarztes eindecken, herumführen.

Kreuzverschlag

Symptome: Verkrampfung und Schwellung von Muskelgruppen der Hinterhand, schwankender Gang bis zum Niederbruch, Schweißausbruch, rotbrauner bis schwarzer Harn.
Ursache: „Feiertagskrankheit"; zu viel Futter bei zu wenig Bewegung.
Therapie: Sofort Tierarzt verständigen. Lebensgefahr! Bis zu dessen Eintreffen Kruppenmuskulatur kräftig mit Kampferspiritus massieren und warm eindecken. Möglichst am Hinlegen hindern. Beim Festliegen von einer Seite auf die andere wälzen zur gleichmäßigen Durchblutung der Hinterhand.

Satteldruck

Symptome: Entzündung in der Sattellage, Rötung und Schwellung der Haut, haarlose Stelle, Schmerzhaftigkeit.
Ursache: Schlecht angepasster Sattel, schiefer Sitz des Reiters, ungleichmäßig aufliegender Sattel, nicht glatt aufliegende Satteldecke, schlecht gepflegte Sattellage, schmutzige Filzdecke.
Therapie: Essigsaure Tonerde oder feuchtwarme Umschläge heilen einen nichtinfizierten Druck rasch aus. Infizierte Wunden sind mit Lebertran- oder Antibiotikasalben zu behandeln.

Phlegmone (Einschuss)

Symptome: Kann über Nacht auftreten. Pferd steht mit einem dicken Bein im Stall, zeigt starke Lahmheit und hat meistens Fieber. Die Schwellung reicht vom Huf aufwärts über das Vorderfußwurzelgelenk oder das Sprunggelenk und ist gegenüber dem gesunden Gewebe deutlich abgesetzt. Hinterbeine anfälliger für Phlegmone.

Wälzen bedeutet in der Regel, dass das Pferd sein Wohlbehagen zum Ausdruck bringt, es könnte aber auch an einer Kolik leiden.

Ursache: „Einschuss“ im Anschluss an oberflächliche Wunden, Kronentritte, Strahlfäule oder kleinere Stichverletzungen mit Eintritt von Bakterien.

Therapie: Rechtzeitig Tierarzt rufen. Dieser verordnet Antibiotika, Kampfersalbe, Prießnitzumschläge. Bei verschlepptem Verlauf kann eine Schwellung am Bein zurückbleiben.

Tetanus

Symptome: Leichte Steifheit des Ganges, starrer Gesichtsausdruck, Vorfall des dritten Augenlides, der beim Kopfheben in Erscheinung tritt. Allmählich Starrheit der Kaumuskulatur, Schwierigkeiten beim Fressen und Saufen. Starrheit der übrigen Skelettmuskulatur im weiteren Verlauf, sägbockartige Haltung, kaum noch Bewegungsmöglichkeit. Schweif steif getragen und vom Körper abstehend.

Abmagern infolge schlechter Futteraufnahme im fortgeschrittenen Stadium, Bauch leicht aufgeschürzt mit verkrampfter Bauchmuskulatur. Zunahme der Verkrampfung. Pferde fallen schließlich um. Muskelkrampf so stark, dass Wirbelsäule bricht. Tod tritt bei allgemeiner Erschöpfung und durch Kreislaufversagen ein.

Ursache: Wundinfektionskrankheit. Wird durch Bakterien, die im Erdboden vorkommen, auf dem Wege einer Wundinfektion ausgelöst. Selbst kleinste Wunden können zur Infektionspforte werden. Manchmal ist die Wunde schon verheilt, bevor die Krankheit zum Ausbruch kommt.

Therapie: Tierarzt sofort benachrichtigen, Therapie solange Pferd noch stehen kann. Sterblichkeitsrate bei 70 bis 80 %. Bei Schluckbeschwerden evtl. künstliche Ernährung.

Vorbeugen durch Impfen!

Infektiöse Bronchitis

Symptome: In mehr oder weniger großen Abständen auftretender Husten. Zu Beginn der Erkrankung für 2 bis 24 Stunden Fieber.

Ursache: Mit dem Nasenschleim kranker Pferde werden zwei verschiedene Erregerviren ausgeschieden, was schnell zur Verseuchung des gesamten Pferdebestandes führen kann.

Therapie: Nach Ausbrechen der Seuche in einem Stall genesen die Pferde im Allgemeinen innerhalb von zwei bis drei Wochen, wenn ihnen Ruhe und vor allem frische Luft gewährt werden. Temperatur kontrollieren, da sich aus der Bronchitis leicht eine Lungenentzündung entwickelt.

Vorbeugung: Verseuchte Stallungen isolieren, Desinfektionsmaßnahmen.

Bronchiopneumonie (Lungenentzündung)

Symptome: Husten mit anhaltendem Fieber, Störungen des Allgemeinbefindens wie Fressunlust und Mattigkeit.

Ursache: Verschleppte Bronchitis.

Therapie: Schnellstmögliche tierärztliche Versorgung mit Antibiotika. Absolute Ruhe und frische Luft.

Chronische Bronchitis (COB)

Symptome: Anhaltender Husten, der besonders dann auftreten kann, wenn durch Staub die entzündeten Atemwege zusätzlich gereizt werden. Gleiches kann Temperaturwechsel (zum Beispiel vom Stall ins Freie) oder Veränderung der Luftfeuchtigkeit (witterungsbedingt) bewirken. Oft husten die Pferde mit chronischer Bronchitis nur am Anfang der Bewegung, manchmal am Ende des Rittes. Zwischendurch gibt es auch beschwerdefreie Tage. Später kommt zum Husten noch Atemnot hinzu.

Ursache: Chronische Bronchitis kann sich aus einer verschleppten akuten Bronchitis entwickeln.

Therapie: Behandlung häufig erfolglos. Besserung durch Klimawechsel und ganztägigem Weidegang über mehrere Monate.

Asthmoide Bronchitis

Symtpome: Anfallsweise Atembehinderung.

Ursache: Der Erkrankung geht häufig eine Bronchitis voraus. Hauptsächlich allergisch bedingt (Heu-, Hafer-, Strohstaub).

Therapie: Meiden der schädlichen Allergene. Klimawechsel mit ganztägigem Weidegang, Unterbringung in Außenboxen, Torfeinstreu und Fütterung mit Pellets.

Dämpfigkeit

Symptome: Atembeschwerden, quälender, trockener Husten.

Ursache: Chronischer, unheilbarer Krankheitszustand der Lunge oder des Herzens. Da die Lunge nicht mehr genügend Elastizität aufweist, wird zur Luftausstoßung die Muskulatur der Bauchwand mit in Anspruch genommen, was äußerlich in der so genannten Dampfrinne zu sehen ist.

Therapie: Dämpfigkeit entzieht sich jeglicher Behandlung. Die Pferde sind nicht mehr belastbar und können allenfalls noch auf der Weide gehen.

Druse

Symptome: Hohes Fieber, schleimig-eitriger Nasenausfluss, starke Schwellung der Kehlgangslymphknoten. Später Lymphknotenabszesse, die durchbrechen. Fieberschübe. Häufig auch Befall der Lymphknoten in der oberen Halsgegend, deren Abszess sich nach innen in den Luftsack entleeren kann. Schluckbeschwerden oder Atemnot treten auf.

Ursache: Die Infektionserreger sind Bakterien, die einen Katarrh der oberen Luftwege und eine Entzündung der Lymphknoten verursachen. Junge Pferde werden häufiger befallen.

Therapie: Tierärztliche Behandlung, heiße Kompressen in der oberen Halsgegend, Zugsalben.

Als **Folge der Druse** kann eine Stimmbandlähmung (Kehlkopfpfeifen) auftreten.

Kehlkopfentzündung

Symptome: Husten, der vom Laien nicht von Bronchitis unterschieden werden kann.

Ursache: Infektion im Kehlkopfbereich.

Therapie: Schonung, Weidegang, tierärztliche Behandlung, da sich die Kehlkopfentzündung ebenso wie ein Katharrh der oberen Luftwege zur Bronchitis ausweiten kann.

Hufrehe

Symptome: Verlagern des Gewichtes auf die Hinterbeine infolge starker Schmerzen der Vorderhufe. Das Pferd bewegt sich kaum vom Fleck. Gang klamm, Vorderhufe werden auf den Trachten und Ballen belastet. Aufheben eines Vorderbeins fast unmöglich. Deutliche Pulsation an der Mittelfußarterie. Abgeschlagenheit und Appetitlosigkeit infolge hochgradiger Schmerzen, manchmal Fieber.
Ursachen: Überanstrengung (Traben auf harten Straßen, langes Stehen auf drei Beinen bei hochgradiger Lahmheit eines Beines), Futterumstellung (Überfütterung oder krasser Futterwechsel, Aufnahme giftiger Pflanzen), Schwergeburt (Nachgeburtsverhaltung), Infektionskrankheiten.
Therapie: Pferd nicht gewaltsam führen. Liegenlassen, wenn es sich im Verlauf der Erkrankung hinlegt. In der ersten Zeit keine Eisen abnehmen und nicht die Sohle ausschneiden. Bis zum Eintreffen des Tierarztes feuchte Hufverbände alle zwei Stunden anzugießen mit Burowscher Mischung oder kaltem Wasser. Wasserentzug.
Folge der Rehe: Senkung des Hufbeins in schlimmen Fällen durch das Sohlenhorn hindurch. Immer Missbildung des Hufes.

Strahlfäule

Symptome: Fauliges Aussehen des Strahles, weiche Konsistenz und übler Geruch.
Ursache: Mangelnde Hufpflege, schlechte Stallverhältnisse, ungenügende, nasse Einstreu, schlechtes Ausmisten.
Therapie: Tägliche Reinigung der Hufe, tadellose Einstreu. In leichteren Fällen Anstreichen des Strahls mit Holzkohleteer. In fortgeschrittenem Stadium mit Jodtinktur getränkte Watte in die seitliche und mittlere Strahlfurche drücken oder Eindrücken von Kupfersulfat mit Watte in die Strahlfurche.

Mauke

Symptome: Man erkennt die Mauke an einer anfänglichen Rötung der Haut, die manchmal Bläschen zeigt und feucht ist. Sieht man bereits Krusten und Risse, handelt es sich um ein Spätstadium der Mauke.
Ursache: Kaltblutpferde mit mehr oder weniger starkem Behang sind für ein Ekzem in der Fesselbeuge geradezu prädestiniert. Die Ursache dafür liegt in schlechter oder unvernünftiger **Pflege**. Das immer noch nach dem Reiten häufig gepflegte Abspritzen der Beine ist einer Mauke dann förderlich, wenn anschließend die Fesselbeuge nicht gut abgetrocknet wird. Feuchte und schlechte Einstreu verursachen das häufigste Ekzem beim Pferd an der sehr empfindlichen Haut der Fesselbeuge.
Therapie: Die Therapie besteht vor allem im Abstellen der Ursachen. Im Anfangsstadium bewirken neutrale, abdeckende Salben schon eine Heilung. Ist die Mauke in kurzer Zeit nach der Behandlung nicht abgeheilt, kann sie in ein **chronisches Stadium** übergehen. Dann können nur noch schwere Geschütze wie die Behandlung mit Antibiotika- und Cortisonsalben eine Heilung verschaffen. Eine vernachlässigte Mauke kann zur Schwellung des ganzen betroffenen Beines führen, wodurch eine Behandlung recht schwierig wird.

Fußräude

Symptome: Jenen der Mauke ähnlich. Der Unterschied besteht in der Lokalisation. Die befallenen Stellen befinden sich meist oberhalb der Fessel.
Ursache: Bei der Fußräude handelt es sich um eine durch Milben verursachte Erkrankung (siehe auch „Räude“, Seite 164).
Therapie: Bekämpfung der Milben ist vorrangig – wie bei der Mauke aber auch die Überprüfung der Haltungsbedingungen.
Wichtig: Regelmäßige Kontrolle der Fesselbeuge auch bei Weidepferden!

Hufrollenentzündung

Symptome: Allmählich und schleichend auftretende Lahmheit. Anfangs gehen die Pferde meist nur die ersten fünf bis zehn Minuten lahm, dann „laufen sie sich ein“.
Ursache: Belastung durch stark forcierte Gangarten. Der Abnutzungsprozess wird durch steile Fesseln oder hohe und enge Hufe beschleunigt.

Therapie: Durch einen Nervenschnitt kann das Pferd noch „gebrauchsfähig“ erhalten werden, wobei durch die chirurgische Unterbrechung der Nervenversorgung dem Pferd der Schmerz genommen wird. Eine Heilung der Hufrollenentzündung ist jedoch nicht möglich.

Huflederhautentzündung

Symptome: Plötzlich auftretende, hochgradige Lahmheit, verstärkte Pulsation der Mittelfußarterie, Schmerzhaftigkeit beim Abtasten des Hufes mittels Hufuntersuchungszange.
Ursache: Infektionen infolge Vernagelung, Nageltritt, Hornspalte oder durch andere Verletzungen der Huflederhaut.
Therapie: Das Horn wird bis zum Entzündungsherd nachgeschnitten, damit der Eiter abfließen kann. Desinfektion und Verband.

Hornspalte

Symptome: Trennung des Wandhornes; sie kann durchgehend von der Krone bis zum Tragrand verlaufen oder nur ein Stück vom Tragrand nach oben oder von der Krone nach unten.

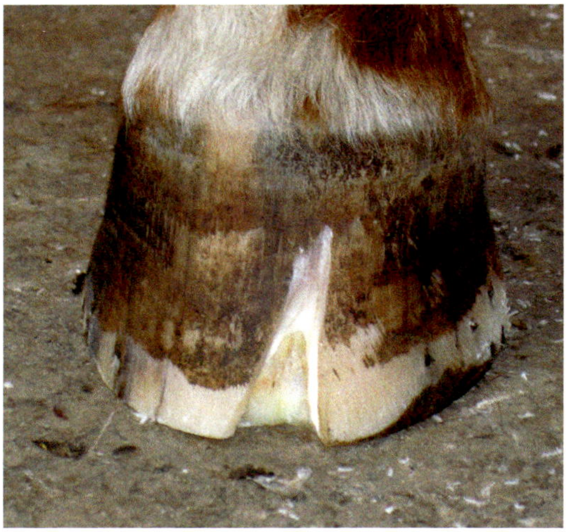

Hornspalte: Huf nach Entfernung des von anaeroben Bakterien befallenen Horns. Anschließend wird die Spalte mit Kunsthorn gefüllt und der Huf erhält einen orthopädischen Beschlag mit einer Schwebe.

Ursache: Austrocknung des Hornes bei mangelhafter Bewegung, Sprödigkeit infolge schlechter Pflege oder nach schneller Gangart auf hartem Boden.
Therapie: Durch eine tiefe Querrinne kann eine von unten sich anbahnende Hornspalte in ihrer Entwicklung behindert werden. Tiefe Hornspalten bedürfen oft einer Hufoperation und eines orthopädischen Hufbeschlages mit Schwebenlassen der betroffenen Hufwand.

Hufknorpelverknöcherung

Symptome: Lahmheit auf hartem Boden als Folge einer Quetschung zwischen Knorpel und Hufwand.
Ursache: Zugarbeit auf hartem Boden, die ständige Erschütterung des Hufknorpels führt zu dessen Verknöcherung.
Therapie: Dünnraspeln der Seiten- und Trachtenwand; die Verknöcherung selbst kann nicht mehr beseitigt werden. Weite, mit Werg und Leder gepolsterte Eisen ohne Stollen können die Lahmheit verhüten.

Kniescheibenluxation

Symptome: Das betroffene Bein ist steif nach hinten gestreckt, gebeugt ist nur die Zehe, die beim Gehen nachgeschleift wird.
Ursache: Die Kniescheibe ist über den Höcker des Oberschenkelknochens gerutscht und hakt dort fest. Unter hörbarem Knacken kann sie auch sofort wieder in ihre Ausgangslage zurückgleiten.
Therapie: Zuweilen gelingt das Einrenken schon durch Rückwärtsrichten des Pferdes oder Hinüberschieben auf die kranke Seite. Nötigenfalls muss das Pferd in Narkose abgelegt werden, um so das Einrenken zu bewerkstelligen. Bei wiederholtem Ausrenken muss durch eine Operation das Kniescheibenband durchschnitten werden.

Sehnenentzündung

Symptome: Bluterguss und Entzündungsvorgänge. Bei schweren Arbeitspferden ist besonders die tiefe Beugesehne der Vordergliedmaßen betroffen.

Ursache: Reißen von Sehnenfasern als Folge von mechanischer Überanstrengung.
Therapie: Im akuten Stadium kühlen und sofortige „Arbeitsbefreiung".

Überbeine

Symptome: Knochenauflagerungen oder Knochenwucherungen.
Ursache: Meist Folge einer chronischen Knochenhautentzündung.
Therapie: Frische Überbeine können mit feuchter Wärme und zerteilenden Salben behandelt werden, ausgeprägte Überbeine lassen sich nur noch operativ korrigieren.

Lidbindehautentzündung

Symptome: Schleimiger, später auch eitriger Augenausfluss, Rötung und Schwellung der Bindehaut und Lichtscheue.
Ursache: Entzündung durch starke Staubentwicklung, schlechte Stalluft oder im Sommer Fliegenbelästigung. Auch kleine, fast unsichtbare Hornhautverletzungen sind von einer Lidbindehautentzündung begleitet.
Therapie: Eine Lidbindehautentzündung mit Borwasser oder Augensalbe behandeln. Tierarzt befragen, ob kein ernsthafter Hintergrund vorliegt.

Periodische Augenentzündung (Mondblindheit)

Symptome: Anfallsweise geschlossene Augenlider, Augenausfluss, Lichtscheuheit. Es ist eine Lidbindehautentzündung und eine rauchige Trübung der Hornhaut festzustellen. Bei den ersten Anzeichen dieser Erkrankung ist der Tierarzt zu verständigen.
Ursache: Von der alleinigen Ursache einer Infektion durch Leptospiren ist man etwas abgekommen; vielmehr wird inzwischen eine spezifische Allergie angenommen.
Therapie: Ein unbehandelter akuter Anfall dauert in der Regel ein bis zwei Wochen. Nach vermeintlicher Gesundung tritt nach wochen- oder monatelanger Pause ein erneuer Anfall ein, dem weitere folgen. Durch Verklebungen der Regenbogenhaut mit der Linse und der Bewegungsunfähigkeit der inneren Augenbereiche erblindet das Pferd auf dem betroffenen Auge. Oft folgt der Erkrankung des einen Auges die des anderen nach.

Ekzem am Schweif.

Haarbalgentzündung

Symptome: Anfangs als Schwellung in Erscheinung tretende Follikulitis, die sich in den folgenden zwei bis drei Tagen zu einem Knötchen von etwa Erbsengröße entwickelt und welches dann aufplatzt. Nach der Entleerung des eitrigen Inhaltes verbleibt eine kleine Narbe. Bricht das Knötchen nicht auf oder auch wenn die Narbenbildung stark ist, kann an dieser Stelle ein Satteldruck entstehen.
Ursache: In der Sattellage ist die Haut durch den ständigen mechanischen Reiz beim Reiten gegen eitererregende Bakterien besonders anfällig, wodurch sich die Haarbälge in diesem Bereich am leichtesten entzünden.

Von wegen „Kaltblut": Powerpferd Shire Horse.

Therapie: Vorbeugend: Satteldecken mindestens alle zwei Wochen waschen. Abwaschen der verschwitzten Sattellage mit zweiprozentigem Salicylspiritus. Entzündungen mit feuchtwarmen Kompressen oder essigsaurer Tonerde behandeln.

Pilzerkrankungen

Symptome: Zunächst kleine unscheinbare Stellen im Haarkleid, die keine Beschwerden verursachen. Am häufigsten tritt beim Pferd die Glatzflechte auf; Unterarten dieses Pilzes sind auch auf den Menschen übertragbar. Haarausfall in fast kreisrunder Form, Borken und Schuppen. Die betroffenen Stellen dehnen sich mit der Zeit immer weiter aus.
Ursache: Pilzbefall.
Therapie: Medikamentös, kann sich über mehrere Wochen erstrecken. Durch großflächige Hautveränderung wird die Leistungsfähigkeit des Pferdes beeinträchtigt.

Räude

Symptome: Starker Juckreiz, nässender Hautausschlag mit Haarausfall. Ausgangspunkt der Räude ist die Haut unter der Mähne und am Schweifansatz. Zum Glück kommen die Räudeerkrankungen in unseren Breiten nur noch selten vor; sie sind hochgradig ansteckend, die *Sarcoptes*-Räude ist sogar auf den Menschen übertragbar.
Ursache: *Sarcoptes*-, *Psoroptes*- und *Chorioptes*-Milben.
Therapie: Die Behandlung heutzutage relativ einfach. Der Behandlung sollte eine Wurmuntersuchung vorausgehen; anschließend ist eine vitamin- und mineralstoffreiche Fütterung des Pferdes indiziert.

Die Stallapotheke

Die Stallapotheke befindet sich außerhalb des Stalles in einem staubfreien, trockenen Raum. Von Zeit zu Zeit müssen die Medikamente auf ihr Verfalldatum überprüft und gegebenenfalls aussortiert werden. Die Telefonnummer des behandelnden Tierarztes sollte greifbar sein.

Inhalt der Stallapotheke

Zum innerlichen Gebrauch

- Medizinische Kohle, pulverisierte Eichenrinde gegen Durchfall
- Glaubersalz, Leinsamen zur Anregung der Darmtätigkeit
- Wurmmittel
- Vitamin-Mineralstoffmischung

Zum äußerlichen Gebrauch

- Jodtinktur
- Antibiotikaspray (z.B. Blauspray)
- Kamillosan
- Rivanolpulver oder -tabletten (für desinfizierende Angussverbände)
- Lebertransalbe (für oberflächliche Schürfwunden)
- Vaseline
- Alaunpulver (für schlecht heilende, stark wuchernde oberflächliche Wunden)
- Kampfersalbe oder Ichthyolsalbe zur Förderung der Durchblutung
- Burowsche Mischung für kühlende Angussverbände
- Holzteer
- Kupfersulfat in Pulverform oder Lösung für Strahlfäule
- Desinfektionsmittel zur Desinfektion von Händen und Stall
- Zink-Lebertranpaste zur Behandlung von Wunden und Ekzemen
- Sulfonamid-Lebertransalbe bei infizierten Wunden, Panaritien und ekzematösen Hauterkrankungen

Verbandmaterial

- Watte
- Klebeband
- Mullbinden
- elastische Bandagen
- saubere leere Säcke für den Hufverband

Instrumentarium

- Fieberthermometer
- Pinzette
- Hufmesser
- Hufuntersuchungszange
- Schere
- sauberer Plastikeimer

Verzeichnisse

Literatur

Bücher

Adam, Birgit und Gerald Drews (Hrsg.): Die schönsten Ritterspiele, Mittelalter-Märkte, Altstadtfeste in Deutschland. Battenberg Verlag, Weltbild-Ratgeber-Verlage, München 2000.

Basche, Arnim; Dossenbach, Hans; Gorbracht, Werner; Schramm, Ulrik: Die schöne Welt der Pferde. Naturalis Verlag, München-Mönchengladbach 1981.

Baumann, Doris: Pony-ABC. Kierdorf-Verlag, Remscheid 1987.

Borries von, Andrea: Gebisse, Zäume, Sättel. Eugen Ulmer KG, Stuttgart 1998.

Brand, Joachim: Wanderreiten. BLV Verlagsgesellschaft mbH., München 1985.

Bruhns, Erika: Handbuch Offenstall. Cadmos Verlag GmbH, Lüneburg 2000.

Campbell, Judith u. Toyne, Nicholas: Familie im Sattel. Erich Hoffmann Verlag, Heidenheim 1975.

Damsen, Birgit van und Schmidt, Romo: Zäune und mobile Unterstände. Müller Rüschlikon Verlags AG, Cham 1997.

Fersing, Nikola: Offenstallhaltung. Cadmos Verlag, Lüneburg 2000.

Gäng, Marianna (Hrsg.): Ausbildung und Praxisfelder im Heilpädagogischen Reiten und Voltigieren. Ernst Reinhardt Verlag, München 1998.

Gramatzki, Fritz: Handbuch Pferde. Verlag H. Kamlage, Osnabrück, 1977.

Grone, Jutta von: Die Pferdeweide. Müller Rüschlikon Verlags AG, Cham 1997.

Gross, Heike: Was mein Pferd nicht fressen darf. Cadmos Verlag, Lüneburg 2000.

Gruber, Regina: Pferde in Weidehaltung. Eugen Ulmer KG, Stuttgart 2002.

Henderson, Carolyn: Richtige Pferdefütterung. Cadmos Verlag GmbH, Lüneburg 1998.

Hofmann, Silvia C.: Western. Cadmos Verlag GmbH, Lüneburg 1998.

Hofmann, Silvia C.: Pferde natürlich halten. BVL Verlagsgesellschaft, München 2000.

Holtappel, Antje: Go West. Franckh-Kosmos Verlags-GmbH & Co., Stuttgart 1996.

Koch, Michael: Traditionelles Arbeiten mit Pferden. 2. Aufl., Eugen Ulmer KG, Stuttgart 2002.

Kresse, Wolfgang. Pferde halten und pflegen. Eugen Ulmer KG, Stuttgart 1985.

Kresse, Wolfgang: Pferderassen der Welt. Verlag Eugen Ulmer, Stuttgart 1999.

Kürtz, Hans-Joachim: Masuren, Kaschubien & anderswo. Georg Westermann Verlag GmbH, Braunschweig 1992.

Löbbing, Christoph: Pferdehaltung in Zahlen. Eugen Ulmer KG, Stuttgart 2003.

Pick, Maximilian: Handbuch der Pferdekrankheiten. Franckh'sche Verlagshandlung W. Keller & Co., Stuttgart 1986.

Röger-Lakenbrink, Inge: Freiberger. Müller Rüschlikon Verlags AG, Cham 1997.

Rüsbüldt, Anke: Pferde richtig impfen und entwurmen. Cadmos Verlag, Lüneburg 2001.

Schmelzer, Angelika: Kaltblutpferde. Müller Rüschlikon Verlags AG, Cham 2000.

Stenglin Freiherr von, Christian; Deutsche Reiterliche Vereinigung: Deutsche Pferdezucht. FN-Verlag der Deutschen Reiterlichen Vereinigung GmbH, Warendorf 1994.

Tellington-Jones, Linda u. Taylor, Sybil: Der neue Weg im Umgang mit Tieren. Franckh-Kosmos Verlags-GmbH & Co., Stuttgart 1993.

Uppenborn, Wilhelm: Ponys. Eugen Ulmer KG, Stuttgart 1981.

Vogel, Helga: Das Pferd als Partner des Behinderten. Albert Müller Verlag AG, Zürich 1987.

Webber, Toni: Stallbau. Cadmos Verlag, Lüneburg 1996.

Willrich, Gine: Kaltblut Pferde. BVL Verlagsgesellschaft mbH., München 2000.

Zeitler-Feicht, Margit H.: Handbuch Pferdeverhalten. Eugen Ulmer KG, Stuttgart 2001.

Zeitschriften

Mecklenburger Pferde Journal, Deutscher Bauernverlag GmbH, Postfach 310448, 10634 Berlin.

Starke Pferde, Internationales Magazin zur Förderung der Arbeit mit Pferden und anderen Zugtieren. Starke Pferde-Verlag, Weißer Weg 109, 32657 Lemgo.

Western Pferde Journal, Deutscher Bauernverlag GmbH, Postfach 310448, 10634 Berlin.

Bildquellen

Archiv Boiselle, Speyer. Umschlagvorderseite.

Bäuerle, G., Gärtringen: S. 123.

Baumann, D., Bad Urach: S. 11.

Baumann, G., Diez: S. 5.

Dossenbach, M. u. D., Siblingen (Schweiz): S. 33, 62.

FAO, Genetic Resources Group, Rom (Italien): S. 73 unten, 78.

Finger, S., Bad Honnef: S. 83, 86.

Höller, T., Kollmarsreut: Umschlagrückseite (beide Fotos), S. 13, 50, 81, 88, 90, 94, 95, 96, 103, 107, 110, 114, 116, 117, 119, 122.

Houghton, K., Spaxton (England): S. 38, 52, 53, 55, 57, 58, 65, 79.

IPO, Bildagentur, Linsengericht: S. 24, 34, 40, 91, 110, 142, 159.

Juniors Bildarchiv, R. Maier: 43, 46, 64, 75.

Juniors Bildarchiv, S. Stuewer: S. 49.

Kresse, W., Verden: S.66.

Langsdorf,W.,Münzenberg: S. 7.

Ludenia, S., Lutherstadt: S. 18.

Norsk Hestesenter (Internet: www.nhest.no): S. 47.

Sambraus, H. H., Weihenstephan: S. 26, 28, 30, 41, 72, 73 oben, 77.

Schwöbel, M., Rehburg-Loccum: S. 54.

Slawik, C., Würzburg: S. 59, 76.

Stammel, U., Leinfelden: S. 162.

Streitferdt, H., Böblingen: S. 16/17, 109, 141.

Stuewer, S., Darmstadt: S. 1, 2, 4, 9, 12, 14, 36, 44, 60, 68, 69, 70, 92, 101, 104, 106, 111, 124, 126, 127, 130, 133, 144, 145, 147, 150, 157, 163, 164.

Vogt, M., Rosdorf: S. 22.

Wego, J., Dummerstorf: S. 21.

Weimer, K., Magstadt: S. 85, 102 oben, 102 unten, 113, 128, 131, 135, 136, 137, 138, 139, 153.

Welzel, R., Elmshorn: S. 97, 98, 120.

Register